de Gruyter Studienbuch

Wolfgang Wildgen
Kognitive Grammatik

Wolfgang Wildgen

Kognitive Grammatik

Klassische Paradigmen
und neue Perspektiven

W
DE
G

Walter de Gruyter · Berlin · New York

♾ Gedruckt auf säurefreiem Papier,
das die US-ANSI-Norm über Haltbarkeit erfüllt.

ISBN 978-3-11-019600-9

Bibliografische Information der Deutschen Nationalbibliothek

Die Deutsche Nationalbibliothek verzeichnet diese Publikation in der
Deutschen Nationalbibliografie; detaillierte bibliografische Daten sind
im Internet über http://dnb.d-nb.de abrufbar.

Inhaltsverzeichnis

Vorbemerkung und Danksagung

Seit der Antike (oder seit der Mensch über Sprache nachge-
dacht hat) ist klar, dass menschliches Denken und Tun eng mit
der Sprache zusammenhängen und bereits die ägyptischen Ärzte
haben einen ursächlichen Zusammenhang zwischen Hirn(verlet-
zung) und Sprache diagnostiziert. Insofern erübrigt es sich, über
die Frage zu streiten, ob es einen Zusammenhang von Sprache,
menschlichem Denken und Gehirn gibt. Die Antwort ist so
selbstverständlich wie platt: ja sicherlich. Ebenso klar liegt auf
der Hand, dass auch andere Disziplinen als die Sprachwissenschaft sich mit der menschlichen Sprache befassen: die Philosophie (als Sprachphilosophie), die Medizin (als Sprachheilkunde),
die Neurobiologie, die Psychologie (in unterschiedlichen Teilfä-
chern von der Neuropsychologie bis zur Sozialpsychologie), die
Anthropologie; nicht zuletzt die Literatur- und Kulturwissen-
schaften. In all diesen Teilfeldern spielen auch kognitive Phänomene eine Rolle. Die Sprachwissenschaft ist so gesehen nicht
die einzige Wissenschaft, die Sprache empirisch und theoretisch thematisiert, und die kognitiven Aspekte gehören in allen
Disziplinen, die Sprache thematisieren, selbstverständlich dazu
(auch wenn sie vielleicht nicht in den Vordergrund gerückt werden). Weshalb sollte dann die Sprachwissenschaft (Linguistik)
als „kognitiv" ausgezeichnet werden, was verändert eine solche Hervorhebung des „Kognitiven" und welchen Unterschied
macht diese Hervorhebung bei jenen Forschungsrichtungen aus,
die sich explizit als „kognitiv" bezeichnen, etwa als „kognitive
Linguistik", „kognitive Semantik" oder „kognitive Grammatik"? Was heißt eigentlich „kognitiv" oder „Denken" im Kontext
der Sprachwissenschaft?

In Kap. 1 wird diese Frage philosophisch reflektiert und der
historische Kontext der Kognitiven Grammatik wird kurz erläutert. In Kap. 2 wird das grundlegende Problem der sprachlichen
und kognitiven Kategorisierung an klassischen Beispielen (Farb-
und Verwandtschaftsterminologien) dargestellt und es werden

exemplarisch neuere Arbeiten zur Sapir-Whorf-Hypothese und zur sog. Versprachlichung zusammengefasst. Die Kap. 3 bis 7 schließlich führen mit der notwendigen Ausführlichkeit und anhand von Beispielmaterial die fünf hauptsächlichen Modellentwürfe der Kognitiven Grammatik vor: die Metapherntheorie von Lakoff (Kap. 3), die Kognitive (Bild-) Grammatik von Langacker (Kap. 4), die Raum- und Prozess-Semantik von Talmy (Kap. 5) die Konstruktionsgrammatik von Fillmore und Kay (Kap. 6) und schließlich das Modell der mentalen Karten und der konzeptuellen Integration von Fauconnier und Turner (Kap. 7). In Kap. 8 wird einerseits eine Evaluation des Anspruchs der Kognitiven Grammatik versucht, andererseits wird gefragt, in welchem Ausmaß die Phonologie im Rahmen einer Kognitiven Grammatik ausreichend und mit Bezug zu den Kognitionswissenschaften behandelt werden kann.[1]

Den Grundstock zu diesem Buch habe ich bei einem Forschungsaufenthalt in Berkeley 1988 gelegt. Ich danke der Deutschen Forschungsgemeinschaft für die Förderung, Prof. Charles Fillmore für die Einladung und den Kollegen des Linguistic Institute in Berkeley (Prof. Fillmore, Prof. Talmy, Prof. Kay, Prof. Lakoff, Prof. Zimmer) für zahlreiche Gespräche. Prof. Fillmore gab mir Einblick in sein Vorlesungsmanuskript zu Konstruktionsgrammatik (siehe Kapitel 6), Prof. Kay führte mich in die Information Based Syntax und Semantics ein und gab mir Einblick in das laufende Projekt zur Farbterminologie (vgl. Kapitel 2). Ich konnte in einem Seminar von George Lakoff die Anwendung seiner Metapherntheorie beobachten und begleitete Leonard Talmy zu den Treffen des Institute of Cognitive Studies. Die Kollegen Lakoff, Langacker und Talmy traf ich in den darauf folgenden Jahren bei Tagungen in Paris, Aarhus und beim Internationalen Sommerkurs in Sion (Schweiz). Viele Aspekte

---

1   Vorgänger dieser Ansätze in der Case- and Frame-Semantik von Fillmore, bzw. der Script-Semantik von Schank wurden bereits in den Einführungskapiteln von Wildgen (1985a) kritisch dargestellt. In Wildgen (1982a, 1994a, 1999a und 2004a sowie Wildgen und Mottron, 1987) wird als Alternative zur Kognitiven Grammatik der Typus der „Dynamischen Semantik" eingeführt, der auf Formalismen der dynamischen Systemtheorie und Ergebnisse der Psycho- und Neurolinguistik zurückgreift. An wenigen Kontaktpunkten wird kurz auf diese Forschungsrichtung eingegangen.

der Kognitiven Grammatik konnte ich bei regelmäßigen Treffen am Center for Semiotics in Aarhus diskutieren. Ich danke Prof. Brandt für die langjährige Zusammenarbeit; er hat mich auch mit der Arbeit von Fauconnier und Turner (vgl. Kapitel 7) vertraut gemacht.

Ich danke für Kommentare zum Manuskript dieses Buches: Frau Dr. Andrea Graumann, Dr. Peter Holz, Prof. András Kertész und Prof. Stefan Müller. Frau Evelyn Bergmann hat bei der Fahnenkorrektur geholfen, Frau Victoria Tandecki hat mit viel Ausdauer und Akribie die Gestaltung des Manuskripts betreut, weshalb ihr mein besonderer Dank gebührt.

1. Sprache und Denken und die Stellung einer Kognitiven Grammatik zu den Kognitionswissenschaften

1.1 Was heißt Denken (Kognition)?

Ich habe bewusst die Titelfrage einer Vorlesung, die Heidegger 1951–52 gehalten hat[2], gewählt. Heidegger zergliedert (in der zweiten Vorlesung) die Frage in vier Lesarten:

- Was benennt das Wort *Denken*?
- Wie wurde (geschichtlich) das Denken, z. B. in der Logik, aufgefasst?
- Was wird von uns verlangt, damit wir imstande sind zu denken?
- Was *heißt uns* denken? Was drängt uns dieses Tun auf?

Sowohl an der Etymologie von lat. *ratio* als auch der von griech. *logos* zeigt Heidegger die innige Verbindung von Denken (*ratio*), Vorstellung und Sprechen, Sprache (*logos*). Das heißt, beide Formen sind bereits in ihrer Grundkonzeption innig verbunden und werden erst später künstlich getrennt. Auf unsere Titelfrage bezogen heißt dies, die Sprachwissenschaft kann das Denken gar nicht aussparen, kann gar nicht davon absehen.

Die gegliederte Mehrdeutigkeit der Frage: „Was heißt Denken?", hat ihre tiefste Wurzel nach Heidegger gerade in der letzten Frage. Dagegen ist die instrumentelle Gebrauchsanpassung des Begriffs „Denken" in der Geschichte, etwa in der Logik einer Epoche (auch der heutigen), insofern kein Maßstab, als dabei willkürlich gerade nicht gut handhabbare Aspekte ignoriert werden. Die dritte Frage schließlich kann nur beantwortet werden, wenn wir

---

2 Vgl. Heidegger, 1971.

auf die vierte eine Antwort haben (die erste Frage darf im Alltags-
gebrauch vage bleiben und bringt uns nicht wesentlich weiter).

Will die Sprachwissenschaft das immer in der Sprache prä-
sente Denken erklären, ist sie letztlich auf die beiden letzten Fragen Heideggers verwiesen und darf sich nicht auf eine willkürlich
beschränkte Auffassung des Denkens einlassen. Hier liegt wohl
die tiefere Ursache des Scheiterns der generativen Grammatik als
Kognitionswissenschaft, insofern sie die Semantik einer (beliebi-
gen) Logik überlassen hat. Für Anhänger einer logischen Grammatik war die nahe liegende Konsequenz, die aktuellste Form einer
Logik (später anderer Logiken) als Angelpunkt der Grammatik zu
wählen oder gar Sprache mit Logik gleichzusetzen. Lakoffs „natürliche Logik" und später die halb-formalen Modelle seiner Kognitiven Semantik kann man als Korrekturversuche verstehen und sie
waren in dieser Hinsicht auch eine berechtigte Reaktion.[3]

Die Andeutungen Heideggers, wie die Frage: „Was heißt uns
Denken (Sprechen)?" zu beantworten sei, bleiben im Rahmen einer
Subjekt-Welt(Sein)-Konfiguration. Gerade die Sprache (und natür-
lich ebenso das Denken) verweist aber auf den Anderen, den vom
Ich differenten, grundsätzlich nicht einholbaren, verstehbaren
Anderen. Levinas (1946) hat nicht zuletzt aus der Erfahrung des
Zweiten Weltkrieges, die ethische, d. h. die auf den Anderen bezo-
gene Funktion des Sprechens (und Denkens), hervorgehoben. Sie
weist deutlich über das Individuell-Kognitive hinaus, bringt die
Differenz der Geschlechter, der Generationen, die Verantwortung
für den Anderen, die Ausgrenzung von Gewalt in den Kreis jener
Kräfte, die den Menschen drängen (heißen) zu sprechen und zu
denken.

Weder Heidegger noch andere Philosophen können und wollen aber Programme oder gar Anleitungen zur *wissenschaftlichen*
Erklärung und Beschreibung von Sprache und Denken geben.[4] Ich
will dagegen auf dem Hintergrund ihrer Problematisierung von

---

3   Die Ausgleichsbewegung Fauconniers mit einer Öffnung für Bildhaftes,
    Assoziatives ist dazu parallel. Ersetzt man den Ausgangspunkt Lakoffs,
    die generative Grammatik, durch den Ausgangspunkt Fauconniers, die
    Montague-Grammatik, ergibt sich folgerichtig diese Variante einer „kog-
    nitiven" Grammatik.

4   Heidegger behauptet, dass Philosophie prinzipiell jenseits der Wissen-
    schaft anzusiedeln sei. Aus diesem Grunde veweigert er sich auch jeder
    Hilfestellung aus der Psychologie oder Sprachwissenschaft. Die moderne

Sprache überlegen, welche Folgen Heideggers Überlegungen für eine *wissenschaftliche* Erklärung von Sprache haben.

„Was heißt *uns* denken und sprechen?", kann innerhalb der Wissenschaften aus einer evolutionären Perspektive angegangen werden. Den Schimpansen, der eine Gesten – oder eine Chip-Sprache lernt, *heißt* sein Appetit bzw. die Belohnung, die er für seine Sprachleistung erhält, sprechen. Auch der Mensch braucht einen sozialen Kontext, der ihn denken und sprechen *heißt*, wie die Kaspar-Hauser-Fälle zeigen. Aber selbst die armseligsten und härtesten Umweltbedingungen genügen, wenn nur Gelegenheit zur Kommunikation gegeben ist, um den Menschen denken und sprechen zu lassen. Das Geheiß (im Sinne Heideggers) ist im Menschen oder in seiner Gemeinschaft fest verankert und die Fähigkeit entfaltet sich spontan und mühelos. Die Evolution des Menschen und wohl noch stärker der menschlichen Gesellschaft ist also der Schlüssel zur Beantwortung dieser Frage. Weil die rezente Evolution nicht so sehr Individuen als vielmehr Gesellschaftsformen, in denen Individuen ihr Potential entfalten können, seligiert hat, betrifft diese Erklärung nur mittelbar die individuelle Kognition, die individuelle genetische Ausstattung. Diese ist nur der Ort der Speicherung und der biologische Kontext ihrer Entfaltung. Die Frage: „Was heißt uns Sprechen?", ist eine kognitionswissenschaftliche Frage nur insofern die Kognitionswissenschaft auch die Ethnologie, Soziologie und Kulturanthropologie gebührend berücksichtigt. Fasst man die Kognitionswissenschaft enger, d. h. unter Ausschluss von Kultur, dann ist die Linguistik keine Kognitionswissenschaft, sondern ergänzt diese, steht mit ihr im Austausch.

1.2 Was heißt Sprache erklären?

Die Ambiguität des Verbs „heißen" könnte man analog zu Heideggers: „Was heißt denken?" auffächern. Chomsky stellte die Erklärungsadäquatheit ans Ende der Prüfkriterien einer Theorie. Stellen wir aber zuerst die Frage: Wozu wollen wir Sprache erklären? („Was heißt *uns* die Sprache erklären?"), dann wird die Beschrei-

---

Philosophie (bereits Cassirer, später die analytische Philosophie) hebt sich jedoch weniger elitär von der Wissenschaft ab.

bung nur Mittel zum Zweck und kann ohne diese nicht bewertet werden. In dieser Hinsicht erscheint die Kognitive Grammatik als Fortschritt, denn sie versucht, bereits in der Deskription den Erklärungsanspruch einzulösen, auch auf die Gefahr hin, dass ihr dies nur unzureichend gelingt, ja, dass wegen der Offenheit der Zwecke, dieses Unterfangen zu vorläufigen und unzureichenden Antworten verleitet. Aus dieser Perspektive muss die Kritik im ersten Abschnitt relativiert werden. Das Zurückweichen der generativen Modelle vor dem (implizit immer) drängenden Verlangen nach Erklärung, war in Chomskys Grundkonstruktion bereits angelegt. Die primäre Beobachtungsadäquatheit (einleuchtend nach den Debatten zum empiristischen Sinnkriterium in den 50er Jahren) konnte nur durch eine radikale Einschränkung des Analyserasters, z.B. auf Grammatikalitäts-Urteile, annähernd erreicht werden. Außerdem mussten die vorausgesetzten Kategorien (häufig als Hilfssymbole bezeichnet) nachträglich, z.B. über Erfolgs- oder Einfachheitsmaße, abgesichert werden. Bis das Gesamtmodell stand, dessen Erklärungsadäquatheit zu bewerten war, mussten so vielfältige Konventionen, die relativ unmotiviert waren, eingeführt werden, und so eng mit den Analysen verquickt werden, dass unklar wurde, was nun auf seine Erklärungsadäquatheit zu evaluieren war, der technische Apparat oder die mit dessen Hilfe ausgedrückten Analyseergebnisse. Der Erklärungsanspruch und damit die jenseits der eigenen Technik gültige wissenschaftliche Aussage verbargen sich unauffindbar im Modell-Apparat. Die argumentative Ausflucht aus dieser Sackgasse war ein immer höher gehängter und somit unerfüllbarer Erklärungsanspruch (der die linguistische Theorie direkt an physikalische oder zumindetens genetische Theorien anbinden sollte).

1.3   Die Entwicklung kognitionswissenschaftlicher Sprachmodelle und der Begriff der „Kognitiven Linguistik"

Auf der Suche nach der Identität der in jüngerer Zeit erst so benannten und damit sprachlich „geschaffenen" Disziplin: „Kognitive Linguistik", wollen wir in die Geschichte der Fragestellungen zurück-

blicken, welche im Zentrum dieser neuen Disziplin stehen. Dabei
könnten wir natürlich beliebig weit zurückgehen. Nach einem kur-
zen Bezug auf das 18. Jh. wollen wir uns jedoch auf die Entwicklungen seit dem 20. Jh. beschränken.

1.3.1 Die Entstehung der fundamentalen Problematik

Die systematische Anbindung der Sprachtheorie an eine Kog-
nitionstheorie finden wir bereits in John Lockes (1632–1704)
Werk „An Essay Concerning Human Understanding" (1690), in
dem er im ersten Buch auf der Basis von „Empfindung" (sensa-
tion) und „Reflexion" (Selbstwahrnehmung, reflection) eine Welt
von „Ideen" (ideas) konstruktiv entstehen lässt. Diese reiche Welt
von Ideen, also die kognitiven Elemente und Strukturen des Geistes, wird in einem weiteren Buch über die Wörter mit sprachlichen
Einheiten und Strukturen verknüpft. Lockes Standpunkt können
wir als einen *vor* der *philosophischen* Entstehung der grundlegenden
Fragestellung der Kognitiven Linguistik bezeichnen: Kognition
und Sprache sind noch getrennt, die Kognition geht der Sprache
voraus, macht diese in ihrer höheren Form möglich. Eine gegenläu-
fige Abhängigkeit der Kognition von der Sprache ist demnach nicht
in Betracht zu ziehen. Auf die Wissenschaftslandschaft bezogen
wäre demnach die Kognitionsforschung eine Fundierungsdisziplin
für die Sprachwissenschaft, letztere könnte von der Konstitution
ihres Gegenstands her nichts zu ersterer beitragen, was diese nicht
aus sich selbst schöpfen könnte, mit anderen Worten, die Kognitive
Linguistik wäre additiv zu den Kognitionswissenschaften, müsste
strikt auf diese (methodisch und theoretisch) aufbauen.
   Aber selbst diese frühe Position nimmt die Sprache als ein aus-
gezeichnetes Realisierungsfeld der Kognition wahr (darin ist John
Locke eine sprachphilosophische Revolution gegenüber seinen Vorgängern) und diese ausgezeichnete Position der Sprache erlaubt
eine Kognitive Linguistik aus empirisch-pragmatischen Gründen.
Wenn die Sprache das Realisierungsfeld par excellence der „höheren" Ideen ist, so muss die Untersuchung der Ideen wohl vermittels
einer Untersuchung der Sprache erfolgen, also hat der empirische
Zugang zur Kognition (soweit sie über die bloße Perzeption und
Motorik hinausgeht) in erster Linie über die Sprache zu erfolgen.
Da die Sprache aber in der Form vieler (historisch und regional)
spezifischer Sprachen gegeben ist, muss eine Untersuchung der

sprachlichen Variation und der möglichen Invarianz (der Universalien) hinter der Verschiedenheit der Sprachen den Weg zur Welt der „Ideen" erst frei machen.

Die Locke'sche Innovation wurde von Leibniz in seinen „Nouveaux Essais sur l'Entendement Humain" (1704 verfasst; posthum 1765 publiziert) aufgegriffen und begründete zusammen mit Condillacs Weiterführung und Verschärfung des Lock'schen Ansatzes in dessen „Essai sur l'Origine des Connaissances Humaines" (1746) in der zweiten Hälfte des 18. Jh. die eigentliche Tradition einer sprachzentrierten Erkenntnistheorie; in den Hauptströmungen der Philosophie (etwa bei Kant und in der deutschen Philosophie des 19. Jh.) fand sie dagegen wenig Widerhall. Condillac verschärfte die Position von Locke durch zwei strategische Züge, die sich reziprok bedingen. Er eliminierte die „Reflexion" als zweiten Grundbaustein neben der sensorischen Empfindung und bestimmte stattdessen die Sprache als konstitutiven Faktor des Denkens. Sie wird als Schwelle und Bedingung der höheren Kognition, insbesondere als eine Art von Reflexion und Abstraktion der im Gedächtnis verfügbaren Empfindungen und als deren sekundäre „Verwirklichung" in einer wahrnehmbaren (Zeichen-)Form verstanden. Damit wird das symbolische Denken konstitutiv für die höhere Kognition. Da die Sprache auch über eine supra-individuelle, gesellschaftlich-konventionelle Schicht verfügt, wird als Nebeneffekt die sprachliche Kognition zu einer sozialen Bedingung und Vertiefung der Kognition, sozusagen zu einer kognitiv fundierten, sozial-kommunikativen Kompetenz.

In dieser neuen Perspektive ist die Kognitive Linguistik mehr als ein empirischer Zugang zur Kognitionsforschung; sie ist das epistemologische Fundament zumindest der höheren, d.h. besonders der menschlichen Kognition. Die Kognitive Linguistik wird damit zu einem Kernbereich der Kognitionswissenschaft. So gesehen ist die philosophische Voraussetzung einer starken (d.h. epistemologisch notwendigen) Disziplin „Kognitive Linguistik" im Bereich der Kognitionswissenschaft (die freilich beide erst viel später entstehen sollten) seit 1746 gegeben und Condillac ist ihr eigentlicher Begründer.

Mehr oder weniger direkt auf Condillac und seine philosophischen Erben in Frankreich (die Ideologen; von Idee abgeleitet) bezogen, sind die sprachphilosophischen Ansätze von Herder (1744–1803) und Humboldt (1767–1835), welche die These des

so genannten sprachlichen Relativismus des Denkens begründen.
Diese später als Sapir-Whorf-Hypothese[5] bezeichnete Position ist
als die Grundlage der Kognitiven Grammatik anzusehen. Ihr Urhe-
ber ist aber eigentlich Condillac (in einem vageren Sinn verbindet
natürlich schon die Kategorienlehre des Aristoteles sprachlich-
grammatische Klassifikationen mit ontologisch-epistemologischen;
allerdings ist Aristoteles auch der Ausgangspunkt für die Annahme
vom Primat des Logisch-Rationalen vor dem Sprachlichen).[6]

1.3.2 Die Hypothese der „linguistischen Relativität des Denkens"

Der sprachliche Relativismus bei Wilhelm von Humboldt ist eine
Reaktion gegen die Dürre der allgemeinen logischen Grammatiken einerseits und die Unverbundenheit mit dem vielfältigen Material zur Verschiedenartigkeit der Sprache, wie sie die vergleichende,
anthropologisch interessierte Forschung seit dem 16. Jh. aus allen
Teilen der Welt zusammentrug. Zwischen inhaltsleerer Formalbe-
trachtung und der Akkumulation spezifischer Details sollte eine
Synthese gefunden werden, bei der sowohl Umrisse der menschlichen Sprachfähigkeit als auch die Eigentümlichkeit jeder Nation
festgestellt werden.

> „So wie eine einzelne Sprache das Gepräge der Eigentümlichkeit der
> Nation in sich trägt; so ist es höchst wahrscheinlich, dass sich in
> dem Inbegriff aller Sprachen die Sprachfähigkeit, und insofern der-
> selbe davon abhängt, der Geist des Menschengeschlechts ausspricht."
> (Humboldt, 1973: 72f.)

Der seit Aristoteles vielfach akzeptierte sekundäre Charakter der
Sprache wird deutlich abgelehnt.

> „Denn die Sprache ist ein selbständiges, den Menschen ebenso wohl
> leitendes, als durch ihn erzeugtes Wesen; und der Irrtum ist längst
> verschwunden, dass sie ein Inbegriff von Zeichen, von, außer ihr, für
> sich bestehenden Dingen, oder auch nur Begriffen sei." (ibidem: 73)

---

5 Edward Sapir (1884–1939), Benjamin Whorf (1897–1941).

6 Vgl. Aristoteles, Lehre vom Satz, 16a: „Es sind also die Laute, zu denen
die Stimme gebildet wird, Zeichen der in der Seele hervorgerufenen Vorstellungen, und die Schrift ist wieder ein Zeichen der Laute." Die Priori-
tätsskala ist: Vorstellungen in der Seele > Laute (als Zeichen dieser Vorstellungen) > Schrift.

Als Konsequenz des „leitenden" Charakters der Sprache für den Geist, setzt diese dem Geist auch Grenzen.

> „Jede Sprache setzt dem Geiste derjenigen, welche sie sprechen, gewisse Grenzen, schließt, insofern sie eine gewisse Richtung gibt, andere aus." (ibidem)

Dieser gemäßigte Sprachrelativismus des Denkens wird von Whorf verschärft, wobei der Antagonist weiterhin die logikorientierte Sprachtheorie ist, der Whorf vorwirft:

> „Sie sieht nicht, dass die Sprachphänomene für den Sprechenden weithin einen Hintergrundcharakter haben und mithin außerhalb seines kritischen Bewusstseins und seiner Kontrolle bleiben." (Whorf, 1963: 10)

Gerade solche Hintergrundphänomene sind aber der Gegenstand einer *wissenschaftlichen* Linguistik. Whorf sieht dabei die sprachliche Relativitätsthese als ein empirisches Ergebnis der Linguistik an:

> „Man fand, dass das linguistische System (mit anderen Worten, die Grammatik) jeder Sprache nicht nur ein reproduktives System zum Ausdruck von Gedanken ist, sondern vielmehr selbst die Gedanken formt, Schema und Anleitung für die geistige Aktivität des Individuums ist, für die Analyse seiner Eindrücke und für die Synthese dessen, was ihnen an Vorstellungen zur Verfügung steht." (ibidem: 12).

Er nannte diese Grundsatzposition das „linguistische Relativitätsprinzip" (ibidem).[7] Whorf bezieht sich explizit auf das Wissenschaftsideal der Naturwissenschaften und erhebt empirische Ansprüche. Seine Hypothese musste sich demnach auch einer strengen empirischen Prüfung stellen. Dazu musste sie aber in eine ope-

---

7   Diese Position ist auch eine Reaktion auf die kulturelle Arroganz der Kolonialherren und bedeutet ein Aufwerten sogenannter ,primitiver' Sprachkulturen. Ähnlich wie bei Herder und Humboldt sind also kulturanthropologische Ergebnisse der Ausgangspunkt der sprachlichen Relativitätstheorie. Bei Whorf ist besonders auf die Einflüsse von Boas und Sapir hinzuweisen. Boas war Sapirs Lehrer und Sapir war Whorfs Lehrer. In der Schule von Bernstein (ab 1960) wurde eine soziolinguistische Variante entwickelt, wobei die verschiedenen Sprach- bzw. Symbolkulturen (in verschiedenen sozialen Schichten) als Hintergrund für das Fortbestehen sozialer Ungleichheit in der oberflächlich gesehen unitären und chancengleichen demokratischen Gesellschaft interpretiert werden (vgl. Wildgen, 1977a, b als Präzisierung und Überprüfung dieser Hypothese).

rationale, der Überprüfung zugängliche Form gebracht werden.
Dies ist Whorf selbst nicht ausreichend gelungen. In Anlehnung
an Brown (1976) formulieren Kay und Kempton (1983: 2) die Relativitätsthese wie folgt:

> "(1) Structural differences between language systems will, in general,
> be paralleled by non-linguistic cognitive differences, of an unspeci-
> fied sort, in the native speakers of the two languages.
> (2) The structure of anyone's native language strongly influences or
> fully determines the world-view he will acquire as he learns the lan-
> guage. (Brown, 1976: 120) "

Hier wird der Bezug zur Kognition deutlicher als bei Whorf selbst
(oder gar bei Humboldt), da in (1) von „non-linguistic cognitive
differences" die Rede ist, der Begriff „world-view" bleibt jedoch
weiterhin vage und ohne eine (notwendige) *kognitive* Präzisierung. Der Hauptmangel der beiden Thesen besteht aber darin,
dass nichts über die Größenordnung des Zusammenhangs, insbesondere über das der Differenzen in der nicht-linguistischen
Kognition (1) und in den Weltansichten (2) gesagt wird. Die Autoren führen deshalb eine erste Präzisierung (und Verschärfung) ein,
welche als Ausgangspunkt für eine Überprüfung anhand der Farb-
kodierung und der kulturell verschiedenen Farblexika dient (vgl.
Kap. 2.1.1). Sie besagt:

> "If the differences in the dependent variable (non-linguistic cognition)
> are big, then probably the difference in the independent variable (lan-
> guage) are also big." (ibidem: 2)

Kay und Kempton (1983) gehen sogar weiter und verschärfen die
Sapir-Whorf Hypothese dahingehend, dass

> "(3) The semantic systems of different languages vary without con-
> straint." (ibidem)

Die semantischen Systeme wären demnach willkürlich (im Sinne
der Arbitrarität bei de Saussure), es gäbe keine semantischen Universalien. Es muss festgestellt werden, dass Humboldt diese verschärfte Hypothese nicht geteilt hat, im Gegenteil zeigen sogar
die oben zitierten Äußerungen Humboldts, dass er einerseits versucht „die Sprachfähigkeit des Menschen auszumessen" (Humboldt,
1973: 14), andererseits innerhalb dieses Rahmens die Grenzen oder
besonderen Ausrichtungen durch die Nationalsprachen zu bestimmen. In der verschärften Form (3) ist die Sapir-Whorf-Hypothese
zumindest für den Bereich der Farblexika klar zu widerlegen, d. h.

es bleibt nur eine Hypothese möglich, welche semantische Universalien zulässt und geringere kulturelle Variationen (Parametrisierungen) der sprachlichen Kognition in Abhängigkeit von der jeweiligen Sprache annimmt oder welche Phänomene betrifft, die nicht im Bereich jener perzeptionsnahen (vgl. die Farbklassifikation) oder der natürlich geregelten Sozialbeziehungen (vgl. Verwandtschaftsterminologien) liegen. Wie die linguistischen Feldtheorien von J. Trier u. a. aus den 30er und 40ger Jahren zeigen, sind z. B. der Intellektualwortschatz oder die Zerlegung des Sternenhimmels Bereiche, welche nur geringfügig einer „natürlichen" Begrenzung unterliegen und damit Raum für starke kulturspezifische Klassifikationen geben. Teilweise wird eine gewisse Einheitlichkeit aber wieder durch Prozesse kultureller Diffusion hergestellt, so dass die mögliche Willkür semantischer Systeme wieder in engen Grenzen bleibt.[8]

Neben der Geltungsproblematik der Sapir-Whorf-Hypothese bleibt aber noch offen, was „Weltbild" und „nicht-sprachliche kognitive Differenz" eigentlich meinen, d. h. die Umsetzung dieser Thesen im Rahmen einer Kognitiven Linguistik bleibt im Wesentlichen noch zu leisten.

Wir werden im Folgenden deshalb die Entwicklung präziser Modellkonzepte für die Kognitionswissenschaft in den letzten Jahrzehnten skizzieren, denn nur in einem solchen theoretischen Rahmen sind die philosophischen und sprachtheoretischen Ansprüche, die bisher vorgestellt wurden, einer wissenschaftlichen Prüfung und Korrektur zugänglich.

1.3.3   Die Entwicklung von Modellen der (sprachlichen) Kognition

Den Hintergrund exakter Modellbildungen in diesem Bereich bilden Synthesebewegungen der 20er Jahre, bei denen zwischen Psychologie, Biologie und Physik eine gemeinsame Theoriebildung, eine gemeinsame Systemsprache gesucht wurde. Historisch ist wohl die Gestaltpsychologie der Ausgangspunkt gewesen, z. B. Köhlers Buch von 1924 „Die physischen Gestalten in Ruhe und in statio-

---

8   Die Tradition der „Feld-Linguistik" wird in Wildgen (2000) bis auf den mittelalterlichen Philosophen und Semiotiker Raymundus Lullus zurückgeführt.

närem Zustand". Bertalanffys Buch „Theoretische Biologie" von 1932 skizzierte das Programm einer einheitlichen wissenschaftlichen Theorie;[9] mit der Gründung der Gesellschaft für Allgemeine Systemforschung wurde das Programm weiter spezifiziert. In seiner Konzeption einer Allgemeinen Systemtheorie wird eine Hierarchie von Systemen verschiedener Komplexität aufgeführt, die bis zum System der menschlichen Sprache reicht. Wir geben einen Ausschnitt wieder (vgl. Bertalanffy, 1968: 28 f.). Die Hierarchie entspricht einer implikativen Ordnung, d.h. höhere Ebenen setzen tiefere voraus:

Statische Strukturen	Atome, Moleküle, Kristalle
Uhrwerke, geschlossene Systeme	Uhren, Maschinen, das Sonnensystem
Kontroll-Maschinen	Thermostat, selbstregelnde Systeme
Offene Systeme	Flamme, Zelle, Organismus
Niedere Lebewesen	pflanzenähnliche Lebewesen
Tiere	Informationstransfer, Lernen
Menschen	Symbolverwendung, Bewusstsein, Sprache
Soziokulturelle Systeme	soziale Lebewesen, Kulturen (beim Menschen)
Symbolische Systeme	Sprache, Logik, Mathematik, Wissenschaft, Kunst ...

Nach dem ersten Weltkrieg setzte sich die teilweise unterbrochene Entwicklung verstärkt fort. Es entstanden:

- die Spieltheorie (hauptsächlich als Theorie der Wirtschaft) von Neumann und Morgenstern (1947; vgl. Bertalanffy, 1968: 15 f.).

---

9   Bertalanffy hatte eine Ausbildung im Rahmen des Neopositivismus in Wien erhalten und stand ursprünglich den Vätern des Wiener Kreises, besonders Moritz Schlick, nahe. Das Vorhaben von Neurath, eine Einheitswissenschaft und eine entsprechende Universal-Enzyklopädie zu begründen, mag der allgemeine Hintergrund dieser Unternehmungen gewesen sein (vgl. dazu auch Wildgen, 1999a: Kap. 1).

- Wieners Kybernetik (1948),
- die Informationstheorie von Shannon und Weaver (1949).

Bis dahin waren die Bezugswissenschaften hauptsächlich die Physiologie (insbesondere die sensorische Physiologie und die Neurophysiologie) und die Mathematik (mit parallelen Anwendungen der mathematischen Modelle in der Physik). Wiener bildete jedoch einen Kreis, dem auch Psychologen und Anthropologen angehörten (vgl. Wiener, 1968: 40).[10]

Für die konkrete Modellierung einfacher kognitiver Prozesse waren die Arbeiten von McCulloch und Pitts (1943) „A logical calculus of the ideas immanent in neural nets" von programmatischer Bedeutung. Mit ihnen beginnen Minsky und Papert (1988) ihren Rückblick auf die Entwicklung exakter Modelle für kognitive Prozesse. 1947 gelang den beiden Forschern ein Durchbruch. Sie hatten die praktische Aufgabe zu lösen, einen Apparat für Blinde zu konstruieren, der diesen ermöglichen sollte, eine gedruckte Seite mit Hilfe des Ohres; d. h. vermittels einer akustischen Umsetzung des Schriftbildes, zu lesen (vgl. Wiener, 1968: 44). Ihr Schaltbild zeigte eine Analogie zur Struktur des Gehirns und sie entwickelten eine Theorie, welche Eigenschaften der Anatomie und Physiologie des Sehzentrums mit einer technischen Simulation des Leseprozesses verband, d. h. von ihnen stammen die ersten neuronalen Netzwerke, d. h. abstrakte Analoga von Gehirnstrukturen in der maschinellen Simulation.

Wenn wir der Darstellung von Minsky und Papert (1988: VIII-XV) folgen, so verlief die weitere Entwicklung in den folgenden Etappen:

- Ende der vierziger Jahre fasste der Psychologe Donald Hebb die Ansätze zu einer Netzwerktheorie des Denkens in seinem programmatischen Buch „The Organization of Behavior" zusammen. Als Träger höherer neuraler Prozesse treten Zellverbände und deren Interaktion in Netzen auf.

- Im Gefolge der Kybernetik konstruierte man einfache lernende Maschinen (meist über Verstärkermechanismen, d. h. mit Erfolgsmessungen und Adaptationen).

---

10 Für die Geschichte der Kybernetik vgl. Gregory: 1987: 174–177 (Stichwörter: Cybernetics, History of).

- Symbolmanipulierende Rechner erlaubten abstrakte Modellbildungen für höhere kognitive Fähigkeiten (inklusive der Sprache); allerdings ging dabei der Bezug zu realen Prozessen im Gehirn verloren. Dagegen führten diese Modelle die Grenzziehung zwischen einer parallelen und einer seriellen Verarbeitung ein (ibidem: XI):

Parallele Verarbeitung	*Serielle Verarbeitung*
Lernen	Programmierung
Emergenz	Analytische Beschreibung

Tabelle I: Die grundlegende Option: Parallel oder seriell

Eine Begrenzung der Maschinen, welche das Lernen simulieren, bestand darin, dass sie über kein Muster des zu Lernenden verfügten. Die Modelle der Wissensrepräsentation füllten diese Lücke. Minsky und Papert (ibidem: XIV) nennen als neue und weiterführende Ideen dieser Entwicklung:

> "... many new and powerful ideas –among them frames, conceptual dependency, production systems, word-expert-parsers, relational data bases, K-lines, scripts, non-monotonic logics, semantic networks, analogy generators, cooperative processes, and planning procedures."
> "These ideas about the analysis of knowledge and its embodiments, in turn, had strong effects not only in the heart of artificial intelligence but also in many areas of psychology, brain science, and applied expert systems."

In den 80er Jahren wurde das Interesse an neuronalen Netzwerken und einer gehirnanalogen Simulierung kognitiver Prozesse wieder aktuell (unter den Stichwörtern: massiv parallele Verarbeitung, PDP – parallele, distribuierte Prozesse, neuronale Netzwerke, Neurocomputer). Keine der vorgeschlagenen Modelle kann jedoch beanspruchen, das Gehirn und seine Fähigkeiten insgesamt darzustellen oder zu simulieren.

Die kognitive Linguistik hat zwar durch manche Traditionen einen engeren Bezug zum Paradigma der Symbolverarbeitung, insbesondere trifft dies auf die generative Grammatik in der Nachfolge von Chomsky zu. Unterhalb und jenseits der Syntax, d.h. in Phonologie, Morphologie, Lexik einerseits und in den Diskursstrukturen andererseits, gibt es jedoch Bereiche, die einer seriellen Modellierung prinzipielle Schwierigkeiten bereiten. In den Fundierungsbereichen der Phonologie und der Semantik bieten sich sowieso mehrdimensionale, kontinuierliche Prozessmodelle an. Der große Dissens, der die Chomsky-Linguistik von der an der Westküste der USA entwickelten kognitiven Grammatik unterscheidet, betrifft bei letzteren die induktive Orientierung und die Ablehnung vorgegebener formaler Systementwürfe, in welche dann die grammatische Beschreibung eingezwängt werden soll. Es werden statt solcher Regelsysteme offenere Regularitäten, die als Schemata, Rahmen, mentale Karten usw. bezeichnet werden, benützt. Der semantischen Motivation wird in Syntax und Morphologie Vorrang eingeräumt, d. h. Strukturbeschreibungen sollen nicht rein formal sein, sondern einen „Sinn" ergeben, selbst wenn dieser vielleicht durch diachrone Prozesse (z. B. durch Grammatikalisierung) undurchsichtig (opak) geworden ist. Aus diesem Grunde werden auch wieder vermehrt Aspekte des Sprachwandels berücksichtigt. Generell ist seit den 90er Jahren verstärkt ein Rückgriff auf Korpora festzustellen und man kann aus einer längerfristigen Perspektive von einer Revision der Chomsky-Revolution und einer Rückkehr zur Tradition des amerikanischen Deskriptivismus (Boas, Bloomfield, Sapir u.a.) sprechen. Da einige dieser Entwicklungen, z. B. der verstärkte Bezug auf die lexikalische Semantik und die Korpus-Orientierung, auch neuere Entwicklungen innerhalb der Chomsky-Linguistik und verwandte Modelle, etwa HPSG und ähnliche (die in diesem Buch nicht ausführlich behandelt werden) beeinflussen, verschwimmt die Trennungslinie zunehmend. Als deutlichstes Unterscheidungsmerkmal bleibt zumindest vorläufig noch die Voraussetzung eines formalen (mathematischen Rahmens) bzw. dessen strikte Ablehnung (programmatisch in Lakoff, 1987: Part II ausgeführt). Es gibt allerdings gerade in den Kognitionswissenschaften (Neurologie, Psychologie, theoretische Biologie) Mathematisierungsansätze, die von der Chomsky-Bewegung vollkommen unabhängig sind, und die z. B. gerade jene Aspekte der Raumorientierung, des Sehens, der Perspektivierung, der kausalen Wahrnehmung usw. betreffen, welche auch Gegenstand der Kognitiven Grammatik sind. Insofern kann dieses Unterscheidungsmerkmal nicht wirklich entscheidend sein; es hat eher die Funktion der sozialen Markierung verschiedener Forschergruppen. In diesem Buch werden wir uns vornehmlich auf die historisch ausreichend

scharf umrissene Gruppe von Modellen beziehen, die seit Mitte der
70er Jahre an der Westküste der USA (Berkeley, San Diego) später
in Buffalo und Cleveland entwickelt wurden und mit den Autoren: Lakoff, Fillmore, Langacker, Talmy, Fauconnier, Turner und
deren Schülern verbunden ist.

I.3.4 Die neuen „kognitiven" Orientierungen der Linguistik jenseits des Chomsky-Paradigmas

Einen prinzipiellen Anspruch auf psycholinguistische Relevanz
der Grammatikmodelle hatte bereits Chomsky (1957) angekündigt.
Sein Programm des so genannten Mentalismus, in dem das „tacit
knowledge of the native speaker", seine „Kompetenz" zum zentralen Gegenstand wurde, tendierte per se zu einer kognitiven Interpretation, die dann im „Aspects-Modell" und in späteren Publikationen auch programmatisch herausgestellt wurde. Dieses (zuerst
implizite) Programm wurde in der Kognitiven Psychologie der 60er
Jahre massiv in Experimente umgesetzt, mit dem Ergebnis, dass
die Inkongruenz des Algebraisierungsprogramms von Chomsky
(in seinen generativen Grammatiken der aufeinander folgenden
Modellgenerationen) und des Anspruches einer psycholinguistischen Realität der angesetzten Ebenen, Einheiten, Algorithmen,
Operationen, Prinzipien, Teiltheorien, Strukturbäume usw. deutlich wurde. Dies hatte in den 70er Jahren den Effekt, dass es in
meiner Sicht zu einer Aufspaltung der kognitiven Linguistik in
verschiedene Richtungen kam, die in Tabelle 2 dargestellt ist. Der
Bereich A steht den hier behandelten Modellen in seiner Entste-
hungsphase am nächsten, wobei die Arbeiten von Fillmore (seit
seinem Artikel zu den Tiefenkasus, 1968) wohl den Ausgangs-

A	*B*
Wissensbasierte Systeme in der KI, Rahmen, Szenen (Fillmore), Conceptual dependency (Schank), Experten-Systeme	Chomsky-Modelle (seit 1957): 1965-Standard Modell, 1982 Rektions- und Bindungstheo- rie, zuletzt Optimalitäts-Theo- rie und Minimal Program

Tabelle 2: Hauptrichtungen der kognitiven Linguistik ab 1965

punkt bildeten. Organisatorisch war das in jenen Jahren in Berkeley gegründete „Institute of Cognitive Studies" wohl eine günstige Vorbedingung dieser Entwicklung. Der Bereich B ist eng mit der Person Noam Chomskys verbunden und aktualisiert in aufeinander folgenden Phasen dessen Konzeption einer wissenschaftlichen Linguistik aus den 50er Jahren.

Auf dem Hintergrund des klassischen Europäischen Strukturalismus und Funktionalismus entstand allerdings eine ganze Bandbreite sog. funktionaler Modelle, welche die Semantik und Pragmatik stärker einbeziehen und nur mäßig mit formalen Strukturen arbeiten.[11] Außerdem ist innerhalb der experimentellen Psychologie und Neurobiologie eine weitere Generation von Modellen entstanden, die direkt an die experimentellen Ergebnisse angepasst sind. Ich werde in Kap. 8.3 auf einige Aspekte dieser Modelle eingehen. Die funktionalen Modelle (die sich nur marginal als kognitiv verstehen), werden aber in diesem Buch ausgeklammert, obwohl es sicher manche Überschneidungen mit den hier behandelten Modellvorschlägen und Sprachbeschreibungen gibt.[12]

---

11 Butler (2007) vergleicht zwölf neuere Modellvorschläge und rückt dabei Fillmore in die Nähe von Jackendoff, der *structural-functional-grammar* und der *word-grammar*. Langacker's Kognitive Grammatik wird in die Nähe der *emergent grammar* (Hopper), der *radical construction grammar* (Croft) und schließlich der Konstruktionsgrammatik von Goldberg gestellt. Insgesamt ergibt sich ein Kontinuum von Positionen zwischen kognitiven und funktionalen, formalen und nicht formalen Modellen. Zur möglichen evolutionären Fundierung des Begriffs Sprachfunktion vgl. Wildgen (2007b).

12 Seit 2005 gibt es einen Versuch der Vermittlung zwischen der Konstruktionsgrammatik und der Tradition funktionaler Grammatiken: das *Lexical-Constructional Model*. Es werden Ideen von Fillmore (*frames, scenarios*), von Goldberg (*constructional template*) mit Ansätzen zu einer funktionalen Diskurs-Grammatik in Verbindung gebracht; vgl. Nuyts (2005).

Funktionale Grammatiken	*Psycholinguistische Modelle*	*Neurobiologische Modelle*
Valenzgrammatiken, Stratificational Grammar, Systemic-Functional Grammar, Functional Grammar, Notional Grammar, Role and Reference Grammar	Modelle der Sprachproduktion, der kategorialen Sprachwahrnehmung und des Sprachlernens; Simulation durch konnexionistische Modelle.	Neurobiologische Komposition in der Wahrnehmung (temporal binding) Dieser Ansatz wird in Kap. 8.3 erläutert.

Tabelle 3: Weitere Modellbildungstypen jenseits der Chomsky-Linguistik und der Kognitiven Grammatik

Eine Rückbesinnung auf die Methoden und Theorie-Konzepte des amerikanischen Strukturalismus (Bloomfield und Harris) und der Anthropologischen Linguistik (Boas, Sapir) unter gleichzeitiger Integration in die interdisziplinäre Bewegung der „Cognitive Sciences" erfolgte auf dem Hintergrund der lexikalistischen Variante der Generativen Grammatik bei Fillmore und Lakoff (Ende der 60er und Anfang der 70er Jahre). Die umfassenden Modellentwürfe Langackers und Lakoffs und die spezielleren Modell-Vorschläge Talmys haben unter den Namen „Kognitive Semantik" bzw. „Kognitive Grammatik" diesen Ansatz seit den 90er Jahren international verbreitet.[13] Kap. 7 fügt dieser Troika noch den späteren Ansatz von Fauconnier und Turner hinzu.

---

13 Es gibt eine ganze Reihe von englischsprachigen Einführungen in die kognitive Linguistik, welche die Arbeiten von Lakoff u.a. zusammenfassen und lehrbuchartig aufbereiten. Als Beispiele mögen genügen: Ungerer und Schmid (1996), Lee (2001), Croft und Cruse (2004) und Evans und Green (2005). Im Gegensatz zu diesen Vorgängern wird in meinem Buch darauf Wert gelegt, dass die verschiedenen Ansätze nicht verwischt werden und eine allgemeinere Einordnung in die Grammatik- und Sprachtheorie (Semiotik) geleistet wird.

Kognitive Modelle – Metaphern (Lakoff)	Kognitive Bildsemantik (Langacker)	KonstruktionsGrammatik (Fillmore, Kay)	Raum- und Prozess- Semantik (Talmy)	Mentale Karten (Fauconnier, Turner)

Tabelle 4: Grobe Genealogie der in diesem Buch behandelten Modelle

Bevor ich in den Kapiteln 3 bis 7 deren Beschreibungs- und Erklärungsansatz detaillierter darstelle, will ich in Kap. 2 allgemeinere Fragestellungen zur Kategorisierung in der Sprache vorstellen. Nach einem Überblick zu klassischen Ergebnissen der anthropologischen Linguistik wird die Lexikologie von HAND exemplarisch in ihren linguistischen und kognitiven Aspekten dargestellt. Diese Darstellung wird durch die Diskussion der „Versprachlichung" als Prozess ergänzt.

1.3.5 Die Kognitive Grammatik zwischen Sprachbeschreibung und (neurowissenschaftlichem) Experiment

Die Kognitive Grammatik kann einerseits auf bewährte Methoden der Datenerfassung und -analyse zurückgreifen:

- Sie sammelt Sprachprodukte schriftlicher und mündlicher Art (z. B. in der Form von Korpora) und zerlegt diese in Texte, Sätze, Phrasen (Satzglieder), Wörter, Morphe und Phone.
- Die Klassifikation dieser Einheiten in Textsorten, Satztypen (syntaktische Konstruktionen), Wortarten (morphologische Konstruktionen) und Phoneme.
- Der Vergleich von Einheiten und Klassen lässt Differenzen und Äquivalenzen hervortreten, die klassischerweise durch Merkmalsinventare und -tabellen beschrieben werden (syntaktische, semantische, phonologische Merkmale).

Andererseits muss sie versuchen, diese Beobachtungen auf Analyseergebnisse der Psycho- und Neurolinguistik zu beziehen, wobei Methoden des Verhaltensexperiments (Psycholinguistik) und Beobachtungen mit bildgebenden Verfahren am Gehirn (Neurolinguis-

tik) ins Spiel kommen. Ein Teil der kognitionswissenschaftlichen
Hypothesen wurde durch Experimente an Vögeln (z. B. Tauben),
Säugern (Mäusen, Ratten, Katzen) oder Affen (Makaken u. a.) mit
im Gehirn implantierten Sonden geprüft. Dabei sind einfachere
Sinnes- und Verhaltensformen untersucht worden, von denen nur
indirekt auf Mechanismen der Sprachwahrnehmung und Produktion geschlossen werden kann. Ins Blickfeld geraten neuerdings
auch evolutionsbiologische Fakten und die Resultate von Gen-Ana-
lysen. Insgesamt entsteht im Rahmen der kognitionswissenschaftlichen Sprachanalyse eine schwer zu überbrückende Kluft zwischen
Analysen am Sprachprodukt (dem zentralen Bereich linguistischer
Empirie) und der Erforschung von kognitiven Prozessen, die in der
Regel dem experimentellen Vorgehen verpflichtet ist. Dieser Hiatus
existiert eigentlich schon seit der Entstehung des experimental-psy-
chologischen Labors gegen Ende des 19. Jh. Eine gewisse Integration wurde in den philosophischen Arbeiten der Phänomenologie
(Husserl), der Denk- und Sprachphilosophie (Bühler), der Philosophie symbolischer Formen (Cassirer) und im logischen Empiris-
mus (Carnap, Wittgenstein, Quine) geleistet. Dieser philosophische Brückenschlag wird in Tabelle 5 verdeutlicht.

A	B	C
Sprachwissenschaft-liche Beobachtun-gen und Modellbil-dung	*Philosophische Vermittlungen*	*Naturwissenschaft-liche Kognitions-forschung*
Grammatik, Lexi-kon	Husserl, Bühler, Cassirer, Carnap, Wittgenstein	Kognitive Psycho-logie (KI), Neuro-logie, Genetik

Tabelle 5: Der Hiatus zwischen A und C wird (vorübergehend)
durch „Philosophien" geschlossen

Der frühe Strukturalismus wurde stark von Husserl und Bühler
beeinflusst (dies trifft z. B. auf Jakobson zu, vgl. Holenstein, 1975),
die generative Grammatik war von Carnap und Quine philosophisch vorbereitet worden und Lakoff und Johnson nehmen The-

men von Husserl (embodiment, experientialism) auf.[14] Insofern
bilden trotz der vielen Kontroversen alle Modelle von Jakobson
bis Lakoff eine Klasse von Theorienentwürfen, welche die Kognition eher *philosophisch* in die Linguistik miteinbeziehen. Der
Hiatus, den die Philosophen zwischen 1901 (Husserl) und 1934
(Carnap) zu überbrücken versucht haben, hat sich aber ständig
erweitert. Die so genannten „cognitive sciences" haben schließlich mit einer Vielzahl – teilweise auch technisch sehr anspruchs-
voller Modelle – ihre eigenen Philosophien hervorgebracht. Man
kann auch sagen, dass die zwischen 1900 und 1940 gebauten Brücken dem aktuellen Verkehr nicht mehr gewachsen sind bzw. ihre
Fundamente nicht mehr stabil sind. Außerdem erscheint es fragwürdig, auf neue Brücken (aus der Philosophie) zu hoffen, da sich
insgesamt das Feld der Theoriebildung so verschoben hat, dass
die Leitfunktion großer philosophischer Systementwürfe in Frage
gestellt bzw. überholt ist.

1.3.6   De-Symbolisierung und formale Syntax

In Kap. 1.3 wurde die wissenschaftliche Entwicklung „jenseits des
Chomsky-Paradigmas" aufgezeigt (vgl. Tab. 2 und 3). Es wäre aber
falsch, die programmatisch so verschiedenen Schulen als in ihrer
substantiellen Aussage unversöhnlich oder gar als jeweils autonom
aufzufassen. Im Detail kann man (obwohl Querverweise selten
sind) zeigen, dass jeweils Anleihen und Anpassungen bei den Geg-
nern passieren: ja, dass diese verdeckte Kooperation die Veränderung der Theoriekonzeptionen wesentlich beeinflusst hat. Zentrale
Figuren der Kognitiven Grammatik, so Fillmore, Lakoff, Langacker waren außerdem in ihrer Prägungsphase eng mit der generativen Bewegung verbunden. Ich will im Folgenden knapp (da das
umfangreiche Material zur kognitiven Linguistik in der Chomsky-
Linie ausgespart wurde) Linien möglicher Konvergenz aufzeigen.
    Der zentrale Punkt der Divergenz ist eigentlich der formal-
sprachliche Charakter eines universalen Kerns menschlicher Spra-

---

14 In der zweiten Hälfte des 20. Jh. erfolgt der Bezug zu europäischen Tra-
    ditionen in den USA bevorzugt indirekt. So bezieht sich Lakoff auf Put-
    nam und nicht auf Husserl; Fillmore, Talmy und Lakoff beziehen sich eher
    auf Rosch oder auf Modelle der Computer-Vision als auf die Gestalt-
    psychologen.

chen. Gleich zu Beginn von „Syntactic Structures" (Chomsky, 1957: 13) bestimmt Chomsky den Gegenstand der Linguistik wie folgt:

> "From now on I will consider a *language* to be a set (finite or infinite) of sentences, each finite in length and constructed out of a finite set of elements."

Kennt man die zugrunde liegende mathematische Theorie formaler Sprachen, sieht man sofort, dass die Sprache mit einer freien Algebra (einer so genannten freien Halbgruppe) identifiziert wird. Noch klarer hat später Montague diese Strategie in seinem Aufsatz „English as a formal language" herausgestellt. Allerdings ist jetzt die intensionale Logik die formale Sprache, mit der die natürliche Sprache identifiziert werden soll. Der Kern des Problems/Konflikts kann in der Form von zwei (kontrovers diskutierten) Fragen formuliert werden:

(1) Sind natürliche Sprachen formale Systeme (im Sinne der Algebra oder der Logik)?

Etwas plausibler erscheint die abgeschwächte Form der Frage:

(2) Sind gewisse Bereiche (Module) natürlicher Sprachen formale Systeme?

Jenseits der empirischen Argumente für und gegen eine solche Hypothese, stellt sich die im Begriff „formale Systeme" enthaltene weitere Frage:

(3) Welche Art von Algebra oder Logik (oder gar eines anderen formalen Kalküls aus der Analysis, der Topologie oder der Stochastik) soll mit der natürlichen Sprache identisch sein und was heißt Identität (Strukturgleichheit, partielle Abbildung, Analogie) jeweils?

Die in den Hauptkapiteln dieses Buches dargestellten Richtungen einer Kognitiven Grammatik beantworten die obigen Fragen durchwegs mit einem *Nein*:

• Natürliche Sprachen sind keine formalen Systeme. Lakoff (1947: Kap. 12) spricht in diesem Zusammenhang von dem (falschen) „objectivist paradigm".

• Es gibt keine (autonomen) Module. Insbesondere sind morphologische und syntaktische Strukturen semantisch motiviert.

- Mathematische Systeme sind sekundär (künstlich) im Verhältnis zu natürlichen Kategorisierungen und zur natürlichen Sprache und deshalb nicht einmal eine geeignete Messlatte, geschweige denn eine Identifikationsstruktur.

In der Programmatik des Paradigmenstreits sind die Fronten klar abgegrenzt; es darf keine Fraternisierung geben (*argument is war*). In Wirklichkeit gibt es genügend (unterirdische) Verbindungsstollen. Diese befinden sich aber auf einem Terrain, das durch die strukturale Linguistik lange zum Niemandsland erklärt wurde: der diachronen und vergleichenden Sprachwissenschaft. Die moderne Etikette heißt „Grammatikalisierung"; zumindest einige der klassischen Wortarten, die so genannten Funktionswörter, entstehen aus Inhaltswörtern, indem sowohl die Breite des Bedeutungsfeldes als auch die Form und deren kombinatorische Freiheit reduziert werden. Wenn man diesen Verlust an semantischem Inhalt und pragmatischem Kontextbezug verallgemeinert, kann man von einer De-Symbolisierung sprechen, d. h. diese Wörter und die mit ihnen verknüpften syntaktischen Potentiale (vgl. Kap. 6) erleiden einen Verlust an symbolischem Gehalt. Im Rahmen einer triadischen Semiotik nach Peirce geht der Bezug der Zeichenform zu seinem Objekt (Referenten) und damit die Leistung des Interpretanten (weitgehend) verloren. Dies wird in Abbildung 1 illustriert.

[+((·)) →]	*The ball kept rolling because of the wind blowing on it.* Innere Tendenz des Agonisten: Ruhe (•); der Antagonist ist stärker (+); Wirkung der Kraft; der Agonist verändert seine Lage (→).
[(>+)) →]	*The ball kept rolling despite the stiff grass.* Innere Tendenz des Agonisten: Handlung (>); der Agonist (ball) ist stärker (+); Wirkung der Kraft: Der Agonist verändert seine Lage (→).
[(>))+ —•—]	*The log kept lying on the incline because of the ridge there.* Innere Tendenz des Agonisten: Handlung (>); der Antagonist (ridge) ist stärker (+); Wirkung der Kraft: Der Agonist bleibt in seiner Lage (—•—).
[((+•)) —•—]	*The shed kept standing despite the gale wind blowing against it.* Innere Tendenz des Agonisten: Ruhe (•); der Agonist (shed) ist stärker (+); Wirkung der Kraft: Der Agonist bleibt in seiner Lage (—•—).

Abbildung I: Verlust des Zeichencharakters eines Wortes bzw. einer Konstruktion

Das in dieser Weise de-symbolisierte Zeichen kann nun in ein anderes (nicht-semiotisches) System eintreten, entweder in eine Netzwerkstruktur zu benachbarten Zeichen oder in einen Algorithmus der Zeichenketten-Erzeugung. Den ersten Fall hatte wohl de Saussure im Auge; der zweite Fall beschreibt in etwa die Position Chomskys. Was spricht jedoch für die Realität einer so weitgehenden Formalisierung sprachlicher Mittel im Verlauf des Sprachwandels (oder gar der Evolution der Sprache)? Welche Funktion (welchen Nutzen) kann die Entstehung eines formalen Systems im Kernbereich der Grammatik haben?

Auf diese Frage gibt es bisher keine wirklich befriedigende Antwort. Einige Hinweise mögen immerhin genügen, um es vernünftig erscheinen zu lassen, dieser Frage weiterhin nachzugehen.

• Es gibt auch außerhalb der Sprache so genannte Ritualisierungen, bei denen die einzelnen Schritte unmotiviert erscheinen bzw. von den Handelnden nicht mehr als sinntragend erkannt werden. Das Ganze hat aber noch Sinn und gibt den (sinnentleerten) Teilhandlungen zumindest eine Sinnfunktion.
• Motorische Programme, die stark automatisiert sind, z.B. im Sport, entlasten die Kontrolle (die globaler ist) und ermöglichen eine sehr schnelle und komplexe Ausführung, d.h. die Desymbolisierung ermöglicht die schnelle und präzise Ausführung häufig wiederholter Handlungen.
• Die sprachliche Imagination und die Kontrolle des Kontextbezuges würden bei der schnellen Produktion von Sprachmustern überfordert, wenn sie jeder Teilstruktur Bedeutung und Kontextfunktion zuordnen müssten. Deshalb erscheint eine globale symbolische Kontrolle (auf Sprechakt- oder Textebene) als ökonomischer. Die einfachen Schritte (z.B. auf der Morphemebene) lösen sich von der begleitenden und kontrollierenden Imagination.[15]

Diese Argumente sprechen zumindest für die Möglichkeit einer (teilweisen) Formalisierung/Ritualisierung des Sprachverhaltens. Allerdings kann jede flüchtig produzierte Äußerung auch reanalysiert, im Detail geprüft, kritisch evaluiert werden und die sprachliche Kommunikation ist nicht *nur* belangloser Smalltalk. Dies

---

15 Dies führt manchmal zu stilistischen Fehlleistungen, wenn die begleitende Bildlichkeit inkohärent oder widersprüchlich wird.

bedeutet, jede Formalisierung ist erstens nur partiell (wichtige Inhalte bleiben semantisch und pragmatisch durchsichtig) und zweitens zumindest teilweise reversibel. Sie bleibt unter Bezug auf die Symbolwerte im Einzelnen analysierbar.

Die Argumentation (siehe Frage 3) gegen die Nutzung mathematischer Kalküle ist nur bei einer platten Identifikation von natürlicher und formaler Sprache (die heute kaum jemand ernsthaft vertritt) stichhaltig. Diese stellt nämlich eine im Prozess der kulturellen Entwicklung interessante Abstraktion in Bezug auf natürliche Kategorisierungen und Sprachen dar. Das Problem der Nutzung dieses Potentials lässt sich deshalb auf die folgende Frage reduzieren:

- Welche Abstraktionsleistung formaler Strukturen lässt sich im Theoriebildungsprozess der Linguistik nützen. Dabei kann diese „Auswertung" nur selektiv erfolgen. Man mag diese Frage mit derjenigen vergleichen, die sich der Phonologie gestellt hat: Wie kann die Analyseleistung bei der Entstehung von Alphabetschriften (der letzten 5 000 Jahre) für eine Phonologie genützt werden?

Niemand wird annehmen, dass die Phonologie und (eine) Alphabetschrift identisch sind. Die Nutzung vorgängiger kultureller Leistungen in einem analogen Problemfeld bleibt eine Entscheidung der jeweiligen Disziplin (hier der Phonologie), die sie gemäß ihrer eigenen Kriterien bewältigen muss.

Es kann also durchaus prognostiziert werden, dass die Entwicklungen der kognitiven Linguistik in der Chomsky-Linie mit den in diesem Buch beschriebenen Ansätzen verbunden werden können. Dies wird insbesondere dann wahrscheinlich geschehen, wenn beide Stränge ihre kognitiven Ansprüche im Kontext der Neurobiologie und der Evolutionsbiologie kritisch reevaluieren und wahrscheinlich grundlegend anpassen müssen (vgl. dazu Kap. 8).

Wie die folgenden Kapitel zeigen werden, sind seit etwa 1975 in der Linguistik teils philosophische, teils linguistische (bzw. gemischte) Entwürfe entstanden, die sich weder nur linguistisch noch rein philosophisch begründen lassen und die versuchsweise den Hiatus zwischen Sprachbeschreibung und kognitiver Spracherklärung ausfüllen. Gemeinsam ist allen dargestellten Zugängen, dass sie mehr oder weniger explizit erkenntnis- und sprachphilosophische Prämissen machen und dass sie ihre Argumentation weit-

gehend auf eine Neuinterpretation bekannter (manchmal viel dis-
kutierter) sprachlicher Phänomene stützen. Aus diesem Grunde
werde ich diese Argumentationen ausführlich am Beispielmaterial nachvollziehen. Ich werde versuchen, im Verlauf der Kapitel eine repräsentative Anzahl grammatischer Beschreibungen im
Geiste kognitiver Fragestellungen vorzustellen und wenn möglich
auf das Deutsche anzuwenden. Die jeweils sehr idiosynkratischen
Begriffsbildungen der einzelnen Richtungen von Lakoff, Langacker, Talmy, Turner sollen dabei aber nicht vermischt werden, denn
eine kognitive Grammatik gibt es derzeit nicht und sie ist auch
nicht zu erwarten. Aus einer wissenschaftshistorischen Perspektive verstehe ich diese Modelle als Vorbereitungen für eine interdisziplinäre Sprachtheorie. Da sich gerade die Hirnforschung und
Genetik derzeit sehr rasch entwickeln, ist allerdings zu bezweifeln,
ob eine für längere Zeit gültige Einheits- oder integrative Theorie
überhaupt zu Stande kommt, ja ob sie überhaupt wünschenswert
ist. Das Zwischenstadium ist in dieser Sicht kein Provisorium, sondern ganz einfach der aktuelle Entwicklungsstand, der sicher die
Linguistik der nächsten Jahrzehnte prägen wird.

Insgesamt wird eine den behandelten Ansätzen zwar verpflich-
tete aber selbstständige Darstellung angestrebt, d. h. das Buch ist
nicht eine zusammenfassende Darstellung eines der Ansätze (z. B.
des Ansatzes von Langacker wie in Taylor 2002) mit Bezügen zu
weiteren Arbeiten. Wir halten die behandelten Ansätze eher für
verschiedene Annäherungen an ein noch nicht erreichtes (sogar
noch nicht endgültig fixiertes) Ziel. Die Analyse sprachlicher Kategorisierungen und Regularitäten ist unabhängig von der Form
einer kognitiven Theorie der Sprache eine notwendige Heuristik,
durch die kognitive Muster und Schemata aufgedeckt werden, die
Bestandteile einer solchen Theorie werden sollen.

2. Sprachliche und kognitive Kategorisierungen

Nachdem (etwa im 18. Jh.) nicht-westliche Kulturen genauer untersucht wurden und seitdem exakte, experimentelle Forschungen zu Wahrnehmungs- und Denkprozessen (seit Ende des 19. Jh.) durchgeführt wurden, hat sich die Problemstellung der Sprach- und Erkenntnistheorie gewandelt. Die spekulative Phase (z. B. im 18. Jh.) wurde überwunden, und es geht nicht mehr darum, ob Sprache und Denken sich gegenseitig oder einseitig beeinflussen (oder gar determinieren). Die beiden Phänomene werden eher als Aspekte eines komplexen Phänomenbereiches, das seit etwa vierzig Jahren die Bezeichnung „Kognitionswissenschaften" (Cognitive Science) trägt, aufgefasst. Wichtige Entwicklungslinien wurden in Kap. 1 dargestellt. In diesem Kapitel werden zuerst klassische Problemfelder angesprochen, in denen die interdisziplinäre Kooperation von Anthropologen (Ethnologen), Psycholinguisten (Biolinguisten) und empirischer Sprachforschung neue Einsichten erbracht hat: Farbterminologie und Farbensehen, Verwandtschaftsbezeichnungen und Familien- bzw. Sozialstrukturen, Ethnotaxonomien im Bereich der Pflanzen- und Tierwelt, grammatische Kategorien und kognitive Kategorisierung. Die thematisierten Bereiche waren bereits in der Gründungsphase der Kognitionswissenschaften so gut entwickelt, dass sie deren Entwicklung tief greifend beeinflussen konnten.

Im zweiten Abschnitt wird die Objektkategorie HAND im Zusammenhang von kognitiver Kartierung und sprachlicher Formgebung untersucht. Dieser Exkurs enthält auch Hinweise zu einer evolutionstheoretischen Dimension der Kognitiven Grammatik (vgl. dazu Wildgen, 2004a).

Zum Schluss des Kapitels wird das Thema „Versprachlichung" anhand von Geruch und Emotion kurz erläutert, womit zu den systematischen Kapiteln übergeleitet wird.

2.1   Biologische und soziokulturelle Anteile bei der Entwicklung des Wortschatzes

2.1.1   Farbterminologien

Ausgangspunkt (neben historischen Ansätzen bei Young, Helmholz und Hering) sind Untersuchungen zur Farbwahrnehmung von De Valois und Jacobs (1968) an Affen der Alten und Neuen Welt, besonders an Makaken und Krallenäffchen. Ein Vergleich zwischen Makaken und Menschen in Tests, bei denen bei abnehmender Intensität (gleicher Wellenlänge) ein flackerndes Licht von drei beständigen Lichtquellen zu unterscheiden waren, zeigt die Farbrezeptivität für beide Spezies an (vgl. De Valois und Jacobs, 1968: 535). Die Farbempfindsamkeit ist danach beim Makaken und Menschen fast identisch. Beim Makaken wurden im „lateral geniculate nucleus" Messungen vorgenommen. Dabei wurde unterschieden zwischen „non-opponent"-Zellen, welche generell die Lichtintensität registrieren und den eigentlich für die Farbwahrnehmung relevanten „Opponent"-Zellen. Davon konnten vier Typen unterschieden werden (ibidem: 538):

- (+ R, – G): sind erregt bei Rot, inhibiert bei Grün;
- (+ Y, – B): sind erregt bei Gelb (yellow), inhibiert bei Blau;
- (+ G, – R): sind erregt bei Grün, inhibiert bei Rot;
- (+ B, – Y): sind erregt bei Blau, inhibiert bei Gelb.

Abbildung 2 zeigt einen schematischen Querschnitt durch die Netzhaut. Der Lichteinfall kommt von links, die lichtempfindlichen Zellen sind rechts; Stäbchen (heller) und Zapfen für die Wellenlängen von Blau, Gelb, Grün (dunkler dargestellt), Schaltzellen, Nervenzellen (vgl. Bauer, 1979: 150).

   Am Menschen kann man in psychophysischen Experimenten denselben Effekt nachweisen, indem man die in Opposition stehenden Farben in verschiedener Proportion auf eine Tafel projiziert (vgl. Hurvich and Jameson, 1957: 389). Dazu wird zuerst eine Wellenlänge projiziert, die einen blauen Farbeindruck erweckt. Dann werden Gelbtöne (gelb-grün, gelb, gelbrot) projiziert, zu denen soviel vom Blau hinzu gegeben wird, dass gerade der Gelb-Eindruck verschwindet (null wird). Damit können genau jene Intensitäten von Blau bestimmt werden, die ausreichen, um in der Opposition die Gelbtöne zu annullieren. Wurde diese Methode mit den

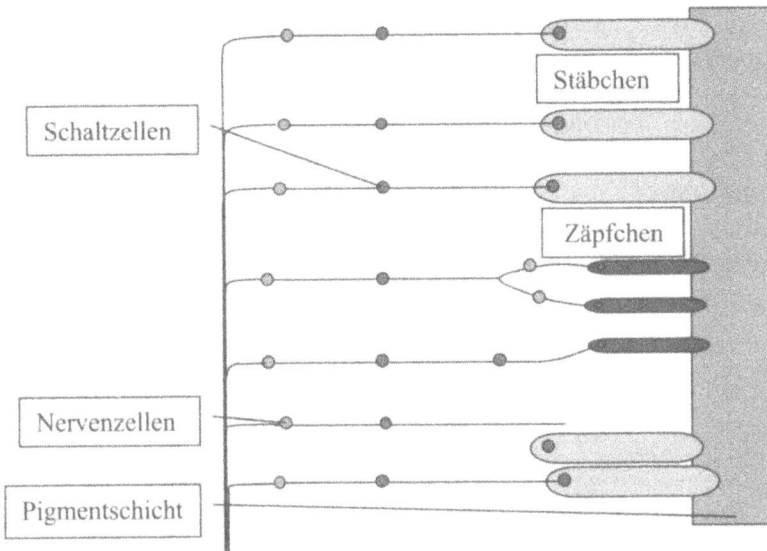

Abbildung 2:   Bau der Netzhaut (schematisch)

vier Kombinationen (vgl. die Liste oben) durchgeführt, erhielt man
für eine Testperson die relativen Gewichte bestimmter Wellenbe-
reiche, die in Abbildung 3 dargestellt werden.

Zell-Typ Wellenlänge (nm)	(+ B, - Y):	(+ G, - R)	(+ Y, - B)	(+ R, - G)
Blau (um 450 nm)	▇	▇	▏	▏
Grün (um 510 nm)	▏	▇	▏	▏
Gelb (um 580 nm)	▏	▏	▇	▏
Rot (um 660 nm)	▏	▏	▏	▇

Abbildung 3:   Relative Zell-Sensitivität in verschiedenen
Wellenbereichen

In der Anthropologischen Linguistik wiederum wurden die elementaren Farbvokabulare verschiedener Sprachkulturen und die
den Farbwörtern zugeordneten Farbwerte untersucht (vgl. Berlin
und Kay, 1969). Ein Vergleich mit den physiologischen Daten ergab
eine Differenzierungshierarchie, d. h. wird in einer Sprache oder

beim Übergang von einer Sprache zur anderen der Differenzierungsgrad der Farbterminologie erhöht, so lassen sich die Optio-
nen durch die Farbphysiologie vorhersehen. Das kulturinvariante
Farbsehen determiniert gewissermaßen das Farblexikon (aber nicht
dessen Differenzierungsgrad), insbesondere die ersten Stufen der
Entfaltung.[16] Dies spricht für einen schwachen kognitiven Deter-
minismus zumindest im Bereich des wahrnehmungsnahen Lexikons. Die Hierarchie ist in Abbildung 4 dargestellt.

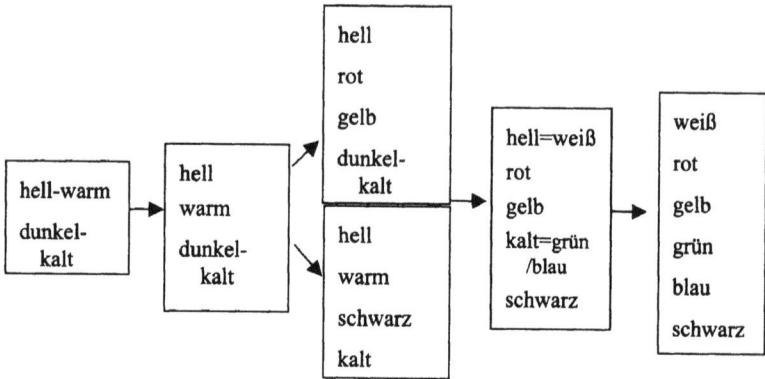

Abbildung 4:   Differenzierungshierarchie nach Kay und McDaniel
(1986)

Rosch-Heider und Olivier (1972) haben die Farbkategorisierung
von 40 Dani-Sprechern (Neu-Guinea) und 41 amerikanischen Spre-
chern verglichen. Die Dani-Sprache hat nur zwei Farbkategorien:
mili (umfasst dunkle und kalte Farben), *mola* (umfasst helle und
warme Farben). Als Basis dient wie bei Berlin und Kay (1969) die

---

16 In Regier, Kay und Khetarpal (2007) werden die Ergebnisse des World
Color Survey so interpretiert, dass die universale Struktur, die dem Farblexikon vieler Sprachen zugrunde liegt, einerseits auf eine Clusterbildung
im inhomogenen dreidimensionalen Raum der Farben anderseits auf eine
optimale oder fast-optimale Partitionierung dieses Raumes zurück zu
führen ist. Die häufig anzutreffenden „basic color terms" sind somit das
Ergebnis einer Selbstorganisation und nicht angeboren. Der „World Color
Survey" wurde von Paul Kay und Mitarbeitern seit einigen Jahrzehnten
in 110 (nicht-westlichen) Sprachen erhoben und erfasste als Stichprobe
jeweils 25 Angehörige der untersuchten Sprachgemeinschaft.

Farbtafel nach Munsell,[17] die im Experiment in der Form quadratischer Farbplättchen (Chips) eingesetzt wurde.

Experiment: (1) 40 gleichmäßig über das Spektrum verteilte (aber nicht voll saturierte) Chips sollten benannt werden; (2) Gedächtnistest: ein Chip wird 5 Sek. gezeigt und soll nach 30 Sek. einem Farbwert auf den 40-Chips-Feld zugeordnet werden; (3) Benennung der Farben auf einem 160-Chips-Feld. Ergebnisse: 80% der Dani-Benennungen fielen auf die beiden Farbtermini *mili – mola* (20% waren ideosynkratisch oder Ad-hoc-Beschreibungen).

Im rechteckigen 40-Chips-Feld entspricht *mili* (dunkel, kalt) einer Teilfläche im unteren Bereich des Feldes.

Benennung als „mili" (dunkel/kalt) bei 40 Farbchips
(Werte über 20 markiert)

Farbtöne in gleichmäßigen Abständen

Helligkeitsstufen	ROT	GELB-ROT	GELB	GRÜN-GELB	GRÜN	BLAU-GELB	BLAU	VIOLETT-BLAU	VIOLETT	ROT-VIOLETT
9	2		2	3	6	8	5	4	1	1
7	5	6	12	20	23	26	19	16	8	5
5	13	20	26	29	31	33	33	26	21	19
3	25	23	29	35	34	33	32	32	23	21

Abbildung 5:   Farbfläche für *mili* (vgl. Rosch-Heider und Olivier, 1972: 344)

Die Gedächtnistests zeigten signifikante Unterschiede, d.h. die durchschnittliche Anzahl korrekter Identifikationen lag bei den

17 Eines der am weitesten verbreiteten und heute noch genutzten Farbsysteme; es wurde zwischen 1905 und 1916 von dem amerikanischen Maler Albert Henry Munsell entwickelt; siehe: http://www.colorsystem.com/projekte/Grafik/31mun/01mun.htm (7.9.2007).

Dani-Sprechern im Durchschnitt bei 7,7 bei den Amerikanern bei 11,7. Die Frage war, ob die Gedächtnis-Akkuratheit mit dem Farblexikon zusammenhängt, d. h. ob ein differenzierteres Lexikon eine bessere Erinnerung an gezeigte Farbchips ermöglicht. Dazu wurden perzeptuell benachbarte Farbwerte in Relation zur gleichen oder verschiedenen Benennung im Dani bzw. Amerikanischen verglichen. Die Unterschiede waren nicht signifikant; daraus schlossen die Autoren, dass das Farbgedächtnis nicht wesentlich von der Struktur des Farblexikons beeinflusst wird, d. h. die kognitive Leistung des Farbgedächtnisses wird nicht durch die sprachliche Leistung des Farb-Benennens determiniert. Die Autoren stellten außerdem fest, dass die amerikanischen Sprecher in fast der Hälfte der Benennungen keine „basic color-terms" benützten, sondern andere Strategien (Objektbenennungen, metaphorische Ausdrücke usw.) bevorzugten. Diese Strategie ist im Bereich der Geruchsbeschreibungen noch ausgeprägter (vgl. Holz, 2005).

Im Gegensatz zum Farblexikon sind viele lexikalische Felder weit schwächer an Vorkategorisierungen in der Sensorik oder Motorik gebunden. Die kommunikative Funktion der Sprache stellt eher die *soziale* Wahrnehmung und damit die Sozialstruktur in den Vordergrund. Zentral für diesen Bereich sind die Verwandtschaftsterminologien.

2.1.2 Verwandtschaftsterminologien und Sozialstruktur

Die Struktur der verwandtschaftlichen und sozialen Zusammensetzung einer Sprachgemeinschaft hat ihre Entsprechung in den sprachlichen Benennungen, im lexikalischen Wortfeld der Verwandtschaft. Dieses Feld unterscheidet sich in zweierlei Hinsicht von demjenigen der Farbterminologie:

(a) Der Designatbereich ist fundamental diskret, d. h. die einzelnen Personen, die in einem Verwandtschaftsverhältnis zueinander stehen, sind deutlich wahrnehmbare Individuen.[18]

---

18 Bei ganz genauer Betrachtung löst sich natürlich das Kind *kontinuierlich* von der Mutter, was die ganze Problematik der Abtreibungsdiskussion in ihrer Unfähigkeit, den Übergang objektiv festzulegen, verdeutlicht. Immerhin ist die Befruchtung des Eis ein diskreter Punkt in dieser Entwicklungslinie. Da jedoch eine Auswahl aus einer Vielzahl von Samen-

(b) Die Struktur ist im Bereich der gesellschaftlichen Organisation bzw. der sozialen Kognition angesiedelt, sie ist somit nicht physiologisch zu erklären (allerdings können genetische Beziehungen eine Rolle spielen).[19]

Als Hintergrundraster kann man nach Kroeber (1952) die folgenden Merkmale festhalten:

- Generation,
- direkte vs. indirekte Seitenlinie,
- Blutsverwandtschaft vs. Verschwägerung,
- Geschlecht der Verwandten,
- Geschlecht des Verbindungsgliedes,
- Geschlecht des Sprechers,
- Altersunterschied innerhalb derselben Generation (Seniorität oder alt vs. jung),
- Status der verschiedenen Verwandten (z. B. lebend oder tot).

Diese Merkmale können in der Ausbildung eines einzelsprachlichen Verwandtschaftssystems *additiv* oder *disjunktiv* verwendet werden. Dabei werden generell additive Verbindungen bevorzugt. Als dritte Kompositionsform treten *relationale* Beziehungen auf. Die stehen zwischen additiven und disjunktiven. Piaget (1924) und seine Mitarbeiter haben gezeigt, dass im Spracherwerb Kategorisierungen auch in dieser Reihenfolge gelernt werden: additiv > relational > disjunktiv. Die Lernabfolge im Erstsprachenerwerb ist demnach eine weitere „natürliche" Ursache für die Universalität (die universellen Züge) der vorgefundenen Verwandtschaftsterminologien.

---

zellen erfolgt, hat dieser Übergang einen Wahrscheinlichkeitscharakter, der die Grenze in anderer Weise verwischt.

19 Insofern die zugrunde liegenden genetischen Beziehungen ein biologisches Substrat der Verwandtschaftsterminologie darstellen, ist doch wieder eine Analogie zur Farbterminologie gegeben. Die Forschungstraditionen sind schwankend; standen zuerst historische und gesellschaftliche Entwicklungen im Vordergrund, so verweist die strukturale Anthropologie (Lévi-Strauss, 1991:87f) eher auf fundamentale kognitive Strukturen. Eine ähnliche Position nehmen Godelier, Trautmann und Tijon Sie Fat (1998: 6) ein, indem sie Verwandtschaftsbeziehungen als weniger durch historische Verbindungen zwischen Gesellschaften als durch allgemeine Eigenschaften des menschlichen Geistes motiviert sehen.

Die Methode der Untersuchung kann jene des Kontrastes zwischen potentiellen und vorfindlichen Kombinationen sein. Wir wollen zuerst die Kombinatorik in der Elterngeneration (Männer) betrachten. Es gibt 5 Möglichkeiten:

(1) Ein Term für jedes Mitglied der Elterngeneration (also vier Terme).
(2) Es gibt drei Terme: Vater, Vaterbruder (Onkel), Mutterbruder.
(3) Es gibt zwei Terme: Vater – vs. – Brüder beider Elternteile.
(4) Es gibt zwei Terme: (Vater + Vaterbruder) – vs. – Mutterbruder.
(5) Es gibt zwei Terme: (Vater + Mutterbruder) – vs. – Vaterbruder.

Nur die Fälle 1–4 sind in den Sprachen belegt, Fall 5 fehlt. In der *Geschwisterterminologie* gibt es drei Bedeutungskategorien, die in der Sprache eine Rolle spielen:

- Geschlecht des Verwandten: Bruder (m) / Schwester (w).
- Alter des Verwandten (ä = älter, j = jünger).
- Geschlecht des Sprechers: (männlich (m), weiblich (w).

Es ergeben sich die folgenden acht Kombinationen von Merkmalen in den Positionen (1, 2, 3): mäm, mäw, wäm, wäw / mjm, mjw, wjm, wjw.

214 von 245 untersuchten Geschwistersystemen entsprechen laut Nerlove & Romley (1967) 12 *Idealtypen*. Diese haben nur 2 Unterscheidungen; 21 weitere weisen drei Unterscheidungen auf.

Im Deutschen gibt es zwei Terme (Bruder, Schwester), die für je vier Merkmalskombinationen stehen, da nur das erste Merkmal (Geschlecht des Verwandten) als Information genützt wird:

mäm oder mjm oder mäw oder mjw   *Bruder*

wäm oder wjm oder wäw oder wjw   *Schwester*

Aber es gibt auch Systeme mit der Trennung nach den Merkmalen Alter des Verwandten oder nach gleichem vs. verschiedenem Geschlecht des Sprechers im Vergleich zu demjenigen, der die Verwandtschaftsbeziehung zu sich selbst bestimmt. Disjunktive Trennungen sind selten (4 von 245 bei Nerlove & Romley, 1967: 68). Neben den einfachen Lexemen zur Bezeichnung der Verwandtschaft gibt es natürlich komplexe Nominalausdrücke, die eine syntaktische Phrase zur Bestimmung von Verwandtschaftsbeziehungen notwendig machen.

Die klare Kombinatorik der Verwandtschaftsterminologien motivierte in den 60er Jahren die semantische Komponentenanalyse, d.h. man glaubte, dass generell lexikalische Felder nach dem Muster der Verwandtschaftsterminologie in diskrete, meist konjunktiv (durch *und*) verbundene Merkmale zerlegt werden können. Diese Generalisierung lag vielen Beschreibungen und Modellen der lexikalischen Semantik und den Ansprüchen des Strukturalismus bis in die 80er Jahre zugrunde (vgl. die Kritik und Modifikation der Komponentenanalyse in Wildgen, 1977a.).[20]

Eine ethnologische und historische Analyse von Verwandtschaftssystemen zeigt, dass der scheinbaren Logik komplizierte kulturelle Prozesse zugrunde liegen, etwa die Entstehung segmentärer Gesellschaften und agnatischer Verwandtschaftssysteme, so genannte „lineages", die zu matrilinearen bzw. patrilinearen Verwandtschaftssystemen führen, oder von kognatischen oder Blutsverwandtschaftssystemen, in denen jeder mehr oder weniger mit jedem verwandt ist. Diese Systeme hängen eng mit Arbeitsteilung, Exogamie, Eigentums- und Erbschaftsregeln zusammen. Das Lexikon der Verwandtschaft erfasst also nur die Spitze eines Eisbergs der „kulturellen Evolution" (vgl. dazu auch Wesel, 1980).

Generell werden sechs Grundtypen unterschieden: *Sudanese, Hawaian, Eskimo, Iroquois, Omaha, Crow*, die ausschließlich nach der Technik der Gliederung unterschieden werden und nicht auf historischen oder gesellschaftlichen Einflüssen beruhen. So zeichnet sich der Typ: Sudanese dadurch aus, dass alle Positionen durch eigene Namen (nicht durch zusammengesetzte Bezeichnungen) dargestellt werden. Diesem Typus entsprechen z.B. das Lateinische, das Türkische und das Alt-Englische. Vom Typus: *Eskimo* ist z.B. auch das Englische. In diesem System wird zwischen den Verwandten des Vaters und der Mutter kein Unterschied gemacht: *uncle* und *aunt* ebenso wie *cousin* werden für Brüder/Schwestern

---

20 Es würde zu weit führen, in die Diskussionszusammenhänge der Ethnotheorie und der Anthropologie einzutreten. Lévi-Strauss geht im Wesentlichen auch von kognitiven Kategorien ethnisch relevanter Sachverhalte aus, um so eine „Strukturelle Anthropologie" aufzubauen; vgl. Kap. 1 in Lévi-Strauss (1974).

des Vaters und der Mutter bzw. deren Kinder benützt. Beim Typus
Iroquois werden zwar die Verwandten mütterlicher- und väterli-
cherseits unterschieden, es gibt aber einen gemeinsamen Begriff
für Vater und Onkel, bzw. Mutter und Tante. Eine weiterführende
Reduktion der Vielfalt von Verwandtschaftssystemen, die bis zu
einen Proto-Homo sapiens vordringen könnte, wird von Bancel
und de l'Etang (2002) vorgeschlagen. Die Proto-Etyma: (M)AMA,
(P)APA, (K)AKA kommen in fast allen Sprachen der Welt vor und
zeigen eine erstaunliche phonetische und semantische Stabilität.
Im Gegensatz zur Hypothese, diese Wörter würden jeweils spontan und unabhängig in den Sprachen der Welt erzeugt („nursery
words"), glauben die Autoren nachweisen zu können, dass es eine
Permanenz dieser Wörter und ihrer Inhalte seit etwa 100 000 Jahren gibt (der sog. Proto-Sapiens-Stufe). Die Bedeutungen variieren
mit einem stastistischen Schwerpunkt um die Inhalte: Vater, Mutter, Onkel/Tante. Dieser Kern könnte somit auch der Ausgangspunkt aller Verwandtschaftsterminologien sein.[21]

2.1.3 Ethno-Taxonomien in der kulturspezifischen Ethno-Zoologie und Ethno-Botanik

Der Bereich der natürlichen Gattungen von Tieren und Pflanzen im
Um- und Lebenskreis einer Kultur liegt gewissermaßen zwischen
den beiden Extremen der Farbterminologie und der Verwandtschaftsterminologie. Die Tiere und Pflanzen sind zwar kein sozia-
les Konstrukt, also nicht selbst Ergebnis einer Symbolisierung;
die Aspekte, unter denen sie betrachtet und als relevant, wichtig
oder zentral ausgewählt werden, hängen jedoch mit den Lebensge-
wohnheiten einer Kultur, ihrer Ökologie oder Ökonomie zusammen. Die Ethnotaxonomien weisen im Durchschnitt drei und im

---

21 Barnard (2006) weist darauf hin, dass sehr vollständige und umfangreiche Verwandtschaftsterminologien hauptsächlich in Jäger-Sammler-Ge-
sellschaften vorkommen. Deren kognitive Grundlage hängt mit gewissen
Valenzen („affordances") zusammen: Wer kann wen heiraten, Wer darf/
will neben wem sitzen, Wer darf mit wem Späße machen usw. Höhere Primaten verfügen über keine komplexen Verwandtschaftskategorien; dies
könnte darauf hinweisen, dass die entsprechende soziale Kognition ein
Bestimmungsglied in der Evolution des Menschen war, die ihn von anderen Primaten unterscheidet (vgl. Wildgen, 2004a).

Extremfall fünf Ebenen auf. Die maximale Struktur gibt Berlin (1978) wie folgt an:

kingdom	plant	animal
life form	tree	fish
(intermediate)	evergreen	fresh water fish
generic	whitepine	black bass
varietal	western whitepine	large mouthed (black) bass

In der Untersuchung von Rosch (1977) werden im Gegensatz zu Berlin (1978) *drei* Hauptebenen unterschieden:

superordinates	fruit, tool, clothing, vehicle
basic	apple, hammer, shirt, car
subordinates	delicious (apple), claw hammer, dress shirt, sport car

Unter bestimmten Umständen konnten die Versuchspersonen auch noch klar zwischen einem „basic-level 1" und einem „basic-level 2" trennen. Die Tests von Rosch ergaben, dass Testpersonen mit den basic-level-Wörtern und auch den „subordinates" wesentlich mehr Attribute assoziieren als mit den „superordinates".

In manchen Kulturen sind gerade die „basic-level"-Kategorisierungen sehr zahlreich, die sprachlichen Formen sind meist einfache Lexeme. Während das Kernvokabular der Gesellschaften insgesamt vergleichbar ist, ist die Verteilung auf unterschiedliche Wortschatzbereiche sehr verschieden. Naturvölker können zwischen 500–1000 Pflanzenarten unterscheiden, während in den städtischen Zentren der Industriestaaten dieser Wortschatz oft kaum 50–100 Wörter umfasst. Für die Kognitive Linguistik bedeutet dies, dass die lexikalische Analyse die „basic-level"-Kategorisierung in den Mittelpunkt stellen sollte, um von dort aus „radial" die anderen Formen bestimmen zu können (vgl. Kap. 3).

Partinomien sind ein weiterer interessanter Bereich, da sich die Einteilung, z. B. des Körpers in Körperteile, Glieder usw. von Sprache zu Sprache verändert (vgl. Andersen, 1978 und Wildgen,

1999b). Als die wichtigsten Organisationseigenschaften von Lexika gelten somit:

- ihre Entfaltungsstruktur, die in den ersten Stadien biologisch kanalisiert sein kann[22] (vgl. die Farblexika);
- die Prominenz der mittleren Klassifikationsstufe (vgl. die Ethnotaxonomien);
- eine reiche Kombinatorik mit sehr spezifischen Beschränkungen (vgl. alle Verwandtschaftsbezeichnungen).

Insgesamt bilden die ethnolinguistischen Untersuchungen zum Lexikon von Sprachen eine der Grundmotivationen der Kognitiven Grammatik, d. h. jener Forschungstradition, die Mitte der 70er Jahre von Talmy, Langacker und Lakoff begonnen wurde und ab den 90er Jahren eine internationale Ausbreitung erfuhr (vgl. die folgenden Kapitel).

2.1.4 Grammatische Kategorien und kognitive Kategorisierung

Den Ausgangspunkt der Sapir-Whorf-Hypothese, d. h. die Hypothese des sprachlichen Relativismus, bezieht sich zwar auf philosophisch zentrale Kategorien wie Raum, Zeit, Kausalität und schlägt alternative, kulturabhängige Kategorisierungen vor, diese Hypothese wird aber nicht primär anhand des Lexikons überprüft. Das Lexikon ist in einem trivialen Sinne weltbezogen, insofern die Umwelten, d.h. sowohl die ökologischen als auch die sozialen Bedingungen in Kulturen nahe dem Äquator bzw. nahe der arktischen Zonen fundamental verschieden sind. Die Hypothese Whorfs bezieht sich aber auf das sprachliche Denken, eine stärker verinnerlichte, nicht direkt auf die Umgebung des Handelns ausgerichtete Form der Kognition, die Whorf von der Sensorik und Motorik abhebt. Seine Untersuchung zum Hopi betreffen auch weniger das Lexikon als die Morphologie, insbesondere den Bereich grammatischer Affixe, die in einer begrenzten Anzahl von Unterscheidungen einen grundlegenden Aspekt, z. B. den Raumbezug oder den Zeitbezug, „grammatikalisieren". In die abstraktive Leistung der Grammatikalisierung fließen zwar relevante Aspekte des Handelns und Wahrnehmens einer Umwelt ein, sie ist aber noch stär-

---

22 Zusätzlich können Optimierungseffekte eine schwache Kanalisierung vertärken.

ker als die lexikalische Kategorisierung eine genuine Leistung des menschlichen Geistes. Im Sinne der Selbstorganisationstheorie (vgl. Wildgen und Mottron, 1987 und Wildgen, 1994a) ist sie weitgehend autonom bezüglich des Inputs (aus Sensorik und Motorik). Es ist deshalb nahe liegend, dass die Grammatik in Kulturen, deren Geschichte über lange Zeiträume unverbunden war, auch unterschiedlich ist. Diese Autonomie der Selbstorganisation lässt – im Gegensatz zu einer angeborenen, genetisch kodierten Grammatik – den sprachlichen Relativismus als eine natürliche Konsequenz erscheinen. Sie ist keine Deformation, Entartung in Bezug auf eine universale Logik. Die empirische Prüfung (und parallele Operationalisierung und Schärfung der Hypothesen) hat aber die Linguistik seit Sapir und Whorf vor große Probleme gestellt. So konnten die Nach-Analysen zur Versprachlichung von Raum und Zeit (siehe Abschnitt 2.3) in den Arbeiten von Malotki (1979) die Analyseergebnisse von Whorf nur teilweise bestätigen (es zeigte sich z. B., dass eher die Raum- als die Zeitkategorisierung kultur- und sprachrelativ ist).

Das Grundproblem besteht darin, ein Tertium Comparationis zu finden, das den Vergleich von Denken und Sprache in zwei Kulturen ermöglicht. Im Falle der Farbterminologie konnten die standardisierten Farbplättchen diese Funktion erfüllen (obwohl selbst in diesem Falle die Neutralität der durch die modernen Anilinfarben realisierten Skala angezweifelt wurde). Ich will im Folgenden den Versuch von John Lucy (1992) beschreiben, der die Kategorie des nominalen Numerus im Englischen und im Yucatec (einer Maya-Sprache) experimentell zu vergleichen versucht. Lucy hat für Situationen in beiden Kulturen Strichzeichnungen entwickelt, die einerseits eine Anzahl verschiedener Objekttypen (Menschen, Tiere, Artefakte, Pflanzen usw.) enthalten, sich andererseits aber in Bezug auf Einzahl/Mehrzahl unterscheiden. Die Analyse bestand zuerst in einem typologischen Vergleich der beiden Sprachen. Yucatec markiert die Nomina nicht obligatorisch für die Numerus-Kategorie (behandelt also alle Nomina so wie das Englische die Massen-Nomina behandelt). Andererseits verlangt das Yucatec bei der Numerus-Markierung (wenn sie erfolgt) eine Numeralklassifikation, d. h. für relativ kleine Klassen von Nomina wird jeweils der Typ (Gestalt, Teile oder Aggregate, Maße usw.) des zu Zählenden angegeben (vgl. Lucy, 1992, Tabelle 9: 49). Ein vergleichbares Verfahren wird im Englischen und Deutschen nur bei Massen-Nomina

angewandt (z. B. ein Glas Wasser). Es besteht somit eine sprachty-
pologische Varianz bezüglich der Numerus-Markierung und der
Numeralklassifikation, wobei beide voneinander abhängig sind.

Aufgrund dieser typologischen Unterschiede wurden folgende
Hypothesen zu Unterschieden bei kognitiven Tests formuliert:

- Hypothese 1: "English speakers should habitually attend to the
  number of various objects of reference more than should Yucatec speakers." (ibidem: 87)
- Hypothese 2: "English speakers should habitually attend to a
  number for a wider array of referent types than should Yucatec speakers." (ibidem)

Nach einer Übungsphase mit einfacheren Tests (Serie 1) wurden sieben Tests mit folgenden Aufgaben von 10 erwachsenen Maya-Män-
nern und 13 US-College-Studenten absolviert (vgl. ibidem: 19):

(1) Picture description (immediate)
(2) Picture description (recall)
(3) Picture similarity judgement
(4) Picture recognition (short term)
(5) Picture recognition (long term)
(6) Object forced-choice triads (direct)
(7) Object forced-choice triads (indirect)

Die beiden ersten Tests zeigten (gemäß der Erwartung), dass die
Sprecher, deren Sprache genereller den Numerus markiert (Englisch), dieser Eigenschaft auch in den Bildern mehr Aufmerksamkeit schenkten, d. h. diese Information wurde stärker aus dem Bild-
material extrahiert. In Bezug auf die Kategorisierung der Objekte
im Bild (relativ zu ihrer Anzahl) verarbeiteten Englischsprecher
mehr Anzahl-Informationen zu Lebewesen (animals) und Zusatz-
objekten (implements, z. B. Behälter und Werkzeuge) als zu Substanzen, während Yucatec-Sprecher mehr Anzahl-Informationen
zu Lebewesen als zu Zusätzen + Substanzen verarbeiteten. Es gibt
zwar keine direkte Abbildung sprachlicher Unterscheidungen in
die kognitive Informationsverarbeitung, aber eine deutliche Ein-
flussnahme, d. h. die kognitive Kategorisierung wird in Richtung
auf eine Annäherung an die sprachliche Kategorisierung verschoben. Es ist hier nicht der Ort, diese explorative Analyse in allen
Einzelheiten vorzustellen. Ähnlich wie die Ergebnisse zur Farbwahrnehmung und zum Lexikon der Farben wird eine schwa-

che Variante der Sapir-Whorf-Hypothese bestätigt. Die kognitive Kategorisierung wird bei zwei Kulturen mit einer grundlegend unterschiedlichen sprachlichen Kategorisierung an die dominante sprachliche Kategorisierung angepasst. Das bedeutet, erstere ist nicht lediglich die Konsequenz der sprachlichen Kategorisierungen, sie weist auch andere (genetische, verhaltensabhängige) Determinationen auf. Allerdings wird sie durch sprachlich-kulturelle Differenzen modifiziert.

In der theoretischen Konsequenz heißt dies aber, dass die höhere (mit der Sprache interagierende) Kognition zwar nicht sekundär zu einer kulturell variablen Sprachstruktur ist, von dieser aber beeinflusst wird. Ob dieser Einfluss (wie Whorf annahm) in Bereichen, die abstrakter, d. h. weniger von der Sinneswahrnehmung und der ihr nahen Imagination und Gedächtnisleistung geprägt werden, dominant wird, bleibt dabei offen, denn die Konstruktion experimenteller Prüfverfahren ist in diesen Fällen unmöglich. Ob die starke Sapir-Whorf-Hypothese wegen ihrer nicht strengen Prüfbarkeit deshalb zu eliminieren ist, bleibt ebenfalls eine wissenschaftstheoretisch unsichere Folgerung.

2.2 Die HAND als sprachliche und kognitive Kategorie: eine exemplarische Analyse

2.2.1 Die kognitive und sprachliche Kategorisierung von Körperteilen (am Beispiel des Konzeptes HAND)

Andersen (1978) fasst die Ergebnisse von Einzelanalysen zum Quechua, Tarascan, Navaho, Serbokroatischen, Gnau, Finnischen und Huastec sowie einiger übergreifender Analysen zur Tibeto-Burmanischen Familie, zu den Maya-Sprachen und einer Menge weiterer Sprachen zusammen (außerdem werden die Ergebnisse der Studie von Brown, 1976, berücksichtigt, in der 41 weit verteilte Sprachen verglichen wurden; vgl. ibid.: 346). Die lexikalischen Hierarchien sind vom Typ der Partinomie, d. h. der Teil-Ganzes-Beziehung. Die Lexeme für HAND befinden sich am unteren Ende der Hierarchie, wobei für HAND mit den Fingern (manchmal der Handfläche), den Fingernägeln und deren Rand (Halbmond) noch eine ganze Reihe weiterer Differenzierungen möglich sind. Auch wird die Hand nicht immer terminologisch scharf vom Arm getrennt. ARM und HAND können sich gegenseitig spezifizieren, so im Hebräischen: HAND (Schaufel/Löffel des Arms) oder im Finnischen: ARM (Träger der Hand).

Die außerordentliche Vielfalt, die von einer Wurzel erzeugt werden kann, demonstriert Matisoff (1985) anhand der sino-tibetischen Sprachen. Sein „metastatisches Flussdiagramm" zeigt ein weit verzweigtes Netz mit HAND/ARM als Zentrum, FUß/BEIN; FEDER/FLÜGEL und Eigenschaften der Händigkeit als Subzentren. Insgesamt umfasst das Netz über 30 Knoten.

Verschiedene Sprachen können auch im Hinblick auf die Prozesse des semantischen Wandels untersucht werden. Wilkins (1996; aufbauend auf idem, 1981) tut dies anhand von vier Sprachfamilien: drawidische (Süd-Indien), Bantu (Afrika), indo-europäische und tibeto-burmanische Sprachen (Ostasien).[23] Er untersucht die Ausdrücke für Teile der Person (Person ist die universale und die umfassende Bezeichnung und nicht Körper); unter den 41 Zielbegriffen finden sich „hand" neben „arm, finger, fingernail, elbow". Die semantischen Veränderungen, die Wilkins feststellt, sind meistens nur für eine Sprachfamilie belegt; es gibt allerdings allgemeine Tendenzen des Wandels, die für mehrere Sprachfamilien gelten (sie mussten in drei Familien angetroffen werden, um als Tendenzen zu gelten). Von den beobachteten semantischen Verschiebungen werden immerhin 70% durch die folgenden „natürlichen Tendenzen" (ibid.: 273) abgedeckt.

(a)   Verschiebung vom sichtbaren Teil einer Person auf die sichtbare nächsthöhere Ganzheit: Nabel → Bauch → Oberkörper → Körper → Person (unidirektional).

(b)   Räumlich benachbarte Teile werden semantisch verschoben: Bauch ↔ Brust.

(c)   Die Teile oberhalb der Mittellinie (z. B. Bauch) werden semantisch durch Teile unterhalb der Mittellinie (und umgekehrt) semantisch belegt: Ellbogen ↔ Knie, After ↔ Mund.

---

23 Außerdem wurden parallele Erscheinungen in Austronesischen-, Papua- und Indianersprachen herangezogen (vgl. Wilkins, 1996: 272).

(d) Körperteile von Tieren werden semantisch verschoben zu menschlichen Körperteilen: Schnauze → Nase; Schnabel → Gesicht.
(e) Ein Ausdruck für die Handlung, welche einen Körperteil involviert, wird verschoben zum Ausdruck des Körperteils selbst: gehen → Bein; halten → Hand.

Der semantische Wandel blieb meistens im Bereich des Feldes der Teile einer Person, d.h. er hat im Wesentlichen einen metonymischen Charakter; metaphorische Prozesse waren den metonymischen (besonders den Synechdochen) nachgeordnet. Wilkins (1996: 276) schlägt ein Netz von Wegen der semantischen Veränderungen im Bereich der Ausdrücke für Körperteile vor; ich will nur das Netz, welches Hand enthält, nachzeichnen.

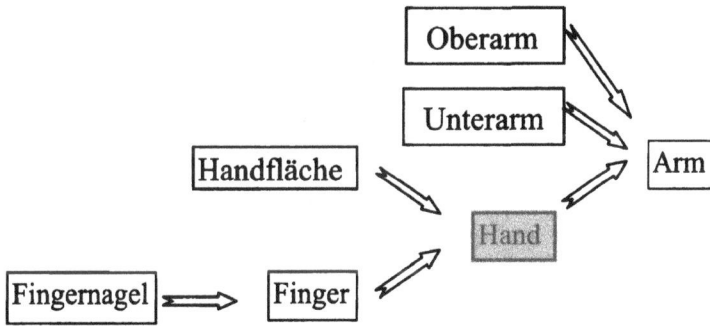

Abbildung 6: Teildiagramm des semantischen Wandels von HAND (vgl. Wilkins, 1996: 276)

Wie dieses Diagramm zeigt, ist HAND im System des semantischen Wandels als eine mittlere Kategorie kategorisiert, denn es werden zwei kleinere Teile: Fingernägel und Finger und ein größerer Teil: Arm unterschieden. Außerdem fällt auf, dass der semantische Wandel gerichtet ist, d.h. von den Teilen zum Ganzen führt.

2.2.2 Die diachrone Variation bei der Kategorisierung von HAND (innerhalb der indoeuropäischen Sprachen)

Obwohl die Hand als Objekt universal ist und bereits vom Säuglingsstadium an wahrgenommen und allmählich motorisch kontrolliert wird, haben die indoeuropäischen Sprachgruppen verschiedene Etyma. Buck (1949: 238 f.) unterscheidet sechs verschiedene Etyma in den indoeuropäischen Sprachen. Ich gehe nur auf deren Grundbedeutungen ein, da mich die phonetischen/phonologischen Veränderungen in diesem Kontext nicht interessieren.

(1) Im Sanskrit finden sich verbale Wurzeln für ‚halten‘, ‚tragen‘ und nominal für ‚Griff‘ und ‚Macht‘, die zum Konzept HAND führen.

(2) Das Lateinische ‚manus‘ (s. weiter unten) hat dieselbe Wurzel wie altnordisch ‚mund‘ (ähnliche Bedeutung wie HAND); letzteres wird generalisiert zu ‚Schutz‘ und ‚Aufsicht‘. Diese Abwandlung findet sich lexikalisiert in althd. ‚munt‘ und neuhd. ‚Mündel‘, ‚Vormund‘.

(3) Besondere Teile oder Formen der Hand können als Basis dienen, so im Lateinischen ‚palma‘ (Handfläche), im Altengl. ‚folme‘ (für Hand). Aus der lateinischen Wurzel wurden per Abstraktion Adjektive abgeleitet, wie im Lateinischen ‚palam‘ (offen), ‚planus‘ (flach). In ähnlicher Weise kann die Faust als Ausgangspunkt für HAND gewählt werden.

(4) Ausdrücke des Greifens, Verfolgens sind (siehe im Gotischen ‚fralinpan‘) die Basis sowohl für die germanischen Ausdrücke (im Englischen ‚hand‘; im Hd. ‚Hand‘) für HAND als auch für Engl. ‚hunt‘ (jagen).

(5) Im Litauischen ist ein verbales Konzept, ‚renkti‘ (sammeln) der Ausgangspunkt von Bezeichnungen für HAND.

(6) In ähnlicher Weise sind verbale Wurzeln mit der Bedeutung ‚tun‘, ‚machen‘ vermittelt durch Adjektivformen, die Basis von Ausdrücken für HAND im Sanskrit (hasta) und im Awestischen (zasta).

Wie die Beispiele zeigen, ist selbst ein so fundamentales und visuell wohl bestimmtes Objekt wie die Hand, nicht durchgängig durch nominale Konzepte bestimmt. In (1), (4), (5), (6) liegen Tätigkeiten (halten, tragen), (greifen, verfolgen), (sammeln), (tun, machen) zugrunde. In (3) sind Teile (Handfläche) oder Formen (Faust) der Ausgangspunkt; in (2) sind soziale Beziehungen (Schutz, Aufsicht) eng mit dem Objekt-Schema assoziiert.

In den Sprachen, Deutsch, Englisch und Französisch, welche wir näher untersuchen wollen, gibt es nicht nur genetische Verwandtschaften, sondern auch Querbeziehungen durch Entlehnung (Sprachkontakt), welche das Konzept HAND beeinflussen.

Die germanischen Sprachen haben ein gemeinsames Etymon. Neben (synchron) hd. ‚Hand‘; engl. ‚hand‘, finden wir diachron mhd./althd. ‚hant‘; ‚angelsächs. ‚hond‘; anord. ‚hond‘; got. ‚handus‘. Im Gotischen gibt es bereits feste Beziehungen zum Verb hisþan = fangen. Undurchsichtig sind heute die Beziehungen zu engl. ‚hunt‘ /dt. ‚Hund‘.

Die romanischen Sprachen haben ebenfalls ihr eigenes Etymon. Zum Lateinischen ‚manus‘, finden wir in den heutigen romanischen Sprachen: frz. ‚main‘; it./span. ‚mano‘; rum. ‚mina‘; katal. ‚ma‘; port. ‚mão‘. Bereits im Lateinischen gibt es viele Wortbildungen, die später von den romanischen Sprachen übernommen wurden. Ich exemplifiziere dies nur am Französischen ‚manica‘ > ‚manche‘ (Ärmel); ‚mendare‘ > ‚demander‘ (fragen), ‚commander‘ (befehlen), ‚mandat‘; ‚manceps‘ > ‚émanciper‘ (befreien); ‚mancus‘ > ‚manquer‘ (fehlen, verfehlen); ‚manualis‘ > ‚manuel‘ (Hand-). Durch die lautliche Veränderung ‚manus‘ > ‚main‘ und die mangelnde Transparenz der lateinischen Ableitungen werden viele dieser Ableitungen im Französischen synchron nicht mehr mit ‚main‘ assoziiert.

Über Entlehnungen enthalten das Deutsche und Englische viele Wörter, die indirekt auf das Lateinische ‚manus‘ zurückverweisen. *Deutsch*: Manifest, Maniküre, Manipulation, Manual, manuell, Manuskript; *Englisch*: manage, mandate, manoeuvre, manicure, manifest, manipulate. Im Falle von ‚manage‘ gibt es einen modernen Konkurrenten ‚handle‘; hier rücken historisch zufällig Ableitungen aus dem Lateinischen ‚manus‘ und Gotischen (Germ.) ‚handus‘ in dieselbe Position. Generell zeigt sich ein hoher Grad der Stabilität der Bedeutungsentwicklung von HAND und seinen Ableitungen.

2.2.3 Die synchrone Vielfalt der Lesarten von HAND (Deutsch, Englisch, Französisch)

Nimmt man die Simplicia: hd. ‚Hand‘, engl. ‚hand‘, frz. ‚main‘, so verzeichnen einsprachige Wörterbücher eine große Anzahl von Lesarten, d.h. von spezifischen Bedeutungen. Der Petit Robert (französisch) gliedert diese in drei Hauptgruppen:[24]

---

24 Der historische Vergleich zeigt, dass das Feld der Bedeutungen relativ sensibel auf historische Veränderungen reagiert. So ist z.B. der technisch-instrumentelle Bereich in der Französischen Enzyklopädie sehr stark ausge-

I.   Körperteil des Menschen
II. Ähnliche Körperteile bei Tieren und Pflanzen
III. Analoge Bedeutungen („par analogie").

Das Prinzip der Analogie regiert klar die Bedeutungsdistribution. Die zahlenmäßig größte Gruppe I wird in vier Untergruppen unterteilt:

IA: Spezifische Funktionen der menschlichen Hand dienen als Selektionsmerkmal.
IB: Lokale Präposition mit HAND als Konstituente.
IC: Symbolfunktionen: Handlung, Freiheit, Besitz, Autorität, Ehe, Arbeit (Werk).
ID: Spezielle Bedeutungen von HAND im Rahmen von Karten- und Gesellschaftsspielen.

Die nach Sprachfunktionen differenzierte Gruppen IA und IC sind meistens in idiomatischen Redensarten realisiert:

Gruppe I, A	*Spezif. Funktionen*	*Gruppe I, C*	*Symbolfunktionen*
1.	Kontakt	1.	Handlung
2.	Greifen	2.	Freiheit
3.	Gesten	3.	Besitz
4.	Geben und Nehmen	4.	Autorität
5.	Arbeit	5.	Ehe
6.	Schlagen	6.	Arbeit, Wirkung

Tabelle 6: Spezifische und symbolische Funktionen von ‚main'

Die Gruppe III ist wie ID sehr kontextabhängig, d.h. stabile (z.B. institutionelle oder Spielkontexte) wählen eine spezifische Bedeutung aus.

(a) Main de justice (Zepter), main de Fatima (Juwel), main de toilette (Handschuh).
(b) Main fixe, pendante (Handgriff einer Schublade), main de ressort (Teil eines Krans).

---

baut, während im 16. Jh. noch der Begriff der Hand als Waffe und Schutz relativ bedeutend war.

(c) Main courante (Handlauf).

(d) Main commune (gemeinsame Kontrolle von Gütern in der Ehe).

(e) Vingt mains (Bündel von Papierblättern).

(f) Papier qui a de la main (steifes, schweres Papier).

Die durch organisch-biologische Analogie definierte Gruppe II impliziert ein biologisches Deformationskontinuum (abhängig von natürlichen Funktionen des Objektes „Hand"), so dass auf einer Linie: *Mensch* (Erwachsener, Säugling, Kind im Mutterleib, Embryo) – *Primat/Affe/Säugetier* – *Tier* (generell) – *Pflanze*, homologe Körperteile als HAND kategorisiert werden. Eine ähnliche Form-Funktionsanalogie führt in den Bereich von Robotern/Werkzeugen.

Die Untergruppe I, B zeigt dagegen ein anderes Prinzip: Die Grammatikalisierung bzw. De-Konzeptualisierung von HAND.[25] Ich will diese Dynamik anhand der Daten je eines elektronischen Wörterbuchs des Französischen und des Englischen in Tabelle 7 (siehe S. 53) illustrieren:

Wir sehen hier, dass das lexikalische Konzept HAND (hd.: Hand, engl. hand, frz. main) so etwas wie komplexe Präpositionen bildet und dabei eine sekundäre Polysemie aufweist, bei der unterschiedliche lexikalische Lesarten als Quelle dienen. Teilweise werden sogar neue Differenzierungen vorgenommen, die nur im Kontext fester Redensarten auftreten. Zusammenfassend zeigt diese Analyse drei mögliche Dimensionen der Konzept-Organisation[26] auf:

• Ausgehend vom visuell-motorischen Prototyp der menschlichen Hand führen Analogien der Form und (biologischen) Funktion zu anderen Lebewesen oder zu Artefakten. Man kann von *Analogieketten* sprechen.

---

25 Weinrich (1976) hat einen Zusammenhang zwischen Handgestik und Grammatikalisierungen hergestellt; Stolz (1992) hebt dagegen den Aspekt der Kontrolle hervor. Es werden Beispiele aus dem Isländischen, Estnischen, Koptischen und Ewe diskutiert. Stolz (1992: 36–39) analysiert außerdem dt. *anhand* unter Rekurs auf andere Beispiele aus dem Grimm'schen Wörterbuch.

26 Siehe für die neuere Diskussion zur Konzept-Organisation Evans (2006). Interessant ist hierbei, dass lexikalische Konzepte als Wegweiser zur Aktivierung perzeptueller Erfahrungen und nicht so sehr als feste Inhaltsstrukturen aufgefasst werden.

- Abstrahierend von der Form und körperlichen Einbindung von HAND sind generelle Funktionen isolierbar und als Bedeutungskerne neuer Lesarten wählbar. Diese Dimension könnte man *Funktions-* oder *Kontextabstraktion* nennen.
- Schließlich gibt es eine sprachsysteminterne Dimension der *De-Lexikalisierung* und *Grammatikalisierung*. Das anschauliche Konzept HAND wird zur Bezeichnung für geschlossene Klassen von Funktionswörtern benutzt. Es gehen dabei Bedeutungsfülle, Konkretheit und Anschaulichkeit verloren, und es werden syntaktische, diskursorganisierende Funktionen hinzugewonnen.

Durch die semasiologische Betrachtungsweise von HAND ist uns eine vierte Dimension entgangen. Betrachtet man die Sache (onomasiologisch), so fällt sofort auf, dass HAND im Kontext der Lexeme: Finger, Daumen, Handfläche, Zeigefinger, Fingernagel usw. einerseits, und im Kontext von Arm, Unterarm, Handgelenk andererseits vorkommt. Es gibt auf der onomasiologischen Ebene eine partinomische Beziehung zwischen Teilen und Ganzem. Das wird sofort deutlich, wenn man ein Bildwörterbuch oder ein enzyklopädisches Wörterbuch aufschlägt. Die vierte (onomasiologische) Dimension ist deshalb durch die Ordnung der *Partinomie* definiert. Rückblickend sieht man, dass natürlich auch die erste Dimension (Analogieketten) onomasiologischer Natur ist. Wenn wir HAND in einem Fachlexikon nachschlagen, wird z. B. die evolutionäre Kontinuität nicht nur zwischen Händen von Menschen, Affen, Pferden, sondern auch zu Flossen bei Fischen deutlich. Aus der onomasiologischen Perspektive zeigt sich nun, dass die Konzeptstruktur mit der Sacheinteilung, z. B. des Biologen, nur teilweise konform geht. Sie gibt eher eine *folk*-biologische Sachgliederung wieder, die tiefere (phänomenologisch verdeckte) evolutionäre Homologien ausklammert.

Englisch (Merriem Webster's Dictionary, CD-ROM)				Französisch (Le Petit Robert, CD-ROM)	
at hand 1:	near in time, within reach	on hand 2:	about to appear	à main:	sac à main (Handtasche)
at hand 2:	currently receiving, (pending on) attention	on hand 3:	in attendance	de main 1:	coup de main (Handstreich, schnelle Hilfe)
by hand 1:	handworked	out of hand 1:	without delay	de main 2:	homme de main (krimineller Helfer)
by hand 2:	from one individual directly to another	out of hand 2:	done with	de main 3:	de longue main (von langer Hand)
in hand 1:	in ones possession	out of hand 3:	out of control	en main	(in Besitz)
in hand 2:	in preparation	out of hand 4:	with the hands (eat)	sous main	(unter der Hand)
in hand 3:	under consideration	to hand 1:	into possession (Aspekt: Besitz)		
on hand 1:	ready available	to hand 2:	within reach (Aspekt: Greifen)		

Tabelle 7: De-Konzeptualisierung von HAND im Englischen und im Französischen

2.2.4 HAND als Basis sozialer Handlungstypen (am Beispiel des Japanischen)[27]

Die Hand ist eine für das Handeln und die soziale Beziehung zentrale Größe. Im Deutschen bilden *handeln, Handlung, Handel* und die Ableitungen und Komposita dazu die größte und häufigste Gruppe von Lexemen mit dem Stamm <hand>. Historisch ist der Ausgangspunkt das Wort *handeln* aus mhd. *handeln*, ahd. *hanta lôn* (mit den Händen fassen, berühren, betasten, bearbeiten, verrichten). Daraus ist spät mhd. *handel* abgeleitet und natürlich auch *Handlung*.

Um die kulturelle und sprachliche Relativität der Handlungskategorisierungen auf der Basis des Etymons von HAND deutlich zu machen, will ich kurz das Beispiel des Japanischen erläutern. *Hand* heißt jap. *te* (altjapanisch *ta/te*). Die Tätigkeiten der Hand dienen zur Charakterisierung menschlicher Handlungen von der passiven Zurückhaltung bis zur entschlossenen Handlung. Die folgende Liste aus Tominaga (1981: 355) verdeutlicht die Skala sozialer Handlungen, die in festen Fügungen mit *te* (Variante *de*) zum Ausdruck kommen.

(a)   futokoro-de: „im Kimono verbundene Hände"; die Haltung des Zuschauers;

(b)   te o komaneku: „die Hände über dem Herzen verbinden"; Unschlüssigkeit, zögern;

(c)   te o dasu: die Hand weg/herausziehen; versuchen, zu einer Handlung anzusetzen;

(d)   te o nobasu: „die Hand reichen"; im übertragenen Sinn: erneut versuchen.

(e)   te o hirogeru: „die Hände in alle Richtungen ausstrecken"; seine Aktivitäten ausweiten, entwickeln.

(f)   te o tsukeru: „etwas mit der Hand berühren"; eine Arbeit beginnen;

(g)   te o hiku: „die Hand zurückziehen"; die Beziehungen (langsam) abbrechen;

(h)   te o kiru: „die Hand abschneiden"; die Beziehungen abbrechen (radikal).

---

27   Ich danke Prof. Winfried Boeder, Universität Oldenburg, der mir Literatur zum Sprachenvergleich mit Bezug zu Hand und Auge zur Verfügung gestellt hat.

Die Repräsentation von HAND (im Kontext der Redensarten) wird in ihrer sozialen Handlungsdimension zu einer Skala zwischen Zurückhaltung, Versuch, Ausführung, Ausweitung, Zurücknahme und Abbruch ausgeweitet, so dass am Konzept HAND eine Reihe sozialer Handlungskategorien sichtbar wird.

Im Kontext einer Kognitiven Grammatik erscheint es notwendig, die Bedeutungsdynamik von Hand mit der mentalen Repräsentation der Hände und deren Funktionen in Verbindung zu bringen. Dies will ich in den beiden folgenden Abschnitten versuchen.

2.2.5 Die Repräsentation der eigenen Hand im Gehirn

Die Hand ist im Gehirn des Organismus, zu dem sie gehört, repräsentiert, und zwar mehrfach. Beim Primaten und beim Menschen (vgl. Rouiller, 1996: 99) gibt es mindestens vier Ebenen der Repräsentation:

- der primäre Motorcortex (M1 oder area 4),
- die primäre „supplementary motor area" (SMA, mittlerer Teil von area 6),
- der prämotorische Teil von area 6,
- die „cingulate motor areas" (CMA bzw. Teile von area 23 und 24).

Die Hand ist nicht nur mehrfach repräsentiert, diese Repräsentationen sind auch über verschiedene neurale Orte verteilt. Was uns phänomenal als *ein* Objekt erscheint, ist in der zerebralen Repräsentation geschichtet und distribuiert; die Einheit des Objekts ist zwar funktional aber nicht gehirn-topologisch gegeben:

> "There is no definite evidence that a particular motor function is associated with one hand representation. On the contrary, various properties appear to be distributed across several hand representations, indicating that they operate in a cooperative mode."

Diese und ähnliche Ergebnisse zeigen, dass es nicht sinnvoll ist, das Signifikat von ‚Hand' (gemäß de Saussure) in einem ‚inneren Bild der Hand' zu suchen. Falls subjektiv solche Bilder erzeugt werden, so sind sie selbst Zeichen, welche die sprachlichen Zeichen eventuell begleiten. Die eigentliche Stabilitätsquelle der neuronalen Repräsentationen liegt in dem äußeren Phänomen und in dessen Festigkeit begründet, entzieht sich also der neuronalen Modellierung. Die äußere Welt (d. h. die Ökologie des Menschen) ist mit dem Gehirn über zwei Kanäle verbunden, über die Motorik und über die Wahrnehmung. Beide Kanäle sind außerdem gekoppelt. Sie müssen wichtige Aspekte der Umwelt aufnehmen, deren „affordances" (Gibson) oder Valenzen (Wertheimer) respektieren und die Vorbedingungen für die kognitive Kontrolle schaffen. Das Gehirn spielt dabei eine Vermittlungsfunktion ist aber nicht der letzte Ort der Fundierung von Bedeutungen.

2.2.6 Die Hand als Ort der Zeichengebung

Die Hand nähert sich einem Gegenstand intentional an und weist damit für den Beobachter nachvollziehbar eine Intention des Individuums auf. Diese Bewegung kann zum bewussten Zeichen einer Intention und schließlich zum Zeigen werden und erzeugt damit die Deixis. Wird lediglich der Zeigefinger in die Richtung der intendierten Handlung geführt, liegt eine relativ abstrakte Relation vor,[28] vergleichbar einem Vektor. Abbildung 7 verdeutlicht dies.

Die Vektordarstellung impliziert einen Kraftbegriff; in der ausgeführten Bewegung wäre das die Muskelkraft der Bewegung und des Zugreifens, im reduzierten Akt des Zeigens könnte die Dauer der Zeigebewegung ein Korrelat der Vektorlänge sein.

Die Zeigegeste als Zeichen ist aber mehr als eine reduzierte Bewegung und ein Index der Intention, sie ist wie das sprachliche Zeichen auch eine Repräsentation innerer Vorstellungen. Dies zeigt die Gestenforschung sehr gut. Beim Nacherzählen eines Films werden Bewegungen mit den Händen nachvollzogen (als spontane Repräsentation). Diese gestische Zeichengebung ist selbst sprachabhängig, d. h. die sprachlich-lexikalische Kategorisierung ist mit der gestischen korreliert (vgl. Kita, 1997). Manche Gesten können konventionalisiert werden, man nennt sie dann Embleme. In dieser Form sind sie genauso teils motiviert, teils willkürlich wie sprachliche Zeichen.[29] Ein Ring, der von Daumen und Zeigefinger gebil-

---

28 Die Deixis als nicht ausgeführte Bewegung des Kontaktes oder Greifens ist für nicht menschliche Primaten nicht erlernbar. Es fehlt offensichtlich die Abstraktion von der gerichteten Bewegung auf die Intention des Handelnden.

29 Wilcox (2004) nennt die partielle Übereinstimmung von gestischen Bewegungen in der amerikanischen Zeichensprache (ASL) mit ihren Bedeutun-

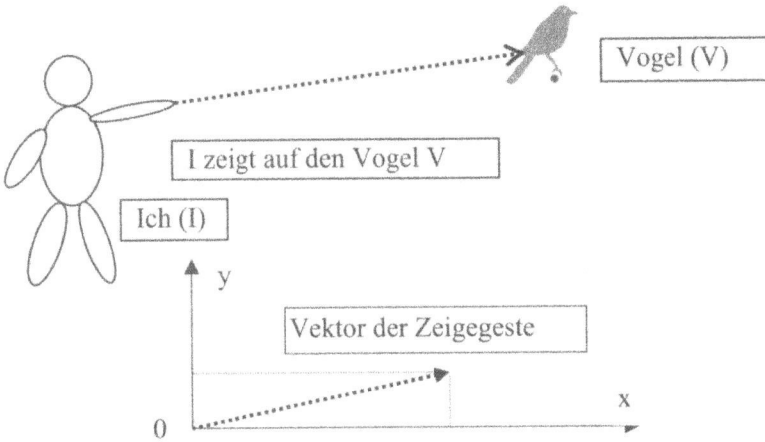

Abbildung 7:   Vektorielle Darstellung des Zeigens im Raum (x, y) als gemeinsamer Ort von I und V; 0 = Ursprung des Zeigenden, Länge des Vektors = Intensität des Zeigens

det wird, kann in Japan Geld bedeuten (das runde Geldstück), in Italien eine obszöne Geste sein (Loch).

Im Akt der gestischen Kommunikation (und noch spezifischer in der Gebärdensprache) wird ein Raum definiert, in dessen Zentrum der Körper steht und dessen Grenzen die sichtbare Umgebung bildet. In diesem Raum hat auch der Kommunikationspartner seinen Platz. Dieser Basisraum dient als Einbettungsort für imaginäre Räume, die entweder aus der gemeinsamen Erinnerung (dem gemeinsamen Wissen) konstruiert oder kreativ-imaginal gestaltet werden. Beim Übergang vom realen Raum der Situation zum Wissens- und Erinnerungsraum und zum Raum kreativer Imagination müssen Bedingungen der Stabilität erfüllt werden, da sonst die gemeinsame Basis der Partner zerbricht bzw. langsam in verschiedene Richtungen abdriftet. Die kognitive Konstruktion im Zeigen mit der Hand kann als Basis besonders der Symbolfunktionen des Konzeptes HAND fungieren, die wir im Abschnitt über die Polysemie von HAND erläutert haben.

gen „kognitive Ikonizität". Wegen des visuellen Modus dieser Zeichen sei die Ikonizität sogar stärker ausgeprägt als in Lautsprachen.

2.3   Die Versprachlichung[30] oder Sprachformbildung als kognitiver Prozess

Der Weg, der insbesondere über die spontane Versprachlichung[31] zum sprachlichen Produkt führt, legt die Annahme einer nicht sprachlichen Vorform der Kodierung im Wahrnehmen, Erleben und Handeln nahe. Es gibt genügend Hinweise darauf, dass die Versprachlichung eine Transformation in ein spezifisches Format erfordert und dass dabei Nicht-Äquivalenzen, Umorganisationen, eine Vergröberung der Topologie (Körnigkeit), sowie unterschiedliche Grade der Kontextabhängigkeit auftreten. Wenn von *kognitiver Kodierungen* die Rede ist, dann wird damit die Ausgangsbasis der Versprachlichung bezeichnet. Man kann sich diese Kodierung als sinnesnahe, kognitive Kartierung/Kategorisierung vorstellen, die auch als Basis anderer Verhaltensweisen dient (gewissermaßen gehört sie einer evolutionären Schicht vor der Entwicklung menschlicher Sprachen an). Die Sprache stellt somit nur *eine* Verhaltensprojektion dieser Kodierungen dar. Es wird aber nicht behauptet, dass die kognitive Kodierung von der Existenz der Sprache unabhängig sei. Immerhin gibt es beim Säugling eine vorsprachliche kognitive Entwicklung in den ersten Lebensmonaten (vgl. Piagets Modell der kognitiven Selbstorganisation, welche erst die Ausgangsbedingungen des Erwerbs von Sprache herstellt).

2.3.1   Die Versprachlichung von Geruch und Emotion

Die Wahrnehmung von Düften, Gerüchen aber auch von Geschmacksnuancen beim Essen, Trinken und Rauchen ist insofern ein Extrembereich, als einem sehr feinen Differenzierungsvermögen des Geruchssinns eine sehr grobe, eher vage Reprä-

---

30 Der Begriff der „Versprachlichung" entspricht in etwa dem Prozess der Formung, wie ihn Humboldt bereits thematisiert hat. Dieser Begriff könnte leicht universalistisch missdeutet werden, so als erfolge der Prozess nur in eine Richtung. Wie Humboldt bereits gezeigt hat, wirken die (sozialen) sprachlichen Kategorien auf das Denken (z. B. die kategoriale Wahrnehmung, die Gedächtnisleistungen) zurück, d. h. es gibt parallel zur Versprachlichung oder Sprachbildung/Sprachformung eine Denkbildung/Denkformung (vgl. auch Croft, 2007).

31 Die in geschriebenen Texten und mündlichen Traditionen wirksame Intertextualität wird methodisch ausgeklammert.

sentation in der Sprache gegenübersteht. Man kann sagen, dass in diesem Bereich die Kluft zwischen Kodierungen, die den äußeren Sinnen und ihren kortikalen Zentren entsprechen, und Repräsentationen im sprachlich organisierten Wissen besonders groß ist. Dies hat einerseits evolutionäre Gründe (die Zurückstufung des bulbus olfactorius gegenüber dem Neocortex und den Schaltstellen in den Kernen des Stammhirns), andererseits hängt es auch damit zusammen, dass der Geruchssinn im Schlaf abgestellt wird und wohl auch im Wachzustand eher das Unterbewusste beeinflusst (häufig sublimal bleibt).

Ein möglicher Ausgangspunkt zur Untersuchung dieses Typus von Versprachlichung sind Texte, die Geruchsqualitäten bestimmter Produkte beschreiben. Die linguistischen Aspekte können anhand der Adjektive, die in den Beschreibungen auftreten, der metonymischen und metaphorischen Bedeutungsbeziehungen und der syntaktischen Konstruktionen (Adjektivphrasen und Nominalphrasen) untersucht werden. Die Texte erfüllen natürlich auch andere Zwecke, wie Imagegestaltung des Produkts, der Firma, Reaktion auf mögliche Präferenzen von Kunden und enthalten weitere Stilmerkmale von Werbetexten (vgl. dazu Holz, 2003).

Eine auffällige Eigenschaft ist der häufig nicht narrative Charakter der geruchbezogenen Versprachlichungen; dies verbindet olfaktorische mit musikalischen Kodierungen; beide sind nicht leicht in Texte mit narrativem Charakter übersetzbar. Der narrative und damit episodische Charakter von Repräsentationen hängt direkt mit ihrer propositionalen Organisation zusammen, da aufeinander folgende Ereignisse und Sachverhalte in natürlicher Weise als eine spezifische Abfolge von Propositionen mit dynamischen Verben (im Kern) realisiert werden können (vgl. zu einer kognitiven Semantik der Musik Kühl, 2007).

Seit der griechischen Antike sind Emotionen Gegenstand medizinischer und ethischer Überlegungen. Die Medizin stellt Aversion (Unlust) und Zuneigung (Lust) in den Vordergrund und erörtert körperliche Vorgänge, welche diese bedingen. Die Ethik sieht im Affekt teilweise eine von der Vernunft zu neutralisierende Kraft (die Apathie der Stoiker) oder eine Struktur (von Angst/Begierde, Schmerz/Freude), die sich der göttlichen Ordnung unterordnen muss (bei Augustinus). Im Kontext der Kodierung werden Affekt und Wille einer dem Urteil (wahr/falsch) vorgeordneten Ebene zugewiesen. Insofern stehen sie neben den eigentlichen Ideen

(„idées proprement dites", in Descartes' „Méditation cinquième"; vgl. Bordron, 1987: 115 f.), bevor diese diskursiv und in Urteilsform ausgeprägt sind.

Pascal vertritt in seinen „Pensées" die Auffassung, dass das Gefühl, mit seinem Sitz im „Herz", Dreh- und Angelpunkt des Denkens ist „Unsere ganze Fähigkeit zu denken, löst sich rückführend in Gefühl auf" (Nr. 274) und „Wir erkennen die Wahrheit nicht nur durch die Vernunft sondern auch durch das Herz; in der Weise des letzteren kennen wir die ersten Prinzipien, und vergeblich ist es, dass die urteilende Vernunft, die hieran nicht beteiligt ist, sie zu bekämpfen versucht." (Nr. 282)[32]. Das Ideal der Sprache ist deshalb auch das natürliche, ehrliche Sprechen und nicht die rhetorische Geziertheit. Eine emotionale Basis ist also für die Sprache konstitutiv.

Luhmann (1983: 26 ff.) charakterisiert die Liebe als ein Erleben des Erlebens des Anderen. Das liebende Ego projiziert Ereignisse gegen einen Horizont von Möglichkeiten, die er aber im Anderen und in dessen Erleben der Umwelt festzumachen versucht. Da er aber selbst ein wichtiger Teil der vom Anderen erlebten Umwelt ist, wird der Prozess selbstbezüglich und kann leicht destabilisiert werden, da der Erlebnishorizont des/der Geliebten ja nur erschließbar, nicht beobachtbar ist. Die damit verbundenen kognitiven Operationen sind so strapaziös und unsicher, dass die Liebenden auf das *Gefühl* als Stabilitätsanker verwiesen werden. Dieser „Anker" lässt sich wiederum nur analog, nicht propositional und diskursiv mitteilen. Im (teilweise nicht sprachlichen) Liebesdiskurs spielen somit nicht propositionale Repräsentationen des Anderen, seines Erlebens eine zentrale Rolle, wobei die Versprachlichung dieser Ebene schwierig oder gar tabuisiert ist (da die Versprachlichung die Gefühlssicherheit gefährden kann). Liebe kann, nach Luhmann: „(...) um es paradox zu formulieren, Kommunikation unter weitgehendem Verzicht auf Kommunikation intensivieren". Es ist von „Augensprache" die Rede und davon, „dass Lie-

---

32 Vgl. Pascal, 1972. Die Nummern beziehen sich auf die einzelnen Absätze. Die entsprechenden französischen Zitate sind: « Tout notre raisonnement se réduit à céder au sentiment » und « Nous connaissons la vérité, non seulement par la raison, mais encore par le cœur; c'est de cette dernière sorte que nous connaissons les premiers principes, et c'est en vain que le raisonnement qui n'y a point de part essaye de les combattre » (Pascal, 1962: 236 f.).

bende unendlich miteinander reden können, ohne sich etwas zu sagen zu haben" (ibidem).

Der Liebes-Diskurs verlangt eine tradierte Semantik, welche bestimmte vorhersehbare und geteilte Muster vorgibt, bereitstellt oder modifiziert. Dabei kann sich diese Semantik nicht nur *historisch* verändern (siehe die Hinweise in Luhmann, 1983), sie ist in ihrer Konventionalität auch in verschiedenen sozialen Gruppen, insbesondere auch bei Frauen und Männern, unterschiedlich. Die Liebessemantik lässt sich zuerst an der Liebesmetaphorik festmachen. Diese tritt z. B. in Abhandlungen zur Liebe auf. Liebe als Freundschaft, als Hingabe, als verzehrende Leidenschaft usw., kommt aber auch in Alltagsdiskursen vor (vgl. dazu Kap. 3).

Die sprachliche Kategorisierung von Emotionen greift bevorzugt auf körperliche Erfahrungen zurück, die je nach Kultur auf verschiedene Körperteile bezogen werden (dies ist eine partiell motivierte Projektion, die außerdem von der Ethnomedizin und anderen strukturierten Wissensbereichen beeinflusst wird).

Im Deutschen Wörterbuch der Brüder Grimm wird im Artikel „Herz" eine große Vielfalt von Bedeutungen des Wortes aber auch von Bezügen zu Gefühlen wie Angst, Beklemmung, aber auch Freude und Liebe dargelegt. Zwei kleine Ausschnitte (in den Rubriken 1,c und 4 des Artikels zu *herz*) mögen als Illustration genügen:

> „*der antheil des herzens bei der empfindung des kummers, ärgers, schreckens, der angst wird in der sprache verschieden geschildert*: das herz wird mir bewegt; mein herz zittert" (1, c)
> „*wenn gemütsbewegungen in hohem grade auf die thätigkeit des herzens wirken (oben 1, c und d), so wird nun dasselbe als sitz des gefühls, der leidenschaft, der liebe, des hasses, der zu- und abneigung betrachtet:*" (4)
> (Deutsches Wörterbuch der Brüder Grimm, Bd. 10, Spalte: 1208 ff.)

Die metaphorischen Bedeutungen von Herz und anderen inneren Organen sind in anderen Kulturen und Sprachen oft sehr unterschiedlich. Im Indonesischen werden z.B. emotionale Bedeutungen, die im Deutschen mit Herz assoziiert werden, mit Leber verbunden, die auch mit kognitiven Bedeutungen verknüpft ist. Im Deutschen wird lediglich die emotionale Empfindlichkeit mit der Leber assoziiert: *die gekränkte/beleidigte Leber spielen*. Vgl. Siahaan (2008) und Kapitel 3.

Zum Abschluss will ich kurz auf einige neurolinguistische Aspekte sprachlicher Kategorisierungen eingehen, ein Thema, das in Kap. 8.3 weiter geführt wird. Details zur neurolinguistischen Erforschung des Lexikons müssen aber einer spezielleren Abhandlung vorbehalten bleiben.

2.3.2 Neurolinguistische Aspekte sprachlicher Kategorisierungen

Die meisten psycholinguistischen Modelle (z. B. Levelt, 1999: 95 ff.) gehen bei der Beschreibung der Sprachproduktion und -rezeption davon aus, dass die grundlegende Ebene bereits ein Netzwerk von Konzepten enthält, aus dem nur noch ausgewählt und das sprachlich (morphologisch, syntaktisch) spezifiziert und phonologisch realisiert werden muss. Die vorausgehende Passung zwischen Erfahrung oder Intention und Konzeptwahl oder gar die Erzeugung der Konzeptebene wird ausgespart (oder nur im Kontext des frühen Spracherwerbs behandelt).

In der Neurolinguistik, im Kontext von Untersuchungen zur Evolution der Sprache und im Vergleich zwischen tierischer und menschlicher Kommunikation, hält man sich nicht an diese Begrenzung, weshalb ich kurz darauf eingehen will. Damit soll gleichzeitig auch eine Problematik des theoretischen Standorts der Kognitiven Grammatik angezeigt werden, die im abschließenden Kap. 8 weitergeführt wird und die für eine Bewertung der in den Kapiteln 3 bis 7 beschriebene Ansätze unverzichtbar ist.

In Saffran und Sholl (1999) werden Ergebnisse zum Verlust von semantischem Wissen bei Patienten mit semantischer Dementia und ähnlichen Erkrankungen beschrieben. Neben der großen Variabilität in der Speicherung semantischen Wissens, die mit individuellen Biographien und Relevanzprofilen zusammenhängt, lässt sich eine Verschiedenheit des konkreten und des abstrakten Wortschatzes feststellen. Außerdem ist das semantische Wissen nicht nur heterogen, es ist auch auf verschiedene Regionen des Gehirns verteilt. Beim konkreten Wortschatz ist eine Distribution über die zerebralen Zentren der beteiligten Sinnesorgane und motorischen Zentren offensichtlich. Größere Bereiche sind etwa spezialisiert auf

- handlungsorientierte Aspekte,
- kinästhetische Aspekte,

- taktile Aspekte,
- visuelle Aspekte,
- auditorische Aspekte.

Manche Inhalte, z. B. *Telefon*, können in fast allen Bereichen Gedächtniseinträge haben (vgl. ibidem: 243). Die Autoren fassen zusammen:

> "A core assumption of this approach is that information is stored in the form it is experienced (e.g. visual, kinaesthetic, linguistic (propositional)). It is also assumed that the various types of information pertaining to a concept become linked via temporal co-occurrence."

Einige Aspekte der neurolinguistischen Realität sprachlich-kognitiver Operationen werden in Kap. 8.3 näher diskutiert. Die folgenden Kapitel (3–7) konzentrieren sich auf deskriptiv-linguistische Herangehensweisen im Werk von Lakoff, Talmy, Langacker, Fillmore und Fauconnier. Lakoff (1987) setzt sich programmatisch mit Grundlagenfragen der neuen Disziplin auseinander und erläutert in drei Beschreibungsskizzen (sowie in späteren Arbeiten) die Anwendung der „Kognitiven Semantik". Langacker hat in seinem zweibändigen Werk „Foundations of Cognitive Grammar" (Bd. 1, 1987 und Bd. 2, 1991), das umfassendste, praktisch alle Themen einer klassischen Grammatik behandelnde Modell vorgestellt. Talmy hat sich besonders im Bereich der Umsetzung psychologischer Konzepte (aus der Psychologie des Sehens) und bei der Beschreibung raum- und prozessbezogener Strukturen der Sprache am weitesten ins Neuland der Kognitiven Grammatik vorgewagt. Eine vermittelnde Position in Bezug auf die Verwendung von Ergebnissen der generativen Grammatik und anderer formaler Modelle (HPSG) nimmt die Konstruktionsgrammatik ein (Kap. 6). Eine Integration mit der Tradition logischer Semantiken und eine Verallgemeinerung der Metaphern-Semantik von Lakoff und Johnson (1980) versucht das Modell von Fauconnier und Turner (vgl. Kap. 7).[33]

---

33 Eine frühere und von der amerikanischen Tradition unabhängige „Biologische Semantik" geht auf biolinguistische Modellskizzen René Thoms zurück (seine Aufsätze erschienen ab 1968, wurden 1974 in einem französischen und 1983 in einem englischen Sammelband der internationalen Öffentlichkeit zugänglich gemacht). Für eine kurze Skizze siehe Wildgen (2005b).

3. Kognitive Modelle und Metaphern (Lakoff)

Die Metapher ist seit Aristoteles eine Figur der Rhetorik, d. h. der Redekunst im politischen, juristischen oder poetischen Kontext. Sie wurde in der Antike komplementär zur Logik (Syllogistik) des wissenschaftlichen Diskurses gesehen. Daraus resultiert die Tradition, metaphorisches Reden eher als unwissenschaftlich anzusehen. Aristoteles erfasst als Kernstruktur der Metapher einen proportionalen Vergleich, wie etwa im Ausdruck:

Das Alter ist der Abend des Lebens (oder kurz der „Lebensabend").

$$\frac{\text{Leben}}{\text{Alter}} = \frac{\text{Tag}}{\text{Abend}}$$

Man kann die Proportion vervollständigen zu:

$$\frac{\text{Leben}}{\text{Jugend}} = \frac{\text{Tag}}{\text{Morgen}} \quad ; \quad \frac{\text{Leben}}{\text{Tod}} = \frac{\text{Tag}}{\text{Nacht}}$$

Diese Formel hat eine mathematisierende Tendenz, wenn man bedenkt, dass die griechische Mathematik zur Zeit des Aristoteles (in der Tradition der Pythagoräer) wesentlich als Lehre der idealen Proportionen angesehen wurde. Sie fand ihren perfekten Ausdruck in der Musik und der Architektur. Die spätere Rhetorik sah in der Metapher hauptsächlich eine Ausschmückung der Rede (in der Tradition Ciceros). Eine linguistische Neubewertung nahm als erster Michel Bréal (1832–1915) in seinem „Essai de sémantique" (1897) vor. Er wies auf die grundlegende Bedeutung der Metapher sowohl für den Sprachwandel als auch als eigenständiges sprachliches Muster hin. Damit und gleichzeitig mit Bréals Begründung der „Semantik" als linguistischer Teildisziplin, entsteht die moderne, linguistische, aus dem rhetorisch-poetischen Diskurs herausgelöste Metapherntheorie der sprachlichen Bedeutungen. Die Übersetzung von Bréals Buch ins Englische (Anfang des 20. Jh.) führte zum Ansatz einer Analyse der literarischen Sprache durch I.A. Richards „The philosophy of rhetoric", der Grundbegriffe wie „topic/tenor, vehicle, ground, tension" (vgl. Gregory, 1987: 478) zur Analyse des metaphorischen Sprachgebrauchs einführte. Eine einflussreiche Position ist die der Interaktionstheorie der Metapher, welche weniger die Übertragung von A nach B als vielmehr die Interaktion von A und B (z.B. Alter ist Abend), bei der beide Terme der Beziehung modifiziert werden, in den Mittelpunkt stellt. Beispiel für die Interaktionstheorie:

Der Mensch ist ein Wolf.
Tenor   metaphorical vehicle

Sowohl „Mensch" als „Wolf" werden durch die Metapher verändert, d.h. dem Menschen werden Wolfsmerkmale (nicht dessen Sein), dem Wolf menschliche Merkmale (wie z.B. Intention) unterstellt. Diese Veränderung bleibt vorerst lokal, d.h. sie verschiebt nicht die lexikalischen Standardbedeutungen von „Mensch" und „Wolf". In der Kumulation von metaphorischen Gebrauchssituationen kann aber längerfristig ein Bedeutungswandel erfolgen.

Gregorys Buch von 1962 „Models and Metaphors" bildete den Ausgangspunkt der interdisziplinären Debatten (in Amerika). In den 70er Jahren interessierte sich zunehmend die Kognitive Psychologie für den Gebrauch von Metaphern. Konkurrierende Modelle gingen entweder von einem Prozess der Übertragung vom wörtlichen (literalen) zum figurativen Sinn oder von einer direkten Interpretation der Metapher aus. Letzteres trifft sicher auf so genannte gefrorene, d.h. konventionalisierte Metaphern zu. In vielen Kontexten müssen aber sowohl literale als auch metaphorische Ausdrücke näher spezifiziert werden.

Wie vielfach in den Kognitionswissenschaften, spielte eine große interdisziplinäre Konferenz, welche (in den USA) die Vertreter aus Philosophie, Psychologie, Informatik, Linguistik u.a. zusammenbrachte, eine Schlüsselrolle. Im September 1977 fand eine solche Konferenz an der Universität Illinois (Urbana Champagne) statt. Die Ergebnisse wurden 1979 publiziert: „Metaphor and Thought" (Andrew Orthony, ed.). Im zweiten Kapitel legt Max Black dar, dass es bei der Metapher, wie bei der Grafik und dem Diagramm, um eine Technik geht, die anzeigt, „How things are" und nicht um das Substitut einer Behauptung, die wahr oder falsch ist.

Für die linguistische Metapherntheorie Lakoffs ist der Aufsatz von Michael J. Reddy (siehe Reddy, 1979/1993) der eigentliche Ausgangspunkt. Reddy geht von Beispielen aus wie dem unten (ibidem: 189 ff.). Er nimmt dabei an, dass jeder Sprecher über ein Inventar mentalen und emotionalen Materials verfügt (RM = repertoire member; vgl. ibidem: 169):

(1) Get RM across (to someone).
     Du sollst versuchen, deine Absichten/Ideen besser rüber zu bringen.

Reddy beschränkt sich in seiner Analyse auf meta-kommunikative Inhalte, d.h. er fragt, wie wird die Kommunikation in alltäglichen Redensarten konzeptualisiert (z.B. durch die „Röhrenmetapher").

Beispiel: conduit – metaphor
I think I should let these thoughts settle a while.
Ich glaube, ich sollte diese Ideen sich etwas setzen lassen.

In seinem in die 2. Auflage des Tagungsbandes von 1993 eingefügten Aufsatz „The contemporary theory of metaphor" (ibidem: 202–251) erkennt Lakoff die Vorreiter-Rolle von Reddy an (ibidem: 203 f.), insbesondere was die Methoden der Datensammlung, -klassifikation und -analyse angeht. Er will aber den Skopus einer linguistischen Metapherntheorie erweitert sehen:

> "Reddy's chapter on how we conceptualize the concept of communication by metaphor gave us a tiny glimpse of an enormous system of conceptual metaphor. Since its appearance, an entire branch of linguistics and cognitive science has developed to study systems of metaphorical thought that we use to reason and base our actions on, and that underlie a great deal of the structure of language.
> The bulk of the chapters in this book were written before the development of the contemporary field of metaphor research. My chapter will therefore contradict much that appears in the others, many of which make certain assumptions that were widely taken for granted in 1977. A major assumption that is challenged by contemporary research is the traditional division between literal and figurative language with metaphor as a kind of figurative language. This entails, by definition, that: what is literal is not metaphorical. In fact, the word "literal" has traditionally been used with one or more of a set of assumptions that have since proved to be false."

Lakoff bezeichnet die Mehrzahl der Analysen im Band von Orthony (erste Ausgabe: 1979) als auf „falschen Annahmen" (ibidem:
204) beruhend. Er lehnt generell die Trennung von wörtlicher und
figurativer Rede ab. Mit der „contemporary theory of metaphor"
meint Lakoff die 1980 im Buch „Metaphors we Live by" von ihm
selbst und Johnson vorgelegte „Theorie", die in weiteren Büchern:
Lakoff (1987), Johnson (1987) und durch Turner (1987 und mit
Lakoff 1989) ausgebaut wurde; siehe zu letzterem Kap. 7.

In seinem Buch „Women, Fire, and Dangerous Things" nimmt
Lakoff eine neue Standortbestimmung der Bedeutungstheorie vor.
In Bezug auf die modelltheoretische Semantik schließt er sich der
Kritik Putmans in „Reason, Truth and History" (1981) an. Die Kritik Putnams am metaphysischen Realismus, d. h. an der Annahme
eines der Realität externen Standpunktes, überträgt Lakoff auf die
Semantik. Seine eigene Position nennt er in Anlehnung an Putmans „internal realism": „experiental realism". Der Mensch in seiner leiblichen und ökologischen Gebundenheit ist der Ausgangs-
und Zielpunkt jeder Bedeutungsanalyse.

> "Experiental realism characterizes meaning in terms of *embodiment*,
> that is, in terms of our collective biological capacities and our phy-
> sical and social experiences as being functioning in our environ-
> ment" ... "Experientalism claims that conceptual structure is mea-
> ningful because it is *embodied*, that is arises from, and is tied to, our
> preconceptual bodily experiences." (Lakoff, 1987: 267)

Für die Ausfüllung des Programms greift Lakoff auf die Prototypentheorie in der Tradition der Arbeiten von Eleanor Rosch (und
konzeptuell-philosophische Vorarbeiten bei Wittgenstein) zurück.
Er fasst die für seine Idee einer Kognitiven Semantik wichtigen
Aspekte zusammen (ibidem: 56 f.):

- Einige (semantische) Kategorien wie die von „groß" und „rot"
  sind gestuft („graded"), sie sind „fuzzy", d. h. es gibt zentrale
  und periphere Mitglieder der Kategorie.[34]
- Andere Kategorien haben zwar scharfe Grenzen, z. B. „Vogel",
  innerhalb dieser Grenzen gibt es jedoch Prototypeneffekte.
- Wenn es eine Hierarchie von Kategorien (mit Ober- und Unter-
  begriffen) gibt, so ist die mittlere Ebene („basic level") ausge-

---

34 Vgl. die Fuzzy-Semantik von Zadeh (1971). In Wildgen (1983b) wird des-
    sen Modell mit anderen Konzeptionen von Vagheit verglichen.

zeichnet, d.h. sie ist stärker besetzt, feiner differenziert, wird
früher gelernt und sicherer beherrscht.
* Die menschlichen Kategorien sind körper- und kulturbezogen.

Die zweite Säule der Kognitiven Semantik stellt die wieder entdeckte Rhetorik dar. Rhetorische Figuren werden ins Zentrum der
Theoriebildung gerückt und sowohl linguistisch als auch kognitionswissenschaftlich neu interpretiert.

* Die *Metapher*: Sie erlaubt in einer generalisierten Form den
  Übergang von körper- und erfahrungsnahen konzeptuellen
  Strukturen zu allgemeinen, abstrakteren Bereichen. Als Wegweiser dienen dabei feststehende Wendungen bzw. globale Metaphern, wie „time is money", „love is a journey".
* Die *Metonymie*, der Schluss vom Teil auf das Ganze und umgekehrt. Diese Figur ist auf andere generalisierende oder spezialisierende Schlüsse erweiterbar.

Eine dritte, und vielleicht die stärkste Säule, bilden *Schematheorien*. Lakoff konzentriert sich auf die folgenden konzeptuellen
Schemata, die ich an Beispielen erläutern möchte (vgl. Lakoff, 1987:
272–275):

(1) Das *Behältnis-Schema*.
     Es gibt ein Innen und ein Außen und entsprechend eine Grenzfläche zwischen beiden.
     Anwendungen: Der eigene Körper wird als solch ein Behältnis-Schema wahrgenommen mit der Haut als Grenzfläche; dieser
     befindet sich wieder in größeren Behältnissen (Räumen) usw.
     Selbst so abstrakte Entitäten wie Klassen und Mengen in der
     Logik und Mathematik werden als Behältnisse kategorisiert.
(2) Das *Teil-Ganzes-Schema*
     Der Körper mit seinen Teilen: Kopf, Rumpf, Glieder und den
     Unterteilen: Arm, Oberarm, Ellbogen, Unterarm, Hand, Finger usw. ist das Urbild einer Gesamtstruktur aus zusammenhängenden Teilen. Typisch ist, dass das Ganze durch den Verlust von Teilen leidet, ja, sogar in seiner Existenz bedroht ist.
     Verallgemeinernd wird das Schema übertragen auf: Familien,
     Vereine, Belegschaften, Einwohnerschaften (z.B. einer Stadt),
     Gesamtgesellschaften.
     Kulturen können durch die von ihnen bevorzugten Metaphern

charakterisiert werden. So wird die Kastenstruktur in Indien durch ein Körperschema gestützt: Es gibt Teile der Gesellschaft, die Kopf, andere, die Fuß sind.

(3)   Das *Ursprung-Weg-Ziel-Schema*
Die körperliche Fortbewegung stellt einen Prozess zwischen der Ruhe am Ausgangspunkt – über eine Bewegungsphase – zu einer Ruhe am Zielort dar. Auch Wünsche, Pläne, Hoffnungen, Absichten und die Lebensabschnitte, welche sie realisieren oder „verfehlen", werden durch das Ursprung-Weg-Ziel-Schema konzeptualisiert.

(4)   Die *natürliche Logik.*
Eine Säule vieler Detailanalysen (vgl. z. B.: die Fallstudien in Lakoff, 1987: 377–585) bildet die „natürliche Logik". Dabei geht er nicht über Prädikat-Argument-Strukturen und Elemente einer relationalen Logik (z. B. in der Fallstudie zur Präposition „over") hinaus, da er ja die formale Semantik als „objektivistisch" ablehnt.[35]

Insgesamt ist Lakoffs Theorie ebenso polyzentrisch und aus unterschiedlichen Versatzstücken zusammengesetzt, wie er dies für die zu beschreibenden konzeptuellen Muster in der Sprache (und sprachlichen Kognition) annimmt. Die Bezüge zu den Kognitionswissenschaften (denen er sein Unternehmen immer wieder zuordnet) bleiben relativ blass. Aber auch der implizite Gegenpol, Chomskys Rektions- und Bindungstheorie mit ihren eigenen kognitionswissenschaftlichen Geltungsansprüchen, wird nicht im Detail angegriffen.[36]

---

35   Für eine Kritik an der Bildersprache in der Kognitiven Semantik Langackers, Talmys und Lakoffs und einen Vergleich mit raumbezogenen Formalisierungen in der logischen Semantik siehe Wildgen (1994a: Kap. 1).

36   Eine gewisse Annäherung erfolgt in Richtung auf die sogenannten Neuronalen-Netz-Modelle, die aber ihrerseits auf mathematische und physikalische Grundmechanismen rekurrieren und damit die erfahrungsnähere „Folk-Perspektive" verlassen.

3.1　Idealisierte kognitive Modelle (ICM)

Lakoff schlägt als zentralen Begriff einer Kognitiven Semantik so
genannte „Idealized Cognitive Models" (ICM) vor. Sie funktio-
nieren wie Prototypen, d. h. sie werden durch zentrale Beispiele
bestimmt. Außerdem sind sie *kognitiv*, da nur ein Vergleich des
kognitiven Modells mit einem vorliegenden Anwendungs-Fall eine
angemessene Entscheidung über die Wortwahl ermöglicht. Sie
sind somit bezüglich des aktuellen Sprachverhaltens vorgängig,
zugrunde liegend. Charakteristische Beispiele, die Lakoff anführt,
sind:

(1)　*Bachelor* (Junggeselle)

Voraussetzung ist eine Gesellschaft, in der die Ein-Ehe die Regel ist
und ein durchschnittliches Heiratsalter. Deshalb fallen z. B. Partner bei unverheirateten Paaren, Kinder oder der Papst nicht unter
den Begriff des Junggesellen (ibidem: 70).

(2)　*Lie* (*lügen*)

Drei Aspekte tragen mit abnehmender Wichtigkeit zum Inhalt
von „lie" bei:

- Der Glaube an das Falschsein der Aussage (falsity of belief).
- Die beabsichtigte Täuschung.
- Die tatsächliche Falschheit.

Prototypisch für das Lügen sind bei abnehmender Zentralität die
folgenden Situationen:

- Jemand stiehlt etwas und sagt, er war es nicht.
- Jemand macht ein Kompliment, an das er nicht glaubt.
- Jemand sagt die halbe Wahrheit, z. B. ich gehe zum Supermarkt;
  in Wirklichkeit geht er dort vorbei und in die Kneipe.

(3)　*Mother* (Mutter)

In vielen Fällen gibt es aber nicht *ein* Zentrum, *einen* Prototypen,
sondern es existieren bereits an der Basis Netze (clusters). Das trifft
zum Beispiel auf den Begriff „Mutter" zu (mother; vgl. Lakoff, 1987:
74 ff.). Lakoff unterscheidet vier Grundmodelle:

(a)　Das Zeugungsmodell: Zeugen, gebären.
(b)　Das Nährmodell: Säugen, ernähren, erziehen.

(c)   Das Ehe-Modell: Die Mutter ist die Ehefrau des Vaters (prototypisch).
(d)   Das genealogische Modell: Im Stammbaum ist die Mutter die nächste weibliche Verwandte (Deszendenzlinie).

Im Einzelfall können eines oder mehrere dieser Modelle im Vordergrund stehen, andere können vollständig ausgeblendet sein.

Diese generelle Struktur mit Zentrum (Zentren) und Peripherie wird von Lakoff als radial (dezentrierend) aufgefasst. Eine interessante Struktur liegt vor, wenn das Feld der radialen Kategorie außerdem geschichtet ist. Dies kann als Ergebnis von Grammatikalisierungen der Fall sein. Einen besonderen Fall stellen die Numeralklassifikatoren in einigen Sprachen dar: Bei der Verwendung eines Nomens muss beim Zählen jeweils als Präfix (selten als Suffix) ein Klassifikator hinzugefügt werden, der angibt, von welchem Typ das im Nomen Bezeichnete ist. In der australischen Sprache Dyirbal, die Lakoff unter Hinweis auf Dixon (1982) zum Kronzeugen macht (siehe den Titel des Buches), gibt es die folgenden Klassifikatoren:

I.   Bayi: Männer, Kängurus, Opposum, Fledermäuse, die meisten Schlangen, Fische, einige Vögel, die meisten Insekten, der Mond, die Stürme und der Regenbogen, der Bumerang, einige Speere usw.
     Generelles Schema (nach Dixon): Männliche Menschen, Tiere.
II. Balan: Frauen, Hunde, Schnabeltier, einige Schlangen, Fische, Vögel, Skorpione, alles was mit Wasser oder Feuer zusammenhängt, Sonne, Sterne, Schilder, einige Speere, einige Bäume.
     Generelles Schema: weibliche Menschen, Wasser, Feuer, Kampf.
III. Balam: alle essbaren Früchte, auch die Pflanzen, welche sie tragen, Knollen, Farne, Honig, Zigaretten, Wein, Kuchen.
     Generelles Schema: Essbares (außer Fleisch).
IV. Bala: Körperteile, Fleischwaren, Bienen, Wind, Süßkartoffel (Yamswurzel), einige Speere, die meisten Bäume, Gras, Schlamm, Steine, Geräusche und Sprache.
     Generelles Schema: Restkategorie.

Im Allgemeinen sind nach Lakoff die folgenden Eigenschaften typisch für menschliche Klassifikationssysteme:

(a) Zentralität (vs. Marginalität) von Elementen der Kategorie.
(b) Netzcharakter (chaining). Für die genannten vier Kategorien im Djirbal gibt er vier Typen von Netzen an (□ = Zentrum, ○ Peripherie, — verbindende Ketten):

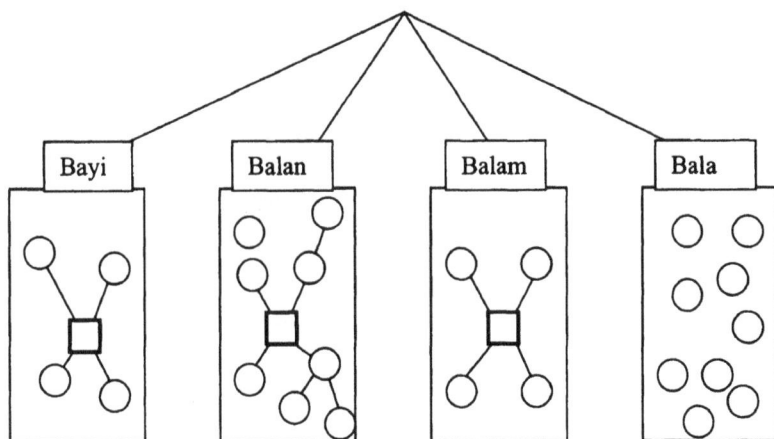

Abbildung 8: Vier Typen von Netzwerken für die Klassifikatoren des Dyirbal

Die Organisationsdichte ist somit jeweils verschieden. „Bayi" und „Balam" haben *ein* Zentrum, aber nur *eine* Schicht peripherer Elemente. „Balan" hat maximal drei Schichten im Netz, während Bala ziemlich unorganisiert ist.
(c) Kulturspezifische Erfahrungsbereiche; sie stiften Zusammenhänge.
(d) Idealisierte kulturelle Modelle, häufig Mythen und Glaubensinhalte.
(e) Spezielles, z. B. rituelles Wissen, verdrängt allgemeinere Unterteilungen.
(f) Die Existenz von komplementären Kategorien.
(g) Das Fehlen gemeinsamer Eigenschaften in einer Kategorie. Dies steht im Gegensatz zur logischen Klassifikationslehre.
(h) Die Klassifikation ist nicht kriteriell determiniert, sie ist nur *motiviert*.

Bei all der schönen Diversität muss man sich doch die folgende Frage stellen: Was ist ein kognitives Modell (für Lakoff)? Lakoff bezieht sich (ibidem: 281) auf Fauconnier (1985), wenn er sagt:

> "We take cognitive model theory as involving (a) mental spaces, and (b) cognitive models that structure those spaces. A mental space is a medium for conceptualization and thought."

Indirekt, d.h. wenn man Fauconniers Ansatz im technischen Detail betrachtet, läuft die exakte Modellierung letztlich doch auf eine mögliche Weltensemantik oder eine Situationssemantik hinaus (vgl. zu Fauconniers späteren Arbeiten Kap. 7). Den Unterschied gibt Lakoff wie folgt an:

> "The major difference is that mental spaces are conceptual in nature. They have no ontological status outside of the mind, and hence have no role in objectivist semantics." (ibidem: 282)

Lakoff (1987) führt als zentralen Begriff sog. „kinesthetic image schemes" ein und konkretisiert dieses Konzept anhand seiner Analyse der kontextuellen Gebrauchsbedeutungen der englischen Präposition „over". Insgesamt präsentiert er 26 Teilbedeutungen anhand grafischer Schemata, die ich in Abbildung 9 zusammenfasse. Es gibt drei Hauptklassen; die Abkürzungen TR und LM stehen für „trajector" bzw. „landmark", die Langacker eingeführt hat (vgl. Kap. 5).

Lakoff unterscheidet die folgenden Situationen (vgl. Lakoff, 1987: Case Study 2):

(a)   TR

——|———•———|→   (siehe die Abbildungen 1, 2, 3, 4, 5, 6, 7
                 in Lakoff, 1987:419–422) Verben: fly,
                 drive, walk, climb
LM...............LM
Beispiel: The bird (TR) flew over the yard (LM)

(b)   TR
——|———————→|•   (10, 11,) Verben: live, be
LM..........LM
Beispiel: Sam (TR) lives over the hill (LM)

(c)   TR
|——•——| (13, 14) Verben: hang, stretch
   LM
Beispiel: The painting (TR) hangs over the fireplace (LM)

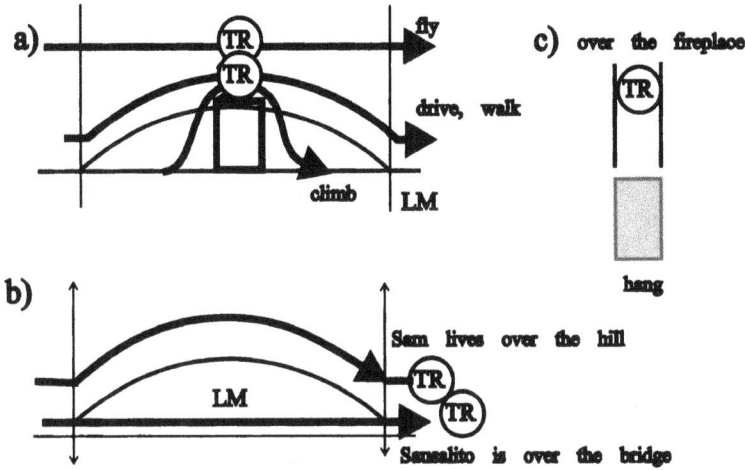

Abbildung 9:   Kombinationsfigur der 26 Bedeutungen von „over",
die Lakoff beschreibt

Die Unterschiede zwischen den Typen (a), (b) und (c) sind durch
die verschiedenen Verben bedingt:[37]

(a)   Bewegungsverben: fly, drive, walk, climb.
(b)   Verben der örtlichen Befindlichkeit (relativ zu einer vorange-
gangenen Bewegung): live, be.
(c)   Verben der örtlichen Befindlichkeit (ohne vorangegangene Bewegung): hang, stretch.

Die piktorialen Schemata lassen sich in ein dynamisches Schema
(a) und verschiedene statische Attribute zerlegen (b, c):

(a)   räumliche Fortbewegungen (Übergänge),
(b)   Resultat mit einer Perspektive: live, be (siehe den „end point
focus" in Lakoffs Beschreibung),
(c)   Relation in der vertikalen Dimension: A above B (in Lakoffs
Beschreibung).

Lakoff schlägt eine Dekomposition in die Attribute: EXTEN-
DED, WITH CONTACT/WITHOUT CONTACT, VERTICAL,
ONE-DIMENSIONAL, END POINT FOCUS vor und benützt

---

37 Bellavia (1996) überträgt die Analyse Lakoffs auf das Deutsche. Dabei
werden die Verwendungen mit „über" als trennbares und untrennbares
Präfix mit ähnlichen Verbildlichungen bearbeitet, wie sie Lakoff verwendet (vgl. ibidem: 88ff.).

somit implizit eine Merkmalssemantik, die eigentlich eine logische Struktur voraussetzt (vgl. dazu Kutschera, 1971: Kap. 2.3.2.) und somit nach Lakoffs Verdikt objektivistisch ist. Da aber auch die „objektivistische Semantik" über die Außenwelt nichts Konkretes aussagt, sondern nur ein logisches Skelett dieser so genannten Außenwelt enthält, ist der Unterschied nicht entscheidend. Durch eine terminologische Modifikation und Adaptation kann aus einer „Möglichen-Welten-Semantik" oder einer „Situationssemantik", leicht eine Kognitive Grammatik im Stile Lakoffs gemacht werden. Lakoff (1987: 486 f.) diskutiert die Opposition, die er zwischen kognitiven und formalen Modellen sieht, wobei er noch unterscheidet zwischen *praktischen* formalen Systemen („A system of principles, ..., to state hypotheses in appropriate detail, and to make detailed predictions.") und *technischen* formalen Systemen („A special kind of mathematical system of prediction rules, in which arbitrary symbols are manipulated in an algorithmic fashion without regard to their meaning."). Seine Kognitive Grammatik soll vom ersten Typ sein, die Möglichkeit einer Mathematisierung von *Teilen* des Modells oder mit anderen Mitteln als durch einfachste logische Strukturen fasst er aber nicht ins Auge.

Insgesamt ist die „Kognitive Semantik" Lakoffs ein Sammelbecken sehr unterschiedlicher Konzepte für eine semantische Beschreibung natürlicher Sprachen und keine Theorie im engeren Sinne. Sie enthält mindestens (vgl. Lakoff, 1987: 68):

• propositionale Strukturen vom Typ der *Rahmen* (frames), die Fillmore vorgeschlagen hat,
• Bild-Schema-Strukturen, wie sie Langacker (1987) vorschlägt,
• Metaphern im Sinne von Lakoff und Johnson (1980),
• metonymische Prozesse, ebenfalls im Sinne von Lakoff und Johnson (1980).

Da die letzten beiden Aspekte den Kern der von Lakoff und seinen Schülern nach 1987 weiterentwickelten Modelle ausmachen, will ich sie etwas ausführlicher darstellen.

3.2   Die Theorie der kognitiven Metaphern

Die Analysen in Lakoff und Johnson (1980) und Lakoff (1987) sind ähnlich wie die Langackers nur insofern kognitiv zu nennen, als in ihnen ausgewählte Denkrichtungen der Kognitionspsychologie mit bestimmten komplexeren Bedeutungserscheinungen in Zusammenhang gebracht werden. Zentrale Phänomenfelder sind:

(a) Die Gestaltphänomene bei der Wahrnehmung und die Kategorisierung komplexer Zusammenhänge; daraus sind bildhafte, körperliche Schemata ableitbar.

(b) Festgefügte Sprechweisen, Slogans, Sprichwörter, sprachliche Verhaltensrepertoires, poetische Metaphern; sie können als Abbildungen (mappings), welche bildhafte und körperliche Aspekte hervorheben, oder an ihnen orientiert sind, verstanden werden.

Als verbindende Größe zwischen (a) und (b) sehen Johnson und Lakoff (1980) die Metapher an. Sie wird als eine Übertragung von einem Bereich A in einem Bereich B und umgekehrt verstanden. Der neu umrissene Begriff der *Metapher* dient somit als zentrale Verbindung zwischen Denken und Sprechen.[38]

> "The essence of metaphor is understanding and experiencing one kind of thing in terms of another."

Als Eingangsbeispiel wählen Lakoff und Johnson (1980) die folgenden Lokutionen/Idiomatismen (die Übersetzungen sind jeweils vom Autor; die Analyse bezieht sich natürlich auf die Originalbeispiele):

Argument is war.[39] // Argumentieren ist Krieg.

---

38 Implizit steht der Ansatz in der Tradition der Phänomenologie; darauf verweist besonders die Bezeichnung „experientalism" bei Lakoff (1987). Johnson (1987) verweist im Titel und Untertitel seines Buches auf die dominante Körperzentrierung des Ansatzes: "The body in the mind. The bodily basis of meaning, imagination, and reason." Dem Rationalismus der kognitiven Linguistik im Stile Chomskys wird somit eine Art körperbezogener Phänomenologie entgegengesetzt. Unmittelbare Erfahrung und Imagination stehen vor Vernunft und Logik. Für eine philosophiehistorische Betrachtung zu Wahrnehmung, Repräsentation und Wissen bei Husserl und Cassirer siehe Plümacher (2004).

39 Bereits dieses erste Beispiel wirft die Frage auf, inwiefern diese „Metaphern" kultur- und gesellschaftsspezifisch sind. Ist der sokratische Dia-

Dieses Standard-Beispiel wird durch weitere Sätze gestützt:

- Your claims are *indefensible*. // Ihre Behauptung ist schwer zu verteidigen.
- He *attacked* every weak point in my argument. // Er griff jede schwache Stelle meiner Argumentation an.
- His criticisms were right on *target*. // Seine Kritik traf genau ins Ziel.
- You disagree? Okay, *shoot*! // Sie sind nicht einverstanden? Schießen Sie los!
- He *shot* down all my arguments. // Er erledigte alle meine Argumente.[40]

Die nächsten Beispiele sind noch kulturspezifischer und Lakoff und Johnson (1980: 8) diskutieren diesen Aspekt auch.

- Time is money. // Zeit ist Geld.
- You are wasting my time. // Sie verschwenden meine Zeit.
- How do you spend your time these days? // Wie verbringen Sie Ihre Zeit gegenwärtig?
- I have invested a lot of time in her. // Ich habe viel Zeit in sie investiert.
- Do you have much time left? // Haben Sie noch genug Zeit (übrig)?
- I lost a lot of time when I got sick. // Ich habe viel Zeit verloren, als ich krank war.

Auffällig ist bei den übersetzten Beispielen, dass die Dichte der Nutzung dieser Metaphern nicht in ähnlicher Weise für das Deutsche gilt, obwohl seit dem 2. Weltkrieg viele Elemente des amerikanischen Lebensgefühles in Deutschland übernommen wurden. Die kulturellen Metaphern wählen somit aus der historischen Erfahrung gewisse Standardsituationen aus, die als Organisationskerne für eine Vielfalt anderer, ähnlicher Situationen benutzt werden. Dieses Phänomen scheint wiederum eine kognitive Konstante zu

---

log, der doch sicher ein Prototyp der Argumentation ist, Krieg? Ist nicht die spezifische Konkurrenzlandschaft amerikanischer Universitäten ein Pseudo-Kriegsschauplatz im Kampf um soziale Vorteile?

40   Einige dieser Beispiele lassen an stereotype Szenen im amerikanischen Western denken. Demnach wäre nicht der Krieg (z. B. der Unabhängigkeits- oder der Krieg gegen die Südstaaten) das kulturelle Vorbild, sondern die gesetzlose Selbstbehauptung im Wilden Westen.

sein. So wie Farbprototypen, Ebenen der Ethnoklassifikation von Pflanzen und Tieren als Organisationskerne dienen (vgl. Kap. 2), so gilt dies auch für komplexe gesellschaftliche Erfahrungsbereiche. Wir können anhand der Angaben in Lakoff und Johnson (1980) die folgenden Funktionen der Metapher unterscheiden:[41]

(a)   Hervorheben und Verdecken (Highlighting and Hiding)
(b)   Orientierung (Orientational metaphors)
(c)   Substanz-Metaphern (Ontological metaphors)
(d)   Personifikation
(e)   Metonymie[42]

Ad a: *Hervorhebung und Verdecken.* Die Metapher hebt die mit dem Kernbereich der Metapher analogen Züge einer kognitiv erfassten Situation hervor und verdeckt dabei andere. So hebt die „Argument is war"-Metapher die Konfrontation hervor und verdeckt die Kooperation. Die Autoren analysieren diese Wirkung anhand der Metaphern in der Sprache über die Sprache (ibidem: 10). Drei häufig anzutreffende Grundtypen sind die Folgenden:[43]

• Ideas (or meanings) are objects / Ideen (oder Bedeutungen) sind Objekte.
• Linguistic experiences are containers / Sprachliche Erfahrungen sind Behältnisse.
• Communication is sending / Kommunikation ist Senden.

---

41 Im *Lexical-Functional Model* werden außerdem so genannte *high level metaphors* eingeführt: Beispiel: *He duped me into marriage.* Die zugrunde liegende Metapher heißt: A COGNITIVE ACT IS AN EFFECTUAL ACTION (vgl. Mendoza und Mairal, 2006).

42 Siehe die Nr. 17(3) von Cognitive Linguistics für eine Kontroverse zum Begriff der Metonymie. Während Peirsman und Geraerts (2006) für eine Definition der Metonymie über den Begriff der Kontiguität, d.h. der Verschiebung *innerhalb* einer Domäne plädieren, argumentiert Croft (2006) für die Funktion der Hervorhebung (*domain highlighting*) als notwendige und hinreichende Bedingung der Metonymie. Die Kontroverse enthält viele interessante Beispiele und Gegenbeispiele zur Metonymie-Diskussion.

43 Diese Analyse geht auf Reddy (1979) zurück, der seine Hypothesen anhand von 100 englischen Ausdrücken begründet. Insgesamt sind die genannten Metaphern in (geschätzt) 70% der Aussagen über Sprache vertreten.

Beispiele:

- It's hard to *get* that idea *across* to him. // Es ist schwer, diese Idee (zu ihm) rüber zu bringen.
- I *gave* him that idea. // Ich gab ihm diese Idee.
- Your words seem *hollow*. // Ihre Worte klingen hohl.

Die Metapher ist immer nur eine partielle Abbildung eines Bereiches in einen anderen. Sie ist also ein natürliches Mittel zur Konzentration einer Mitteilung aber auch zu Täuschung (und Selbsttäuschung). Gerade die wissenschaftliche Begriffsbildung wird in ihrem Abstraktionsbemühen nicht selten „Opfer" einer Täuschung; dies wird seit Locke in sprachkritischen Abhandlungen hervorgehoben. Gleichzeitig ist aber die Metapher unentbehrlich für die wissenschaftliche Innovation, vgl. dazu Wildgen (1998c).

Ad b: *Orientierende Metaphern.* Die Metaphern vom Typ (a) sind insofern „strukturell", als sie einen Denotatsbereich in: Zentrum – Peripherie, Licht – Schatten differenzieren. Eine große Klasse von Metaphern hat dagegen eine weiter reichende Wirkung; sie organisieren ein ganzes Feld von Begriffen.[44]

> "But there is another kind of metaphorical concept, one that does not structure one concept in terms of another but instead organizes a whole system of concepts with respect to one another. We will call these *orientational metaphors*, since most of them have to do with spatial orientation: up – down, in – out, front – back, on – off, deep – shallow, central – peripheral." (Lakoff und Johnson, 1980: 14)

Hierher gehören auch Konzeptualisierungen, die nicht auf Räumliches Bezug nehmen:

- Die Zukunft liegt *vor* uns. In anderen Kulturen: *hinter* uns (ibidem).

Oben, unten werden mit sehr unterschiedlichen Erfahrungssituationen verbunden, so dass es konkurrierende, gar konträre metaphorische Verwendungen gibt.

- Es liegt etwas in der Luft (unbekannt / oben) – vs. – Wach auf, steh auf! (wach / oben)
- Er fiel in einen tiefen Schlaf (bewusst / oben).

---

44 Siehe auch Hampe (2005), wo die affektive Evaluation nicht direkt dem körperlichen Schema zugeordnet wird, sondern autonom existiert und auf Komplexe („*compounds*") von Bildschemata angewandt wird.

Ad c: *Substanz-Metaphern*. In unserem Erfahrungsbereich bilden *Substanzen* und Objekte, Ursachen und Wirkungen konkrete Inhalte aus; ihre Eigenschaften werden auf weniger konkrete, abstraktere Sachverhalte ausgedehnt, so dass man wie mit Objekten damit umgehen kann:

> "Our experiences with physical objects (especially our own bodies) provide the basis for an extraordinarily wide variety of ontological metaphors, that is, ways of viewing events, activities, emotions, ideas, etc. as entities and substances." (ibidem: 25)

Typische Verwendungsweisen ontologischer Metaphern sind:

Hinweisen, Verweisen, Bezeichnen (referring); die versachlichten Begriffe sind kursiv gesetzt:

* We are working towards *peace*. – Wir arbeiten in Richtung auf Frieden.
* The *honor of our country* is at stake in this war. – Die Ehre unseres Landes steht auf dem Spiel in diesem Krieg.
* *My fear of insects* is driving my wife crazy. – Meine Angst vor Insekten macht meine Frau verrückt.

Quantifizieren (quantifying):

* It will take *a lot* of patience to finish this book. // Wir brauchen eine Menge Geduld, um dieses Buch zu Ende zu bringen.
* There is *so much* hatred in the world. – Es gibt soviel Hass in der Welt.

Herausheben von (individualisierten) Aspekten:

* The *ugly side of his personality* comes out under pressure. – Die hässliche Seite seiner Persönlichkeit kommt unter Druck zum Vorschein.

Das *Identifizieren* von Ursachen:

* He did it *out of anger*. // Er tat es aus Ärger.
* *The pressure of his responsibilities* caused his breakdown. // Der Druck der Verantwortung verursachte seinen Zusammenbruch.

Das Setzen von *Zielen* und die Motivation von Handlungen:

* He went to New *York to seek fame and fortune*. // Er ging nach New York, um Ruhm und Vermögen zu finden.

Die Substanz-Metaphern können ihrerseits als Organisationskerne für größere semantische Bereiche dienen. Zum Beispiel kann die Substanz-Metapher: THE MIND IS A MACHINE als Relais dienen für weitere Metaphern (vgl. ibidem: 27 f.):

- My mind just isn't *operating* today. // Mein Gehirn funktioniert heute nicht recht.
- I'm a little *rusty* today. // (Er setzt Rost an.)
- We're running out of *steam.*// (Er steht unter Dampf.)

Die ontologische Metapher, d. h. die Versachlichung oder Substanzinterpretation von Inhalten beliebiger Art, wird insbesondere auf Geschehen, Handlungen und Zustände angewendet. So wird z. B. ein Rennen, das ja ein *zeitlich* begrenztes Ereignis ist, in den folgenden Sätzen wie ein (räumliches) Objekt behandelt.

- Are you *in* the race on Sunday? (CONTAINER – OBJECT)
- Are you going *to* the race? (OBJECT)
- There was a lot *of good running* in the race. (SUBSTANCE in a CONTAINER)

Ad (d): *Personifikation*. Eine Unterart der Substanz-Metaphern macht den Inhalt zur Person und bringt damit Motivation, Persönlichkeit und Handlung auch bei nicht-menschlichen Inhalten ins Spiel (siehe ibidem: 33).

- Die Inflation *frisst* unsere Gewinne auf.
- Das Leben hat mich *betrogen*.
- Dieser Tatbestand *spricht* gegen die Theorie.

Ad (e): *Metonymie*. Hier steht ein partieller Aspekt, ein Teil, eine Funktion für das Ganze (siehe ibidem: 38).

- Wir stellen keine *Langhaare* ein (der Teil steht für das Ganze).
- Ich habe einen neuen *Vier-Rad* (four-wheel) gekauft (ein Auto).
- Ich will ein *Löwenbräu* (Produzent für Produkt).
- Er kaufte einen *Mercedes*.
- Er liest gerne *Heidegger*.
- Er heuerte ein *Gewehr* an (benutztes Objekt für den Benutzer).
- Die *Busse* streikten (Fahrzeug für Fahrer).

- *Nixon* bombardierte Hanoi (Kontrolleur für Kontrollierte).
- *Napoleon* verlor in Waterloo (Feldherr für Armee, Nation).

Es kann aber auch das Ganze für die Teile stehen:

- *Exxon* hat die Preise angehoben (Institution für die Verantwortlichen).
- Der *Senat* meint, dass Abtreibung unmoralisch ist (Institution für Mitglieder).
- Das *Weiße Haus* sagte gar nichts (Ort für Institution; bzw. dessen Vertreter).
- *Paris* bringt dieses Jahr längere Röcke (Ort für dort ansässige Firmen).
- *Pearl Harbor* beeinflusst immer noch die Außenpolitik (Ort für Ereignis).

Die metaphorischen Prozesse, deren Grundtypen wir zusammenfassend behandelt haben, führen in der Konsequenz zu einer neuen Bedeutungstheorie. Dies kann man sich anhand von Homonymen verdeutlichen. Lakoff und Johnson (ibidem: 106 f.) diskutieren das Verb „butress" (stützen, z. B. durch Pfeiler, Gerüste am Bau). Es gibt zwei deutlich verschiedene Verwendungen.

(a)   He butressed the wall.
(b)   He butressed the argument with more facts.

Anstatt zwei verschiedene Verbbedeutungen butress$_1$ und butress$_2$ anzunehmen, kann man dasselbe Verb einmal als Teil der Gestalt „Gebäudekonstruktion" und einmal als Teil der Gestalt „Argument" interpretieren; die Beziehung zwischen Gebäude und Argumentation ist dann eine metaphorische. Vgl. Talmy (2007), wo statt von Metapher von „cognitive recruitment" die Rede ist, d. h. eine vorhandene kognitive Struktur wird für einen neuen Zweck eingesetzt.

3.3 Lakoffs Anwendung der Metaphern-Semantik in der Politik

Im Jahr 1996 schrieb Lakoff das Buch „Moral Politics", womit er eine Diskurs-Linie eröffnete, die mit dem politischen Engagement Chomskys (seit der Diskussion über den Vietnamkrieg, den Kontroversen zur Nicaragua-Politik u. a.) vergleichbar ist. Er analysiert die politische Rhetorik im Zusammenhang des Golfkrieges und im Jahre 2001 reagiert er prompt auf die politische Diskussion zum Thema „Krieg gegen den Terror" und über den Anschlag auf das World Trade Center in New York. Ich will einige zentrale Metaphern, die er bespricht, kommentieren:

Metapher	*Anwendung*
Kontrolle ist oben. (Control is up.)	Die Türme (Wolkenkratzer) sind eine Metapher der Kontrolle der Macht. Das Fallen der Türme kann dann die Zerstörung dieser Macht anzeigen.
Phallus (gestreckt) ist Macht (Gewalt).	Die Türme sind Bilder einer (phallischen) Kraft (Potenz).
Die Gesellschaft ist ein Gebäude. (Society is a building.)	Die großen Gebäudekomplexe des World Trade Center stehen für die amerikanische (westliche) Gesellschaft.
Herrschaft als Stehen. (Bush senior: "This will not stand.")	Fallen der Türme = Untergang der Herrschaft.
Feuer und Rauch als Bild der Hölle.	Die rauchenden Trümmer als Bild der Hölle (die Attentäter als Teufel).

Der Diskurs der Administration nach dem 11. September führt zuerst rechtliche Begriffe ein, die aber schnell verschärft bzw. in der Verschärfung sogar negiert werden.

1. Phase	*2. Phase*
crime, victims, perpetrators (Opfer)	war, casualties, enemies (Feind)

1. Phase	*2. Phase*
brought to justice (Recht), punished	military action, war powers (Krieg)
cowards (für die Attentäter) (Feigling)	Rodents (Nager) (smoke out of their holes) Snakes (Schlangen) (drying up the swamp they live in)

Gegenmaßnahmen werden ebenfalls nach Bildinhalten konzeptualisiert, z. B. Sicherheit ist ein (dichter) Behälter. Dieses aktuelle Bild konnte auf das Bild des „missile shield", des Schildes gegen Flugkörper (= Pfeile) aufbauen. Auch die Gegenseite, die islamischen Fundamentalisten operieren mit einem kleinen Inventar überzeugungsstarker Bilder. Lakoff (2004) nennt:

Für den Islam	*Für den Westen*
1. Frauen sind bedeckte, quasi unsichtbare, nichtöffentliche Wesen.	Frauen sind (nackte) Sexualobjekte, werden ausgestellt.
2. Der Staat untersteht religiösen Gesetzen.	Der Staat ist ohne Religion.
3. Heilige Städte (z. B. Jerusalem) gehören dem Islam.	Israel (vorher die Kreuzfahrer) besetzen die heiligen Stätten (Invasion).
4. Heiliger Krieg zur Verteidigung des Glaubens.	Krieg zum ökonomischen Vorteil (Öl und Geld).
5. Märtyrer sterben und fahren zum Himmel.	Die Gegner fahren zur Hölle.

Die politische Semantik von Lakoff müsste noch mit anderen ideologiekritischen Textanalysen verglichen werden, damit der spezifische Ertrag seiner Metaphern-Semantik in diesem Anwendungsbereich beurteilt werden kann. Gerade in der politischen Kontroverse erweist sich allerdings der geringe Systematisierungsgrad und die Abhängigkeit von subjektiven Interpretationen als Achillesferse.

Der große Interpretationsspielraum kann leicht als Manifestation von Parteilichkeit ausgelegt werden.

3.4   Fallstudie: Ärger oder die Konzeptualisierung von Emotionen (an deutschen Beispielen)[45]

Lakoff geht von Ausdrücken für „Ärger" in Rogets Thesaurus aus. Wir wollen stattdessen das „Duden-Bedeutungswörterbuch" und „Das große Wörterbuch der deutschen Sprache" des Duden-Verlags heranziehen, wo wir die folgende Auswahl von Redensarten mit *Ärger* finden:

* Sie konnte ihren Ärger über das Missgeschick nicht verbergen.
* Heute gab es im Büro wieder viel Ärger.
* Der Ärger über den Schwiegersohn packte ihn wieder.
* Seinen Ärger an jemandem auslassen.
* Etwas erregte seinen Ärger.
* Man „schluckte den Ärger herunter".
* Seinem Ärger Luft tun.
* Du warst außer dir vor Ärger.
* Er wurde gelb/schwarz vor Ärger.
* Zu meinem großen Ärger kam er nicht.
* Der tägliche Ärger im Beruf, mit den Kindern.
* Lass nach, sonst bekommst du Ärger!
* Komm her ... mach keinen Ärger!

---

45   Ein strengeres induktives Verfahren wird von Stefanowitsch (2006) vorgeschlagen, die sog. *Metaphorical pattern analysis* (MPA). Ein „metaphorical pattern" ist z.B. gegeben in: *Seine Kritik traf ins Ziel (ins Schwarze).* Die Lexeme *Kritik* bzw. *Ziel* können mit den Kategorien *Argument* bzw. *Krieg* (Argumentieren ist Krieg) verknüpft werden. In einem Korpus können nun solche und ähnliche Korrelationen ausfindig gemacht werden und es kann statistisch ermittelt werden, welche Metaphern für welchen Bereich relevant sind. In der Studie werden z.B. die Zielbereiche: *anger* (Ärger), *fear* (Angst), *happiness* (Glück) u.a. korpusanalytisch untersucht. Der Fortschritt wird in einer besseren statistischen Deckung und einer geringeren Abhängigkeit von subjektiven Urteilen gesehen.

An diesen Beispielen aus dem deutschen Lexikon werden die Prozesse der Verräumlichung, Verdinglichung und Personifikation sofort deutlich. Andere Ausdrücke lassen Inferenzen auf Ärger zu:

• Er verlor seine Contenance.
• Bleib cool!
• Er kochte (vor Wut).
• Er lässt Dampf ab.
• Ich glaub' mich tritt ein Pferd!
• Er ließ die Sau raus.
• Er drehte durch.
• Wenn Blicke töten könnten!
• Du gehst mir auf die Nerven / auf den Keks!
• Nerv mich nicht! Du nervst!
• Sie verlor die Fassung.
• Sie sah rot.
• Ihr Blut kochte.

Lakoff zählt verschiedene Begleiterscheinungen des Ärgers auf, die Pars pro Toto, für die Emotion stehen können:

Körpertemperatur (Lakoff, 1987: 382):

• Er ist ein Heißsporn (er ärgert sich leicht).

Innerer Druck (ibidem):

• Mir platzte der Kragen.
(Einen Blutsturz „hemorrhage" oder einen Bruch „hernia" scheint der deutsche Sprecher nicht zu erleben, wenn er sich ärgert.)

Röten des Gesichts und des Nackens (ibidem):

• Er wurde rot wie eine Pute.

Bewegung, Schütteln (ibidem):

• Ich zitterte vor Wut.
• Er war bestürzt.

Nachlassen der Sinne (ibidem: 383):

• Sie war blind vor Wut.
• Er sah rot.

Für Lakoff ist das zentrale Bild, ein mit Flüssigkeit gefüllter Behälter, ein Topf. Ärger wird mit der Hitze der Flüssigkeit, dem Brodeln, dem Überkochen assoziiert. Das Gegenteil ist „kühl, ruhig" (cool, calm), d. h. die Flüssigkeit ist kalt, nicht bewegt. Hat der Topf einen Deckel, so kann der Ärger kontrolliert werden, der Deckel bleibt zu; dabei kann es aber zu einem Überdruck und plötzlichem Ausbruch von Ärger kommen:

- Sie ist ganz aufgebracht.
- Er lässt Dampf ab.
- Ich kochte (vor Wut).

- Ich konnte meinen Zorn kaum unterdrücken.
- Er konnte sich nicht mehr zurückhalten, er war nicht mehr zu halten.
- Er platzte vor Zorn.

- Er unterdrückte seinen Ärger.

Wenn der Ärger zu stark wird, heißt es:
- Er ging an die Decke.
- Er explodierte.

Es fällt aber auf, dass viele (vielleicht ein Drittel) der englischen Beispielsätze kein direktes Äquivalent im Deutschen haben. Einige Ausdrücke legen eher das Bild einer Maschine, eines Getriebes als das eines Kochtopfes nahe, wie:

- Er dreht durch.
- Er rastete aus.

Lakoff unterscheidet den *Quellbereich* der Metapher, in diesem Fall die Flüssigkeit im Behälter und den *Zielbereich*: Ärger.[46]
Eine allgemeine Metapher lautet: *Ärger ist (wie) Feuer.*

- Er machte eine ätzende Bemerkung.
- Er spuckte Feuer.

---

46 Das Konzept der Metapher selbst wird von Lakoff durch die Bildschemata *Container* und *Source-Path-Goal* charakterisiert. Durch die reflexive Anwendung der Metapherntheorie auf sich selbst wird Lakoffs Theorie selbstreferentiell und semantisch abgeschlossen. Gleichzeitig immunisiert sie sich gegen Kritik von außen, was im wissenschaftlichen Prozess Isolierung und letztlich Selbstaufgabe bedeutet.

- Er goss Öl ins Feuer.
- Sie ärgerte ihn auf kleiner Flamme.
- Ich bin ausgebrannt[47].
- Er verzehrte sich vor Wut.
- Das facht meine Wut an.

Weitere Metaphern sind nach Lakoff (ibidem: 390):
Ärger ist Verrücktheit.

- Du treibst mich zum Wahnsinn / zur Verzweiflung.
- Wenn noch etwas passiert, werde ich hysterisch.
- Noch eine Beschwerde und ich werde zum Berserker!
- Er reißt sich die Haare aus / rauft sich die Haare.
- Sie schlägt vor Wut mit den Fäusten / mit dem Kopf gegen die Wand.
- Das treibt mich die Wände hoch.

Eine andere Familie von Bildern, welche mit dem Ärger in Verbindung stehen, sind *Kampf* und *wildes Tier*. Das Subjekt muss den Ärger im Zaum halten, ihn besänftigen, bändigen, kann ihn loslassen, wecken (wildes Tier). Es kann aber auch ankämpfen gegen die Wut, sie unterdrücken, die Kontrolle verlieren, vom Ärger überwältigt werden (Kampf).

Das Verursachen von Ärger wird als *Grenzüberschreitung* interpretiert:

- Du stehst mir auf den Füßen.
- Ich werde ihm mal kräftig auf die Zehen treten.
- Hau ab! Mach dass du weg kommst!
- Zieh Leine!
- Bis hierher und nicht weiter!
- Geh mir aus dem Weg, aus den Augen!

Ärger kann aber auch einfach als etwas, das sich in der Nähe befindet und eventuell verschwindet, kategorisiert werden:

---

47 Das Präfix „aus" verweist gleichzeitig auf die Behältermetapher (Hinweis von A. Graumann). An diesem Beispiel sieht man, dass die Interpretationsmethode Lakoffs im Prinzip eine fast fraktale Auffächerung nahe legt. Jedes Inhaltswort in einem Beispielsatz kann gleich mit mehreren Metaphern in Verbindung gebracht werden, so dass der Eindruck einer verästelten Mehrdeutigkeit entsteht. Dies widerspricht aber der Erfahrung einer relativ einfachen Bedeutungszuordnung im laufenden Verständigungsprozess.

- Sein Ärger verflog.
- Seine Wut kehrte zurück.
- Der Ärger begleitete mich während meines ganzen Aufenthalts.
- Sie wurde den Ärger nicht los.
- Als er ihr Lächeln sah, verschwand seine Wut.

Nach Lakoff sind die Quellbereiche der benützten Metaphern „basiclevel"-Elemente; sie sind informations- und anschauungsreich und erlauben uns somit in vielfältiger Weise die Emotion „Ärger" zu versprachlichen. Die Quellbereiche: HEISSE FLÜSSIGKEIT und FEUER, sagen uns, was Ärger ontologisch/anschaulich ist. Der Bereich KAMPF sagt uns, wie wir das Phänomen kontrollieren, behandeln können.

Dass diese Metaphern nicht arbiträr und somit lediglich spezifisch für *eine* Sprache sind, hat wahrscheinlich mit der menschlichen Eigenwahrnehmung (Reflexion), in unseren Beispielen mit der Wahrnehmung des Zusammenhangs von körperlicher Befindlichkeit und Emotion zu tun. Man könnte also die Metapherntheorie von Lakoff und Johnson auf eine Theorie der Fremd- und Selbstwahrnehmung, auf eine „Theory of Mind" (ToM) und auf Modelle der Metarepräsentation beziehen (siehe zu letzteren Wildgen, 2008 a).

4. Die Raum- und Prozess-Semantik (Talmy)

Obwohl Talmy als einer der ersten mit der Entwicklung von Modellvorschlägen vom Typ der Kognitiven Semantik begonnen hat, behandle ich seine Vorschläge zu einer Raum- und Prozess-Semantik nach dem stärker programmatischen Ansatz von Lakoff. Während Talmy, der in den 80er Jahren am gleichen Institut wie Lakoff in Berkeley arbeitete, sich zunehmend auf die stärker dynamischen Aspekte, besonders auf die Semantik von Verben, Präpositionen, kausalen Konnektoren konzentrierte, hat Langacker, dessen Vorschläge im nächsten Kapitel zur Sprache kommen, versucht, alles was in einer klassischen oder strukturalen Grammatik behandelt wurde, unter der Fahne der „Kognitiven Grammatik" neu zu bearbeiten. Wie bei Lakoff stehen Entwicklungen in der kognitiven Psychologie, der Künstlichen Intelligenz und die Erneuerung der gestaltpsychologischen Tradition im Rahmen der Kognitionswissenschaften Pate bei der theoretischen Erneuerung durch Talmy. In einem Artikel von 1976: Semantic Causative Types (in Talmy, 2000a: The Semantics of Causation, 471–549) gibt Talmy in einer Fußnote (2000a: im Text) einen Hinweis auf die Herkunft der Idee:

> "The question raised by Fillmore as to whether a force is to be classified as an agent or as an instrument is answered in his study: as neither, but rather as an event." (Talmy, 1976: 54; Fn. 10 und im Text in: Talmy, 2000a: 482)

Demnach verlässt die Analyse Talmys den Rahmen der Tiefenkasus-Hypothese Fillmores und bringt eine eigene Kategorisierung für Vorgänge (Events) ein, welche dann ihrerseits die beteiligten Rollen (Agonist und Antagonist) definieren. In eine ähnliche Richtung hatte sich die generative Semantik bewegt, als sie Prädikatskonstanten (z.B. CAUSE) einführte. Im Prinzip wird damit der statisch-logische Apparat der klassischen Semantik verlassen; die Anleihen in der Theorie dynamischer Systeme (Vektoren, Attraktoren usw.) bleiben aber spärlich bzw. sie werden durch das Verdikt gegen eine formalsprachliche Präzisierung des deskriptiven Vokabulars verhindert.[48] Einen radikalen Schnitt hat in dieser Hinsicht schon Thom (1972) vollzogen, indem er dynamische Archetypen als Basis der Satzbeschreibung postulierte (vgl. für die Ausarbeitung dieser Idee Wildgen, 1982a, 1985a, 1994a und 1999a).

Was die Quellen Talmys außerhalb des engeren Bereichs der West-Küsten-Linguistik anbetrifft, sind wir mangels genauerer Angaben durch den Autor auf Mutmaßungen angewiesen. Seine dynamischen Konzepte könnten durch Arbeiten von Ballmer und Brennenstuhl, die nach ihrer Promotion 1975/1976 in Berkeley gearbeitet haben (Talmy erwähnt nur einen Artikel von Brennenstuhl und Wachowitz, 1976) beinflusst (bzw. vorbereitet) worden sein. Waltraut Brennenstuhl hatte in ihrer Dissertation von 1975 „Handlungstheorie und Handlungslogik" ausführlich das Lexikon und die Syntax von Handlungsbeschreibungen erforscht. In Brennenstuhl (1982) wurde eine biokybernetische Theorie von Kontrolle und Agentivität entwickelt und die von Talmy zitierte Arbeit (gemeinsam mit Wachowitz, 1976) erschien in den Akten der Berkeley Linguistic Society (BLS). Ballmer hatte 1977 in seiner Habilschrift: „The Instrumental Charakter of Natural Languages" seine Arbeiten seit Beginn der 70er Jahre zusammengefasst, die auf eine dynamische Modellierung von Handlungs- und Wahrnehmungsmustern hinausliefen. Die Grundzüge sind in Ballmer (1982) zusammengefasst worden. Leider sind diese wesentlich radikaleren Innovationsversuche in Richtung auf eine kognitionswissenschaftlich ausgerichtete Grammatik innerhalb der Kognitiven Grammatik ignoriert oder nur implizit (z. B. bei Talmy) rezipiert worden. In den USA hat Michael Leyton seit 1986 eine diskrete Variante der katastrophentheoretischen Semantik entwickelt, die einen Brückenschlag zwischen der Geometrie und Topologie (z. B. der Invariantentheorie von Felix Klein) und der Wahrnehmungspsychologie sowie der Grammatik anbahnte. Die Bildschemata der Force-dynamics Kapitel weisen Ähnlichkeiten mit Leytons vier Basis-Operationen: „protrusion, indentation, squashing und internal resis-

---

48 In Langacker (2006) werden Aspekte der „Dynamischen Linguistik" diskutiert: Attraktoren, Emergenz, Wellencharakter von strukturellen Entwicklungen, Indeterminiertheit von Strukturmustern bei einer feinen Betrachtung. Langacker nimmt aber nur vage Bezug auf die Forschungsliteratur und hat wahrscheinlich konnexionistische Modelle der Sprache im Auge, wenn er von Dynamik spricht (vgl. ibidem: 126).

tance" auf (vgl. Leyton 1992: 23). Da dieser seine Ideen bereits in einem Artikel in Information Sciences 1986 (Leyton 1986) publiziert hatte, ist eine Übernahme in Talmy (1988) durchaus nahe liegend. Talmy erwähnt lediglich Publikationen Leytons von 1988 und 1992, ohne im Detail auf Beziehungen zu seinen eigenen Modellvorschlägen einzugehen.[49] Es ist aber ein generelles Problem der Kognitiven Semantik und Grammatik, dass zwar die Notwendigkeit einer interdisziplinären Kooperation behauptet wird, die Wege dieser Kooperation aber nicht durchsichtig werden.

Zwischen 1975 und heute (besonders in den 90er Jahren) haben sich Talmys Einzelanalysen und Modellentwürfe ständig weiterentwickelt. In exemplarischen empirischen Studien hat er speziell die mit der Konzeptualisierung von Raum und Dynamik (Kraft) verbundenen sprachlichen Inhalte analysiert. Er hat außerdem stärker als Lakoff und Langacker andere Sprachen und den Sprachvergleich als Argumentationshilfen herangezogen. Als besonders innovativ können seine Analyse der Verben der Bewegung, der kausalen Konstruktionen (z. B. mit Konnektoren) und der verschiedenen Vorstellungssysteme gelten.

4.1 Die Beschreibung der Verben der Fortbewegung

Talmy analysiert Bewegungssituationen als Konfigurationen von Standard-Komponenten. Er setzt dazu die folgenden Situationskomponenten an. Die Klassifikation und die darauf aufbauenden Beschreibungen bleiben immer linguistisch motiviert, nur in der Begrifflichkeit zeigt sich ein Einfluss der Psychologie (der Wahrnehmung und Motorik). Die Standard-Komponenten sind:

Motion situation :	figure	motion	path	ground
^{s}M:	F	M	P	G

49 Lediglich das Literaturverzeichnis von Talmy (2000a) enthält einige diskrete Hinweise. Aus persönlichen Gesprächen mit Talmy bei meinem Aufenthalt in Berkeley (1988) als Visiting Scholar weiß ich, dass ein intensiver Austausch mit Ballmer stattgefunden hat.

Jede dieser Situationskomponenten kann durch Satelliten elaboriert werden, so dass wir eine Bedeutungsanalyse in zwei Ebenen erhalten. Talmy führt für die Beschreibung der Bewegungsverben zwei Tiefenprädikate ein, die allerdings nur die Extrempunkte einer Skala angeben, d. h. es können weitere Prädikate dazwischen treten:

Zustand (statisch)   *sich bewegen* (dynamisch)

BELOCATED   MOVE

Die grundlegende Unterscheidung zwischen statischen und dynamischen Basis-Prädikaten wird durch eine Reihe weiterer Prädikatskonstanten ergänzt[50]:

- Prädikate der Ausdehnung:
  Punkt (ohne Ausdehnung)   •
  Punkt (auf einer Linie)   ——————•——————
  Linie (Fläche, Körper) unbegrenzt   – —————— –
  Linie begrenzt |←——————→|
- Prädikate der Orts- und Zeitbefindlichkeit: S, T
- Prädikate der Relativbewegung: TO, FROM, POR (= through), ALONG, ALENGTH
- Geometrische Formen: LINE, PLANE, CIRCLE, SPHERE, CYLINDER
- Geometrische Relationen: PARALLEL-TO, TO-ONE-SIDE-OF, VERTICAL TO, COTERMINOUS-WITH, INSIDE-OF.

Zusätzlich zu dieser quasi-formalen Liste von Konstanten werden Prozesse eingeführt, welche universale Tiefenstrukturen auf verschiedenen Ebenen in Oberflächenstrukturen überführen. Neben der Tiefenstruktur (im Wesentlichen der „motion situation" und ihren Satelliten) wird nur Folgendes vorausgesetzt:

- Eine Abfolge von Zwischenebenen, die jeweils auf die Oberfläche projizierbar sind. Talmy unterscheidet (ibidem 1975: 199f.) sieben Ebenen a-g; wobei (a) die Tiefenstruktur und (g)

---

50 Die Analyse kann die Herkunft aus der „generativen Semantik" nicht verleugnen. Die dort übliche Fundierung in speziellen Logiken wird aber nicht erwähnt.

die Oberflächenstruktur ist. Dazwischen befinden sich bis zu
fünf Ebenen (b, c, d, e, f). Für (c) gibt es Beispiele im Russischen und Japanischen, für (d) im Hebräischen, für (e) im Alt-
Englischen, für (f) im modernen Englisch. Ableitungsebenen
werden also nur angenommen, wenn es in natürlichen Sprachen Beispiele für eine Oberflächenrealisierung gibt. Damit
distanziert sich Talmy von den sehr abgehobenen Theoriemo-
dulen der generativen Grammatik nach 1965; die Zwischenebenen werden nur, wenn sie deskriptiv begründbar sind, in das
Modell aufgenommen. Das Gesamtmodell vereinigt also alle
Strukturmöglichkeiten.

• Eine Menge von Prozessen, welche verschiedene Komponenten der „motion situation" verschmelzen bzw. Satelliten in die
Konstituenten der „motion situation" inkorporieren.

Verschiedene Sprachen oder auch Varietäten innerhalb einer Sprache realisieren unterschiedliche Kombinationen des Basis-Sche-
mas: F + M + P + G; dabei werden jeweils zwei der Konstituenten: Figure (F) + Motion (M) + Path (P) + Ground (G) eventuell
mit einem weiteren Satelliten eines bestimmten Typs zusammengefügt. Ich will diese Kombinatorik anhand der Beispiele, die Talmy
anbietet, erläutern.

(a)   **F + M**
      Beispiel:

Deutsch / Englisch	(Es) regnet/ (it) rains	F = RAIN	M = MOVE
Atsugewi	– qput – (es wird dre- ckig)	F = DIRT	M = MOVE

(b)   **P + G**
      Beispiel:

Deutsch / Englisch	nachhause / home	P = TO	G = his HOME
Atsugewi	– ict (verflüssigend)	P = INTO	G = LIQUID

Viele komplexe Orts- und Bewegungsangaben enthalten P + G-Amalgamierungen, d. h. sie verschmelzen Angaben zum Weg (P) und zum Hintergrund (G). Die unterschiedlichen Profile können durch eine Abbildung auf die von Talmy vorgeschlagenen Tiefenprädikate dargestellt werden (siehe oben).

Beispiele:

in (Englisch)	AT a POINT$_s$ that IS OF the INSIDE OF (Beispiel: a ball is in the box)
in(to)	TO (hinein)
out of	FROM (hinaus)

(c) M + Satellit
Ein spezifisches Verb kann die Bewegungssituation (BE$_L$ bzw. MOVE) *und* eine Art und Weise zum Ausdruck bringen:

Beispiel:

BE$_L$ + AFLOAT	>	float (in)	schwimmen (in)
MOVE + AFLOAT	>	float (into)	schwimmen (hinein)

(d) P + Satellit (genannt „conflation")
Die Wegkomponente (P = Path) wird komplexer dargestellt, als dies in der P-Komponente möglich ist, indem ihr Satelliten beigefügt werden, die den Weg genauer spezifizieren.

   Beispiele: (←steht für „conflation")

fire	←	,mis' ist der Satellit:	Ergebnis = misfire
start	←	,over' ist der Satellit (als feste Verbindung)	Ergebnis = start over (durchstarten)

Diese Operation kann wiederholt werden, so dass (z. B. im Englischen) bis zu sieben Spezifikationen in den Verbkomplex integriert werden:

(GO ← HITHER = come) ← right ← back ← down ← out ← from ← up ← in ← there (ibidem: 206)
realisiert als: Come right back down out from up in there.

Talmy erweitert das Bewegungs-Schema durch Tiefenprädikate
der Verursachung und der zeitlichen Abfolge wie: CAUSE, DUR-
ING (a, b), WHILE (a, b). Außerdem wird die Mitwirkung eines
Agens (AGENT) eingeführt. Die Agentivität wird als Index links
von MOVE (_AMOVE) angefügt. Es entstehen Beschreibungen für
semantisch komplexe Verben, die in der Tabelle vereinfachend dargestellt werden:

MOVE	←	WHILE	BE$_L$ in drops	drip
MOVE	←	WHILE	rolling	roll
MOVE	←	FROM	(enthält CAUSE):	spring out of

Das Verb „kick" inkorporiert F, M, P, G, d. h. das ganze Bewegungsschema und das Prädikat AGENS (AgFMPG).
Beispiel:

- I (A) $_A$ kick (AgFMPG) the wall (G) with my left foot (F) (Ver-
gangenheit).
- I kicked the wall with my left foot.

Akzeptiert man das anfangs postulierte Bewegungsschema, die
Menge der Tiefenprädikate und die Existenz von Ableitungsebenen, so ergeben sich Prozesse der Umverteilung dieser Grund-
informationen (der „kognitiven Elementarsachverhalte") auf die
grammatikalisch organisierte Satzstruktur. Die kognitive Analyse
schafft eine Distanz zu einzelsprachlichen Techniken der Wiedergabe und erlaubt den Sprachvergleich auf der inhaltlichen Ebene.[51]
Gleichzeitig nähert sie sich vorsichtig der Universalienproblematik
(vgl. dazu Kap. 2).

Die „motion situation", die Tiefenprädikate und die Prozesse der
Inkorporation und Amalgamierung stützten sich nur auf linguistische Evidenzen und stellen somit eine *abstrakte* aber *noch* linguistische Schematisierung dar. Talmy hätte wohl jedes Hinausgehen
über eine solche Systematisierung als sprachphilosophischen Fehl-
tritt betrachtet, so dass für das Überschreiten dieser theoretischen
Grenze ein Paradigmenwechsel notwendig wäre (vgl. dazu Wildgen 1994a und 1998b).

---

51 In Botne (2005) werden Bewegungsverben in einer Bantu-Sprache untersucht. Dabei spielt die deiktische Komponente und die Aktualisierung der
Verbschemata im Kontext des Erzählens von Szenen eine wichtige Rolle.

4.2   Schemata und Vorstellungssysteme

Anfang der 80er Jahre löst sich Talmy zunehmend von Theorie-Konzepten der generativen Semantik (siehe die Tiefenprädikate und Transformationsebenen im ersten Abschnitt) und versucht, konsequenter Konzepte der Kognitiven Psychologie, z. B. zur mentalen Imagination, einzubeziehen. Er geht von vier *Vorstellungssystemen* aus („imaging systems"; vgl. Talmy, 1983: 253 ff.; 2000a: 214 ff.), welche in natürlichen Sprachen benutzt werden. Sie sind unabhängig voneinander und somit in ihrer Wirkung addierbar. Ich stelle die ersten drei in der von Talmy angegebenen Reihenfolge dar, das letzte, die Kraft-Dynamik (force-dynamics), wird in Abschnitt 4.3 gesondert behandelt.[52]

(1)   Die geometrische Charakterisierung räumlicher Verhältnisse. Talmy spricht von einer geometrischen Konfiguration (Talmy, 1983: 238; 2000a: 192). Die primär geometrischen Konfigurationen können auch zeitlich interpretiert werden:

(a1)   Der Vogel saß am Sims (along the edge).
(a2)   Ich nieste (einmal) während der Aufführung.
Bildschema: Ein Punkt auf einer begrenzten Linie
|←———•———→|

(b1)   Diese Straße führt (goes) bis nach Chicago
(b2)   Er schlief bis sie ankam
Bildschema: Eine Linie wird durch einen Punkt begrenzt.
————→|

Daraus ergeben sich die Konzepte der Stationarität und Bewegung (vgl. die Tiefenprädikate: BE-LOCATED und MOVE in Talmy, 1975: 185, die bereits im vorherigen Abschnitt besprochen wurden). Talmy gewinnt aus seiner Sprachanalyse zehn primitive Zustands- und Bewegungsformen (Stationäre Befindlichkeit: BE-LOCATED = BL; Bewegung: MOVE = MO) (vgl. ibidem: 198f; 2000a: 45 ff.).

---

52 Der Begriff „force-dynamics" ebenso wie die Übersetzung Kraft-Dynamik ist natürlich ein Pleonasmus, insbesondere wenn man vom physikalischen Fachterminus ausgeht. Die Dynamik ist nämlich die Lehre von den Kräften, die eine Bewegung (Veränderung) verursachen; vgl. zum Begriff der Dynamik in Physik und Mathematik: Wildgen und Mottron, 1987: 18–25.

Anfang	Typ	Beispiel	Ende
a) Punkt	BL	----	Punkt
b) "	MO	*zu*	"
c) "	MO	*von*	"
d) "	MO	*via*	"
e) "	MO	*entlang*	Linie
f) "	MO	*quer durch*	"
f') "	MO	*von – zu*	Punktpaare
f'') "	MO	*eine Dis-tanz*	"
g) "	MO	*bis zu*	Endpunkt einer Linie (Span.: hasta)
h) "	MO	*von – bis*	Anfangspunkt einer Linie (Span.: desde).

(2) Die Spezifizierung des Perspektivpunktes, des Ortes des „geistigen Auges" (Talmy, 1983: 255; 2000a: 217). Talmy unterscheidet drei Arten der Perspektivierung:

    (a) Fester Betrachtungsort, globale Perspektive.
        Es gibt eine Anzahl von Häusern im Tal. (There are a number of houses in the valley.)

    (b) Ein mitlaufender Betrachtungsort, quasi ein begleitendes Kamera-Auge.
        Es steht von Zeit zu Zeit ein Haus im Verlauf des Tales. (There is a house every now and then through the valley.)

    (c) Schließlich kann der Betrachtungsort diskrete Sprünge machen; die Kamera erwartet quasi das Sich-Bewegende an charakteristischen Orten.
        Er kommt durch den Tunnel, vorbei am Wachhaus, ist im Bunker! (He's through the tunnel!, past the guard house!, into the bunker!)

(3)   Die Fokussierung der Aufmerksamkeit.

Dieses System definiert nicht nur die Figur, das primäre und sekundäre Bezugsobjekt, es bestimmt auch die Auflösung (bei der Kamera würde man von Zoom sprechen). Als Beispiel gibt Talmy drei unterschiedliche Fokusebenen an (vgl. Talmy, 1983: 256; 2000a: 219):

(a) Es befinden sich Sommersprossen auf dem Gesicht des Jungen (feinste Ebene).

(b) Das Gesicht des Jungen zeigt Sommersprossen (mittlere Ebene).

(c) Der Junge hat Sommersprossen auf seinem Gesicht (Rahmenebene).

In ähnlicher Weise kann eine Zwischenstation oder ein beteiligtes Agens hervortreten bzw. verdeckt bleiben:

(a1) Die Kiste fiel aus dem Flugzeug ins Meer.
(a2) Die Kiste fiel aus dem Flugzeug, durch die Luft, in das Meer.

(b1) Die Manschettenknöpfe kamen endlich am Boden des Korbes zum Vorschein (turn up, intr.).
(b2) Ich brachte endlich meine Manschettenknöpfe am Boden des Korbes zum Vorschein (turn up, trans.).

4.3   Kraft-Dynamik (force – dynamics)

Dieses vierte System ist von den drei anderen, die im Wesentlichen unsere visuelle Modalität betreffen, unabhängig. Es gibt zwischen Objekten wirksame Kräfte, denen diese widerstehen oder nachgeben. Als kognitive Basis nimmt Talmy kinästhetische und somatosensorische Modalitäten an (ibidem: 257; 2000a: 219).
Beispiele:

(a)   Der Ball rollte auf dem Rasen.
(b)   Der Ball rollte auf dem Rasen weiter (fuhr fort zu rollen).
      (The ball kept rolling along the green.)

In der Tradition der generativen Semantik werden Sätze, in denen eine Entität in der Subjekt-Position eine Entität in der Objekt-Position affiziert, wobei ein Ursache-Wirkungszusammenhang impliziert ist, mittels des Tiefenprädikates CAUSE analysiert. Talmy unterscheidet eine ganze Skala von kausalen Wirkungszusammenhängen (vgl. Talmy, 1976: 44 f.; 2000a: 472), von denen ich die wichtigsten auswähle:

Basic causation	Die Vase brach durch den Ball.
Event causation	Dadurch, dass der Ball gegen sie rollte, brach die Vase.
Instrument causation	Der Ball brach die Vase.
Author causation	Ich brach die Vase durch mein Rollen des Balles.
Agent causation	Ich brach die Vase (absichtlich), indem ich den Ball gegen sie rollte.

Entsprechend führt Talmy fünf Tiefenprädikate der Verursachung ein:

a) RESULTed-to-break   > broke

b) EVENTed-to-break   > broke

c) INSTRUMENTed-to-break   > broke

d) AUTHORed-to-break   > broke

e) AGENTed-to-break   > broke

In einem Satz über ein Ereignis ist die kausale Beziehung dann gegeben, wenn dieses Ereignis stattfindet oder ceteris paribus nicht stattfinden würde, wenn ein anderes Ereignis, die Ursache, nicht gegeben wäre. Zufällige Gleichzeitigkeit der beiden Ereignisse reicht also nicht aus. Talmy geht nun dazu über, die „kausative Situation" als Grundschema zu bestimmen. Er schlägt zwei alternative tiefensemantische Repräsentationen vor (ibidem 52 bzw. 481):

SOMETHING CAUSE NP // S(event)   RESULT FROM SOMETHING

SOMETHING ist nach Talmy normalerweise nicht einfach ein physikalisches Objekt, sondern selbst die Komprimierung eines komplexeren Sachverhaltes.

Beispiele:

- Ein Ball bricht das Fenster.
- Das Aufprallen des Balles gegen das Fenster bricht es.
- Ein Ball bricht das Fenster, indem er gegen es prallt (sailing into it; ibidem: 54).

Hier wird ein grundlegendes Prinzip benützt, das Talmy „conflation" nennt, wir könnten es mit „Schrumpfung" übersetzen (vgl. Abschnitt 4.1 (d)). Die Schrumpfung ist ein tiefensemantischer Ableitungsprozess, durch den die komplexe Struktur eines (tieferen) Teilsatzes an der Oberfläche durch ein Wort realisiert wird. Talmy gibt die folgenden Beispiele an (Talmy, 1976: 54, Fn. 10 bzw. 2000a: 482; im Text):

- air blowing on the FIGURE → wind
- flames acting on the FIGURE → fire

Indem die NP „Something" als Schrumpfung eines Ereignisses angesehen wird, erhält die kausative Tiefenstruktur die folgenden alternativen Formen (S_1 heißt das verursachende Ereignis, S_2 das verursachte Ereignis).

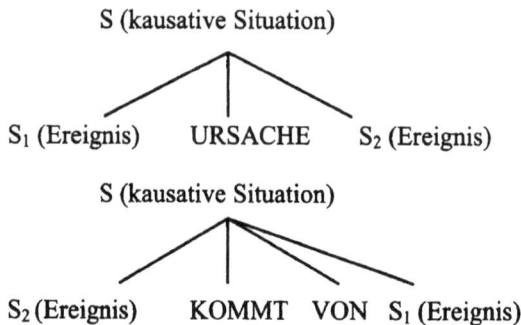

S (kausative Situation)

S_1 (Ereignis)   URSACHE S_2 (Ereignis)

S (kausative Situation)

S_2 (Ereignis)   KOMMT VON S_1 (Ereignis)

Abbildung 10: Kausative Tiefenstrukturen nach Talmy (1976)

Verschiedene syntaktische Argumente, die sich besonders auf die im Hauptsatz bzw. im Nebensatz auftretenden Konstituenten beziehen, führen dazu, dass Talmy die zweite Form als grundlegend ansieht, d.h. das verursachte Ereignis (S_2) steht im Vordergrund (Figure), das verursachende Ereignis dagegen (S_1) ist Hintergrund (Ground). Die Standardform der Verursachungssituation ist deshalb:

```
                    S
             ╱    │    ╲
          ╱       │        ╲
       NP        V      Pr      NP
       │         │       │       │
       │         │       │       │
  S(caused event)  RESULT  FROM  S(causing event)
```

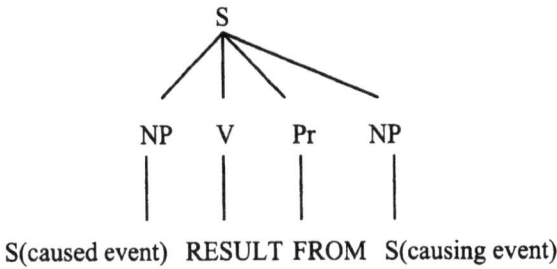

Abbildung 11:   Standardform der Verursachungs-Situation

Die beiden Ereignisse S_1 und S_2, die soeben analytisch getrennt wurden, können nicht beliebig gewählt werden; sie müssen spezifische gemeinsame Eigenschaften, Kontaktpunkte haben. Das verursachende Ereignis (S_1) muss in einer Beziehung der punktuellen Kraftübertragung zum verursachten Ereignis stehen (Talmy spricht von *empingement*). Die notwendige Aufblähung (als inverse Operation zur Schrumpfung) macht dann aus S_1 eine komplexere Struktur:

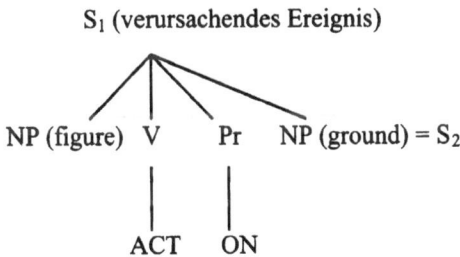

```
            S₁ (verursachendes Ereignis)
            ╱     │      ╲
         ╱        │          ╲
   NP (figure)   V      Pr     NP (ground) = S₂
                 │       │
                 │       │
                ACT     ON
```

Abbildung 12:   Dekomposition des verursachenden Ereignisses

Wir wollen uns dem Kern der kausalen Beziehung, der *Dynamik* zuwenden. Dieser Ansatz wurde von Talmy 1976 das erste Mal vorgestellt (vgl. Talmy, 1976: 62 für die erste Verwendung der Bilder für Kraftwirkung und Widerstand; 2000a: 489). Man kann sagen, dass mit der „force dynamics" eine grundlegende Kategorie in das Zwischenfeld eingeschoben wird, das durch die tradierten Kategorien MOVE (Bewegungsverben) und CAUSE (Kausative Konstruktionen) aufgespannt wurde. Dadurch wird besonders die grundlegende Ebene, die Talmy „basic causation" genannt hat (vgl. weiter oben), neu geordnet. Talmy (1976: 61; 2000a: 488) geht von den folgenden Beispielsätzen aus. Er spricht in diesem Zusammenhang von einer dynamische Opposition („dynamic opposition"):

(1)   Der Ball rollte über den Rasen. (The ball rolled along the green.)
(2)   Der Ball rollte weiter über den Rasen, wegen des Windes, der ihn blies. (The ball continued to roll along the green from the wind blowing on it.)
(3)   Der Ball rollte weiter über den Rasen (den Hang hinab), trotz des hohen Grases, das ihn bremste. (The ball continued to roll along the green (down the slope) despite the tall grass hindering it.)

Talmy nimmt an, dass diesen Beispielen alltagssprachliche Konzeptualisierungen von *Kraft* zugrunde liegen.

(a)   Der Ball (Agonist) hat eine Tendenz zur Ruhe zu kommen (als natürliche Kategorisierung des Energieverlustes).
(b)   Externe Kräfte (Antagonisten) wirken positiv oder negativ auf den Ball.

Talmy verwendet zwar den mathematischen Begriff des Vektors, führt dann aber normalsprachliche Begriffe ein,[53] die ich kurz erläutere. Um die Sätze (1) bis (3) unter Berücksichtigung dynamischer Momente zu analysieren, werden positive und 0-Vektoren, Kraft-Tendenzen, deren Resultat, Ruhe und Handlungszustände, sowie Übergänge zwischen Handlung und Ruhe eingeführt. Abbildung 13 veranschaulicht die begrifflich-bildhaften Darstellungsmittel Talmys. Außer den oben genannten Sätzen (2) und (3) beschreibt Talmy zwei weitere Sätze, in denen die Ausgangssituation nicht in Bewegung, sondern in Ruhe ist.

---

53 Eine Integration dieser, an die physikalische Dynamik erinnernde Notation in die bereits eingeführte tiefensemantische Notation versucht Talmy nicht.

[+((·)] →	*The ball kept rolling because of the wind blowing on it.* Innere Tendenz des Agonisten: Ruhe (•); der Antagonist ist stärker (+); Wirkung der Kraft; der Agonist verändert seine Lage (→).
(>+))] →	*The ball kept rolling despite the stiff grass.* Innere Tendenz des Agonisten: Handlung (>); der Agonist (ball) ist stärker (+); Wirkung der Kraft: Der Agonist verändert seine Lage (→).
(>)) +] —•—	*The log kept lying on the incline because of the ridge there.* Innere Tendenz des Agonisten: Handlung (>); der Antagonist (ridge) ist stärker (+); Wirkung der Kraft: Der Agonist bleibt in seiner Lage (—•—).
[((+·)] —•—	*The shed kept standing despite the gale wind blowing against it.* Innere Tendenz des Agonisten: Ruhe (•); der Agonist (shed) ist stärker (+); Wirkung der Kraft: Der Agonist bleibt in seiner Lage (—•—).

Abbildung 13: Darstellungsformate für die Kraft-Dynamik bei Talmy

Für komplexere Beispiele benützt Talmy die Technik der „Aufblä-hungen", wie etwa in der folgenden Struktur (ibidem: 63):[54]

[the ball rolled along the green] RESULTed FROM [the force of [the wind blew on the ball] exceed the force of [the ball's tendency to rest acted on the ball]]

Eine erweiterte Form der Kraft-Dynamik stellt die Agentivität dar, die allerdings wie ein Grundbegriff fungiert. In Talmy (1976: Kap. 4; 2000a: 509ff.) wird der Begriff der Agentivität anhand des einfachen Satzes (1) erläutert (ibidem: 81):

(1)   I killed *the snail.*

Explikative Paraphrasen sind:

(2)   I killed the snail by doing something to it.
(3)   The snail died as a result of my hand hitting it.

Eine semantische Partikularisierung ergibt (4):

(4)   I killed the snail by hitting it with a stick.

---

54 Wie diese Verbildlichungen jedoch in eine linguistische oder eine kog-nitionswissenschaftliche Theorie einzubetten seien, bleibt offen. Dies bedeutet, dass analytische Paraphrasen und der Vergleich von Satzlisten (eventuell dazugehörige Grammatikalitäts- oder Akzeptabilitätsurteile sowie Homonymie-Entscheidungen) bereits das ganze Inventar der empi-rischen Methoden ausmachen.

Dazu ist wie in (3) eine analytische Paraphrase möglich.

(5)   The snail died as a result of a stick hitting it.

Bei genauerem Hinsehen wird klar, dass hier mehrere Ereignisse zugrunde liegen:

(a)   The snail died,
(b)   as a result of the stick hitting it,
(c)   as a result of my hand manipulating the stick.

Es liegt also eine kausale Kette vor, an dessen Ausgangspunkt (c) ein Handeln des Ichs bezogen auf ein Objekt steht. Talmy spricht von ACT ON (instrumentally). Außerdem muss dieses ACT ON willentlich, d. h. eine Handlung sein, so dass eine explizite Zerlegung die Tiefenprädikate INTEND, AUTHOR und AGENT erfordert. [55]

Für den vollständigeren Satz (6) gibt Talmy (ibidem: 87; 2000a: 515) eine längere Ableitung an.

(6)   I killed the snail by hitting it with my hand.

Die folgenden einfachen Sätze lassen stereotype und damit vorhersehbare, d. h. redundante Teile der Situation weg, die dennoch wiederfindbar sind (über situationstypische Routinen, „defaults"):

(7)   I killed the snail with my hand.
(8)   I killed the snail.

So ist in (7) die Kontaktinteraktion der Hand mit der Schlange nicht erwähnt und in (8) bleibt auch die Art des Instruments/Körperteils, welches den Willen und die Dynamik vermittelt, unausgedrückt.

Die Anwendung des Kraftbegriffes[56] vertieft das Thema der Kausalität (der kausativen Verben und Konstruktionen), das in

---

55 Die ausgeführten Ableitungen könnten in einer Handlungslogik konsequenter und überprüfbarer beschrieben werden. Eine solche Behandlung existiert (vgl. Brennenstuhl, 1975 und 1982 und Ballmer 1978). Da in den meisten sprachlichen Äußerungen die einfachen Verursachungs- und Handlungsmuster implizit bleiben, liegt es nahe, nicht auf komplexe sprachliche Paraphrasen, sondern auf imaginale Archetypen zurückzugreifen. Dies geschieht in der katastrophentheoretischen Semantik (vgl. die Fassung der Theorie in Wildgen, 1994a: 150ff. und Wildgen, 1999a).

56 Talmy verweist nur auf Whorf und Heider. Natürlich ist der Kraftbegriff auch für die Feldtheorien, die seit etwa 1920 in der Linguistik und in der Psychologie (Lewin) Eingang fanden, konstitutiv. Vgl. für die europäi-

Talmy (1976) ausführlich behandelt worden war. In einem erweiterten Rahmen können auch Aspekte des „hindern, lassen, unterstützen" (hindering, letting, helping; vgl. Talmy, 1988b: 49; 2000a: 409) bearbeitet werden (vgl. auch Soares da Silva [2000], Wildgen [2001b] und Soares da Silva [2006: Kap. 7]). Für eine ausführliche Behandlung kausaler Konnektoren im Deutschen siehe Graumann (2007).

Dass die Kraftdynamik von physikalischen Prozessen auf andere Bereiche übertragen werden kann, zeigen die folgenden Beispielsätze (Übersetzungen der englischen Beispielsätze von Talmy):

- Hans geht nicht aus dem Haus. // Hans kann nicht aus dem Haus gehen.
- Er schloss die Tür nicht. // Er weigert sich, die Tür zu schließen.
- Sie soll in den Park gehen. // Sie muss in den Park gehen // Es gelingt ihr, in den Park zu gehen.
- Er suchte die Ostereier (zielgerichtete Anstrengung). // Er fand die Ostereier (erfolgreiche Ausführung).

Die Sprache ist insgesamt als auf den Verständigungserfolg gerichtete Tätigkeit kraftbezogen. Dies deuten bereits zentrale Begriffe in tradierten Ansätzen an:

- Frege : Behauptungskraft,
- Austin: illokutionäre Kraft,
- Daneš: thematische Progression und „communicative dynamism".

Insgesamt führt Talmy eine ganze Reihe von Parametern zur Explikation der Kraft-Dynamik ein:

- statische Kraftmuster (steady-state force dynamic pattern),
- dynamische Kraftmuster (shifting force dynamic pattern),
- sekundäre statische Kraftmuster (secondary steady-state force dynamics pattern),
- Agentivität,
- unterschiedliche Erscheinungsformen und Teilaspekte der Kraft-Dynamik.

---

schen Vorläufer der Kognitionswissenschaften Wildgen (2001a). Die Tradition dynamischer Modellbildungen ist bereits im Werk von Goethe und Humboldt angelegt (vgl. Wildgen, 1983a) und sie lässt sich sehr weit in der Geschichte der Sprach- und Naturphilosophie zurückverfolgen (vgl. Wildgen, 1985b).

4.4   Anwendungsbeispiel: Vergleich der feineren Kategorisierungsraster im Englischen und Deutschen

Ich will im Folgenden ausprobieren, ob Talmys induktive Methode durch die Analyse von Beispielsätzen und deren Kontrastierung uns tatsächlich die von ihm behaupteten Beschreibungskategorien für geschlossene Klassen, d. h. für grammatikalisch-funktionale Kategorien liefert. Dazu betrachten wir jeweils die Übersetzungen seiner Beispielsätze:

(1)   Dieser Fleck ist *kleiner als* jener Fleck.
(2)   Dieser Planet ist *kleiner als* jener Planet.
(3)   Die Ameise lief *über* seine Hand. (across)
(4)   Der Bus fuhr *über* (durch) das Land. (across)

Die Beispielsätze enthalten jeweils eine kursiv markierte Komponente; sie ist Gegenstand der Analyse. Aus dem Vergleich/Kontrast des Satzkontextes wird die kategoriale Analyse gewonnen. Wenn die Übersetzung die Parallelität der kursiv markierten Konstituenten nicht erhalten kann bzw. wenn sie problematisch ist, so wird der von Talmy verwendete Ausdruck in Klammern angegeben.

Aus (1) bis (4) folgert Talmy, dass die kursiv gesetzten Elemente größen-neutral sind (magnitude-neutral).

(5)   Ich lief kreuz und quer *durch* den Wald.
(6)   Das Schiff fuhr kreuz und quer *durch* die See.
       (5') Ich lief im Wald *umher.*
       (6') Das Schiff fuhr auf der See *umher.*

(5') und (6') sind Varianten in der deutschen Übersetzung, Talmy möchte aus (5) und (6) eine Neutralität bezüglich des Weges schließen:

> "It can be first observed from a sentence-pair like (4) [entspricht (5), (6)], that the concept specified by *through* is indifferent to particulars of shape or contour in the linear path described by the moving object." (Talmy, 1988a: 5; 2000a: 27)

Diese Analyse ist insofern richtig, als die Art der Bewegung im Verb bzw. im Adverb spezifiziert ist und somit die Präposition nur einen gröberen, klassifikatorischen Inhalt hat.

Englisch	Deutsch
zig-zagged	kreuz und quer (fahren/laufen)
circled	(bei Schiffen) kreisen um herum (laufen)

Im Deutschen wird die Art der Bewegung durch Adverbialphrasen angegeben „kreuz und quer", „um herum", die ebenfalls zu einer geschlossenen Klasse gehören. Zumindest die Generalisierung im obigen Nachsatz erscheint dagegen fragwürdig.

(7)   Ich schlich *durch* die Wälder. (crept)
(8)   Ich flitzte *durch* die Wälder. (dashed)
(9)   Ich ging *durch* das Wasser. (walked)
(10) Ich ging *durch* die Wälder. (walked)

In (7) und (8) ist die Präposition neutral bezüglich der Geschwindigkeit der Bewegung („rate" of the motion, ibidem); in (9) und (10) neutral bezüglich des Mediums, in dem die Bewegung stattfindet (Wasser, Wald).

Weitere Arten der Neutralität sind:

• Neutralität bezüglich der Masse:

(11) *In* der massiven steinernen Vogeltränke.
(12) *In* der feinen (dünnen) Metall-Vogeltränke.

• Keine individuelle Spezifikation (wie bei Eigennamen); die nicht realisierbaren Sätze sind mit * markiert:

(13) Moses ging *durch* das Rote Meer.
(14) *Moses ging *amatzah* das Rote Meer.
      („amatzah" sollte die einmalige Art der Durchquerung als individuelle Präposition wiedergeben.)
(15) Jesus stieg *zum* Kalvarienberg hoch.
(16) *Jesus stieg *Station* Kalvarienberg.
      („Station" sollte ein spezifisches, in 12 Stationen gegliedertes Hochsteigen charakterisieren.)

• Substanzneutral aber nicht phasenneutral; d.h. flüssig aber gleichgültig aus welcher Substanz:

(17) durch das *Wasser* (through)
durch die *Milch*
durch das *Quecksilber*

Die Indianersprache, die Talmy zum Vergleich heranzieht, unterscheidet vier Präpositionen, welche dem Englischen ‚into' entsprechen:

(Äquivalent von ‚into':	1) – solide Substanz
(Äquivalent von ‚into':	2) – Flüssigkeit
(Äquivalent von ‚into':	3) – Feuer
(Äquivalent von ‚into':	4) – Leere

Im Deutschen funktioniert der Kontext: „Er fiel ins –" mit den letzten drei Nomina:

(18) Er fiel *ins Wasser.*
(19) Er fiel *ins Feuer.*
(20) Er fiel *ins Leere.*

Bei fester Substanz ist zumindest Penetrierbarkeit notwendig:

(21) Er stieß ihm das Messer in die Brust.
(22) Er trieb den Bohrer in den Stahl.

Neutral bezüglich der Geschwindigkeit, aber nicht bezüglich eines Bewegungszustandes:

(23) Ich schlich durch die Wälder.
(24) Ich ging durch die Wälder.
(25) Ich irrte durch die Wälder.

Daraus folgert Talmy eine Liste von begrifflichen Unterscheidungen, welche selten oder nie (rarely or never) durch grammatikalische Elemente spezifiziert werden:

selten	*nie*
absolute/quantifizierte Größen	Art des Materials
Form oder Kontur einer Linie	sensomotorische Eigen-
Geschwindigkeit (rate)	schaften
	Farbe

Nach dieser Negativliste nicht grammatikalisierbarer Eigenschaften stellt Talmy das Inventar der grammatikalisierbaren Eigenschaften auf.

Grammatische Kategorien kodieren häufig Inhalte, welche Talmy als dimensionales Raster anbietet (dimension). Wir wollen wieder induktiv vorgehen:

(26) Hans hat mich *angerufen*.
(27) Hans hat einen *Anruf* für mich getätigt. (John gave me a call.)
(28) Ich wurde von Hans *angerufen*.
(29) Ich erhielt einen *Anruf* von Hans. (I got a call from John.)
(30) Hans *half* mir.
(31) Hans war mir eine *Hilfe*. (John gave me some help.)
(32) Mir wurde von Hans *geholfen*.
(33) Ich erhielt *Hilfe* von Hans.

Der Kern der Verbbedeutung wird in (26), (28), (30), (32) im Verb kodiert; in (27), (29), (31), (33) in der Form eines Substantivs. Talmy spricht von einer Verdinglichung als Objekt in (27), (29) und einer Verdinglichung als Masse in (31), (33). Der Schluss von der Wortart (Verb, Nomen) auf eine semantische Kategorie erscheint hier fragwürdig. Außerdem müsste dann auch das Partizip „geholfen" als eine Umkategorisierung in Richtung auf eine Verdinglichung interpretiert werden.

Ebenfalls zur Kategorie „Dimension" rechnet Talmy die folgenden kategorialen Trennungen:

(34) *Hagel*(körner) kam(en) durch die Windschutzscheibe.
(35) Es *hagelte* durch die Windschutzscheibe.
(36) Es bildete sich *Eis* auf der Windschutzscheibe.
(37) Die Windschutzscheibe *vereiste*.
(38) Ich entfernte *den Kern* der Kirsche. (I removed the pit from the cherry.)
(39) Ich *entkernte* die Kirsche.

Er interpretiert die Unterschiede zwischen den jeweiligen Satzpaaren als eine Kodierung in Objekte (34, 36, 38) versus eine Kodierung in Masse. Man könnte ebenso von einer Inkorporation der Nomina: *Hagel, Eis, Kern* in die Verben *hageln, vereisen, entkernen* sprechen.

Ebenfalls zur Dimension in der Variante eines Identifikationsraumes rechnet Talmy die folgenden Kontraste:

(40) Wo kann *man* hier Zigaretten kaufen?
(41) Wo kaufen *Sie* (you) Zigaretten (Kontext: Ein Raucher spricht mit einem Passanten.)
(42) Wo kann *man* hier Zigaretten verkaufen?
(43) Wo verkaufen *Sie* (you) hier Zigaretten? (Kontext: Ein Tabakhändler fragt einen Kollegen, der das entsprechende Viertel kennt.)

Mit der Kategorie der Dimension korreliert ist der Vorgangsaspekt:

(44) Diese Straße *befindet* sich zwischen Delmenhorst und Bremen. (The road lies between Modesto and Oakland.)
(45) Diese Straße *geht* von Delmenhorst nach Bremen. (The road goes from Modesto to Oakland.)
(46) Der Zug *fuhr* 50 Meilen. (The train moved along for 50 miles.)
(47) Der Weg des Zuges *war* 50 Meilen lang. (The train's path covered 50 miles.)

Die Sätze (44) und (47) kategorisieren im Gegensatz zu den Sätzen (45) und (46) keinen Verlauf, sondern nur einen Zustand.

Diese Anwendung zeigt, dass die Kategorisierungsleistungen von Sprachen eine Vielfalt von Dimensionen betreffen und dass bei ihrer Analyse eine ganze Reihe von bisher nicht bekannten Regularitäten und Einschränkungen zum Vorschein kommt.[57]

4.5   Versuch einer zusammenfassenden Bewertung der Modellvorschläge Talmys

Die Forschungen von Leonard Talmy sind durch zwei Tendenzen geprägt. Auf der einen Seite steht der Sprachvergleich, der eine intuitive Einsicht in verschiedene Art und Weisen der Konzeptualisierung eröffnet (vgl. Kap. 2). Ausgangspunkt ist dabei für Talmy seine Dissertation zum Atsugewi; der Abschnitt zu kausalen Satelliten des Verbs und polysynthetischen Verben wird erneut

---

57 Für einen Vergleich von Englisch und Spanisch in Bezug auf die Realisierung von *manner* und *path* siehe auch Cifuentes-Férez und Gentner (2006).

in Talmy (2000b:176–212) wiedergeben. In dieser Indianersprache Kaliforniens verweisen verschiedene Präfixe des Verbs auf Verursachungsmomente. In Talmys Analyse werden die verschiedenen Bedeutungen durch abstrakt räumliche und dynamische Bilder veranschaulicht.[58] Die Dynamik hat dabei die nahe liegende Form eines Pfeils, Orte werden durch Punkte, Grenzen durch Linien dargestellt. Im Grunde steht damit bereits 1972 die Beschreibungssprache Talmys in ihren Grundzügen fest. Auf der anderen Seite kommt ab 1978 (Figure and Ground in Complex Sentences) und verstärkt in den 80er Jahren ein Bezug zur Wahrnehmungspsychologie hinzu, wobei der damaligen Tendenz entsprechend nicht mehr die behavioristische, sondern eine fortentwickelte Gestaltpsychologie als Bezugspunkt dient. In diesem Kontext sei darauf hingewiesen, dass Michotte bereits in der 30er Jahren des 20. Jh. Experimente zur Kausalitäts-Wahrnehmung durchgeführt hat (vgl. Wildgen 2001a); diese Traditionen wurden in Europa weitergeführt und mit den sich entwickelnden Kognitions- und Systemtheorien integriert (vgl. etwa dazu Haken und Stadler 1990). Auf diese europäischen Traditionen, auf die dort zentrale experimentelle Arbeit und auf die modernen Weiterführungen geht Talmy aber nicht ein.[59]

Eine dritte Tendenz wird gewisserweise im Keim erstickt, wobei wohl die anti-formalistische Grundsatzposition von Lakoff in seiner Abwendung von seinem früheren Weggefährten Chomsky ausschlaggebend war. Es kann im Gegenteil auch eine verschärfte De-Formalisierung parallel zu Entwicklungen in der generativen Grammatik selbst vorliegen, da diese nach 1965 weitgehend

---

58 Es gibt neben Anwendungen der Dynamik in der kognitiven Semantik auch solche der Kinetik. Die Bewegungslehre (Kinetik) ist der Dynamik (als Lehre von den Kräften, welche die Bewegung verursachen) vorgeordnet. Es gibt allerdings in der linguistischen Anwendung dieser Begriffe einige Verwirrungen. Vandeloise (1996) spricht von kinetischen Verben (z.B. Frz. *toucher*, berühren), der Titel seiner Arbeit lautet aber: Touching: a minimal transmission of energy. Betrachtungen zur Energie betreffen aber die Kräfte, gehören also in die Dynamik. Erstaunlicherweise wird Talmy in dem Artikel nicht erwähnt; die Tradition der Nicht-Erwähnung von Vorgängern „frisst ihre Väter".

59 In den USA haben Gibson (1979) und später Kelso (1995) diese Traditionen weitergeführt. Es gab somit genug inneramerikanische Ansatzpunkte für eine Kooperation mit jenen Kognitionswissenschaften, welche die Gestalttradition fortgeführt haben.

die strenge Mathematisierung zugunsten lediglich global plausibler Systemkonstruktionen aufgibt. Hinweise auf diese Tendenz gibt der frühe Aufsatz von 1977: „Rubber-sheet Cognition in Language", der implizit auf eine topologische Modellbildung (rubbersheet) verweist, sowie die vektoriellen Bilder in Talmys Aufsatz von 1988: „Force-dynamics in Language and Cognition". Leyton hatte bereits in mehreren Publikationen 1986 (vgl. Wildgen und Mottron, 1987: 163–167 für deren Besprechung) eine Verbindung zwischen Gestaltwahrnehmung und Grammatik hergestellt (allerdings unter Bezug auf Chomskys Transformationsgrammatik). Talmy erwähnt lediglich die späteren Publikationen Leytons (in: Talmy, 2000a: 555), obwohl dessen diskrete Formalisierung von Deformationskräften der Bildersprache Talmys in seiner „forcedynamics" am nächsten kommt.

Die Leytons Formalismen zugrunde liegende Differentialgeometrie wird von Talmy ebenfalls ignoriert (obwohl im Literaturverzeichnis zwei Arbeiten von Petitot aus den späten 90er Jahren angeführt sind; cf. ibidem: 556).[60] Diese Ausgrenzungs-Strategien kann man aus heutiger Sicht nur als politische verstehen.

In der Einleitung zur Sammlung seiner Aufsätze (Talmy, 2000a: 1–7) bezieht Talmy zur methodologischen Kontroverse Position. Da „kognitiv" für ihn „konzeptuell" bedeutet und da Konzepte nur über das menschliche Bewusstsein, d. h. introspektiv zugänglich sind, ordnet er die Semantik, als Disziplin, welche sprachlich realisierte Konzepte untersucht, einer Phänomenologie der Konzeptbildung im Kontext des Sprachgebrauchs zu:

"cognitive semantics centers its research on conceptual organization, hence on content experienced in consciousness. That is, for cognitive semantics, the main object of study itself is thus a branch of phenomenology, specifically, the phenomenology of conceptual content and its structure in language" (ibidem: 4)

Die Position, die Talmy in dieser Passage einnimmt, entspricht historisch in etwa derjenigen Brentanos Ende des 19. Jh., nach der

---

60 Bei meinem Aufenthalt in Berkeley habe ich meine eigenen Arbeiten zur katastrophentheoretischen Semantik (vgl. Wildgen, 1982a, beruhend auf meiner Habilitationsschrift von 1979) in einem Kolloquiumsvortrag vorgestellt. Die Arbeiten Thoms waren in den Kreisen der Kognitiven Grammatiker zwar bekannt, wurden aber als fremd (da mathematisch argumentierend) ausgeklammert.

psychische Phänomene zweifelsfrei nur durch innere Wahrneh-
mungsvorgänge (Introspektion) zugänglich seien. Von dieser Art
der Psychologie hat sich aber gerade die experimentelle Psychologie seit Ende des 19. Jh. gelöst und für eine kognitive Linguistik,
welche eine analoge Position einnimmt, ergibt sich ein grundle-
gender Konflikt mit der modernen (experimentellen) Psychologie und noch stärker mit der naturwissenschaftlich arbeitenden
Neuropsychologie und den Neurowissenschaften, für die eine int-
rospektive „Lehnstuhl-Methode" nicht mehr akzeptabel ist. Die
Weiterentwicklung der Phänomenologie bei Husserl und Heidegger (vgl. dessen Reflexionen zur Bedeutung in Kap. 1) kann jedoch
auch nicht als Basis empirischer Forschungen in der linguistischen
Semantik dienen; sie verweist vielmehr auf formale Ontologien
(vgl. Smith, 1982) oder auf eine Fundamentalontologie (Heidegger).
Somit bleibt der wissenschaftstheoretische und methodologische
Status der Kognitiven Grammatik bei Talmy unklar.

Was die Techniken der Grammatik-Schreibung betrifft, sind
die Arbeiten von Talmy (ausgehend von seiner Arbeit zum Atsugewi) aber sehr fruchtbar, da er in einer ausgiebigen Diskussion
sprachlicher Phänomene (an einer Vielzahl von Beispielen, auch aus
unterschiedlichen Sprachen) interessante Intuitionen, die teilweise
in Analogie zu kognitionswissenschaftlichen Modellen formuliert
sind, einbringt. Es gelingt ihm dadurch, die rigiden Begriffsraster
der traditionellen Grammatik zu durchbrechen, mehr Anschaulichkeit zu erzeugen und somit neue Verstehenshorizonte für sprachliche Erscheinungen zu öffnen (vgl. auch Croft (2007)).

5. Die Kognitive Bildsemantik (Langacker)

Zur Entstehung der Kognitiven Grammatik und ihrer Entwicklung hat sich Langacker anlässlich eines Vergleichs mit der Konstruktionsgrammatik (siehe Kap. 6) geäußert. In Langacker (2005: 157 f.) schreibt er:

> "As for Cognitive Grammar, research began in the spring of 1976. It was prompted by the realization that the competing linguistic theories at that time (the era of 'linguistic wars') were missing most of what seemed essential to language. In terms of theoretical formulation, I deemed it necessary to jettison everything and start from scratch. The basic ideas were in place within two or three years, and were presented in publications appearing in 1981 and 1982. During the intervening decades they have been greatly expanded and articulated, but I can honestly say that there have been no fundamental changes (apart from the name, originally Space Grammar)."

Das auffälligste Merkmal der Vorschläge Langackers lässt sich schon der Benennung seines Ansatzes als „Grammatik" entnehmen. Er versucht, innerhalb des erneuerten Programms, das er vorschlägt (siehe oben), möglichst die gesamte Grammatik in dem neuen Format bzw. gemäß den neuen Prinzipien neu zu schreiben. Das Ziel einer kompletten Sprachbeschreibung war in der generativen Grammatik nach anfänglichen Versuchen (siehe für das Deutsche die Reihe: Studia grammatica der Forschungsstelle „Strukturelle Grammatik" in Ostberlin) aufgegeben worden. So genannte Referenzgrammatiken für unterschiedliche Benützer sind bis heute meist mit bescheideneren theoretischen Zielen realisiert worden. Es mag wohl an diesem Anspruch liegen, dass die interdisziplinären Anleihen oder Absicherungen im Rahmen der Psychologie und der Kognitionswissenschaften nicht ausführlich dargelegt werden. Ich werde im Kap. 8 auf diese Problematik, die mehr oder weniger alle in diesem Buch behandelten Ansätze betrifft, näher eingehen.

5.1 Grundbegriffe

Langacker geht davon aus, dass die Grundstruktur der Bedeutungs-
welt, also jener „inneren" Welt, aus der Bedeutungen geschöpft und
in der sie verankert werden, in Form von Domänen (basic domains)
aufgebaut ist. Er unterscheidet:

- Zeitbereiche: Grundlage ist die Gerade der reellen Zahlen:
  Dimension = 1,
- Raumbereiche: Grundlage ist der dreidimensionale Anschau-
  ungsraum: Dimension = 3.

Diese Domänen nimmt er als genetisch/evolutionär begründet
an (Langacker, 1987: 148 f.); im Prinzip stellt er sich damit in die
Tradition des Apriorismus seit Kant, wie sie in der evolutionären
Erkenntnistheorie von Konrad Lorenz neu interpretiert wurde (vgl.
Wildgen, 1986b, 1987 und 1996).

   Als zweite, wesentlich reichere Schicht nimmt Langacker jene
Grunddomänen an, welche sich auf spezielle sensorisch-emotive
Bereiche beziehen; sie sind nicht aufeinander reduzierbar, auch
wenn es Koppelungen und Verbindungen gibt. Dazu gehören die
fünf Sinnesmodalitäten:

- Sehen (zwei- bis dreidimensionale visuelle Wahrnehmung,
  Helligkeitsstufen, Farbe, Textur, Figur),
- Hören,
- Schmecken, Riechen, Tasten,
- Emotive Domänen,
- Synästhetische Domänen (Langacker führt sie an, eventuell
  sind sie aber als nicht-fundamentale Domänen anzusehen, da
  sie die Kategorisierungen der „basic domains" verbinden, eine
  Synthese daraus formen).

Neben den Grunddomänen nimmt Langacker abstrakte Domänen
an (ibidem: 150). So wird das Konzept KÖRPER (BODY) im dreidimensionalen Raum durch seine räumliche Form spezifiziert, es
ist also auf Grunddomänen aufgebaut. Es fungiert wiederum selbst
als Basis für Konzepte höherer Ordnung, wie ARM → HAND →
FINGER → KNÖCHEL (am Finger). Abbildung 14 erläutert die
Struktur des hierarchischen Gefüges.
Generell sind die Domänen weiter bezüglich ihrer Dimensionen
spezifizierbar, wobei die Anzahl klar zusammengehöriger Dimen-

```
┌─────────────────────────────────────────────────────────────────┐
│  3-dimensionale visuelle Wahrnehmung (basic domain)               │
└─────────────────────────────────────────────────────────────────┘
                              ⇩
                 ┌───────────────────────┐
                 │     Form im Raum       │
                 └───────────────────────┘
                              ⇧
┌─────────────────────────────────────────────────────────────────┐
│  KÖRPER 1 Konstrukt auf der Grundlage der 'basic domains'         │
│  KÖRPER 2 als abstrakte Domäne                                    │
└─────────────────────────────────────────────────────────────────┘
                          ⇩
              ┌───────────────┐
              │     Hand       │
              └───────────────┘
                   ⇩
      ┌───────────────┐
      │    Finger      │
      └───────────────┘
```

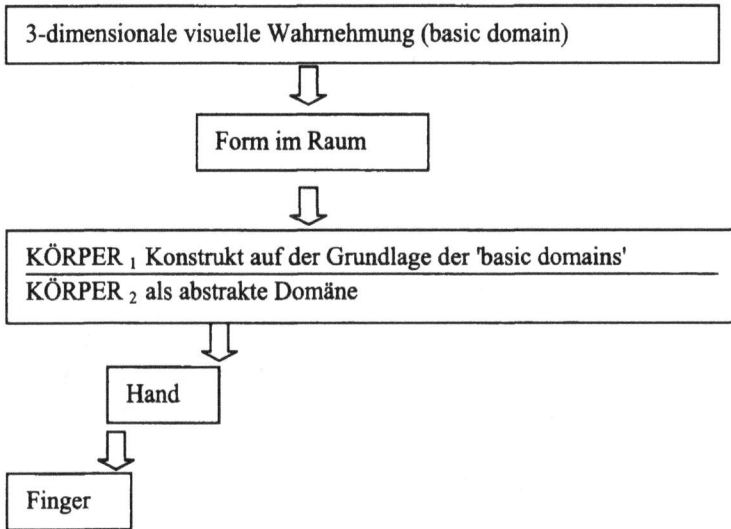

Abbildung 14: Hierarchie von Basisdomänen und abstrakten Domänen

sionen meist kleiner als vier ist. Der visuelle Raum kann zwei-/
dreidimensional sein, der Farbraum ist maximal dreidimensional
(Helligkeit, Färbung, Sättigung), der Raum natürlicher Zahlen
(1, 2, 3, …) ist eindimensional, der Verwandtschaftsraum ist zwei-
oder dreidimensional (Generationenabfolgen: z. B. Mutter–Sohn-;
Geschwisterbeziehungen; als zusätzliche Dimension kommt das
Geschlecht in Frage; vgl. Kap. 2.1.2). In vielen Bereichen (z. B. bei
polaren Adjektiven) herrschen eindimensionale Ähnlichkeitsska-
len vor, die insgesamt aber einen nur schwer gliederbaren Gesamtraum ergeben.[61]

In Bezug auf eine spezifische Dimension sind die Domänen
geschlossen (bounded) oder *offen* (unbounded). Die grundlegenden
(angeborenen) Domänen von Raum und Zeit scheinen offen zu sein
(ibidem: 151), die anderen Grunddomänen sind meist geschlossen.
Die abstrakten Domänen können den Fußpunkt einer Skala an ver-

---

61 Vgl. aber Osgood (1976) und seine Projektion der Adjektiv-Skalen auf den
    dreidimensionalen Faktorenraum: E(valuation) – P(otency) und A(ctivity).
    Langacker erwähnt ihn nicht; eventuell wirkt hier das Verdikt Chomskys
    gegen die behavioristische Psychologie nach (Osgood wird zu den Neo-
    behavioristen gezählt).

schiedenen Grenzpunkten ansetzen, d. h. sie enthalten einen konventionellen 0-Punkt. Die Skalen, d. h. die strukturierten Dimensionen mit mindestens einer Grenze, sind entweder kontinuierlich oder diskret. Langacker nimmt die Raum-Zeit als kontinuierlich, die anderen Dimensionen aber als diskret skaliert an.[62] Da sich nicht alle Dimensionen in natürlicher Weise in *einen* Gesamtraum integrieren lassen, schlägt Langacker den Begriff einer *Matrix* vor, in der alle nicht eng zusammengehörigen Dimensionen erfasst werden. Damit verbunden ist Langackers Unterscheidung zwischen *„positional"* und *„configurational"*. In einem (mehrdimensionalen, kompakten) Raum finden wir Positionen vor; in einer Matrix lediglich Konfigurationen.[63] Auf dieser Basis bestimmt Langacker die Bedeutung eines Wortes. So ist die Bedeutung des Wortes *Banane* in folgender Weise beschreibbar:

- Ausdehnung im Raum (R3; basic domain),
- visuelle Form (Sinnesmodalität),
- ein charakteristischer Farbbereich (z. B. gelb),
- ein Wertebereich bezüglich Geschmack und Geruch,
- Spezifikation bezüglich mehrerer abstrakter Domänen,
  - sie sind essbar,
  - sie wachsen in Büscheln an Stauden,
  - sie werden aus tropischen Gegenden importiert usw.

Da nicht alle Besonderheiten unseres Wissens über Bananen für die allgemeine Sprachanwendung den gleichen Stellenwert haben, führt Langacker den Begriff der *Zentralität* ein; er korreliert mit den Qualitäten: konventionell, generisch, intrinsisch, charakteristisch. Die Zentralität einer Bedeutungskomponente ist selbst kontext- und verwendungsabhängig.

---

62 Eine theoretische Auseinandersetzung mit diesen in der wissenschaftstheoretischen Literatur häufig diskutierten Problematiken wird von Langacker vermieden; vgl. aber Fußnote 70.

63 In einem kompakten Raum mit erlaubten Koordinatentransformationen erhalten wir jedoch wiederum Konfigurationen, z. B. die Konfiguration Dreieck im Gegensatz zu einem spezifischen Dreieck. Hier wäre eine mathematische, z. B. eine differentialtopologische Diskussion angemessen. Alle mathematischen „Sprachsysteme" werden aber als künstliche Systeme (siehe Lakoffs Fundamentalkritik an der „Formalistic Enterprise") ausgeklammert (vgl. Lakoff, 1987: Kap. 14).

Den Bezug einer Wortbedeutung zur semantischen Matrix stellt sich Langacker nach dem Modell der semantischen Netze in Wissens-Repräsentations-Systemen vor. Es gibt für jedes Konzept einen *Knoten* im Netzwerk, Langacker (ibidem: 163) spricht von „point of access" oder „access mode". Von diesem Knoten aus ist eine offene Menge von Relationen zugänglich, welche zur Bedeutung des Knotens beitragen können.

Zu den wohl zentralsten Bedeutungskomponenten für Konkreta gehört deren visuelle *Form* (vgl. Katze, Maus), es können aber auch andere Bestimmungen in den Vordergrund treten. Langacker vergleicht dazu: *Kaviar* und *Rogen* (Fischeier generell). Beim Begriff KAVIAR ist der Essenskontext (das entsprechende Wissens-Netz) primär, im Fall von ROGEN ist das biologische Netzwerk der Reproduktionsabläufe bei Fischen primär. Diese jeweiligen Wissensbereiche nennt Langacker „primary domains" (Primärdomänen). Damit hängt die Unterscheidung zusammen, die Langacker zwischen *Profil* und *Basis* macht. Die Basis ist durch die bereits erläuterten Räume bzw. Matrizen, sowie die Netzwerke, Zugangshierarchien, die Zentralität und die Primärdomänen spezifiziert. Das *Profil* hebt eine Teilstruktur hervor und hierarchisiert damit die Struktur. Für den Begriff Hypotenuse z. B. bildet das rechtwinkelige Dreieck die Basis. Das Profil kann grafisch durch Hervorhebung des Profils oder Entfernung der Basis dargestellt werden (vgl. Abbildung 15).

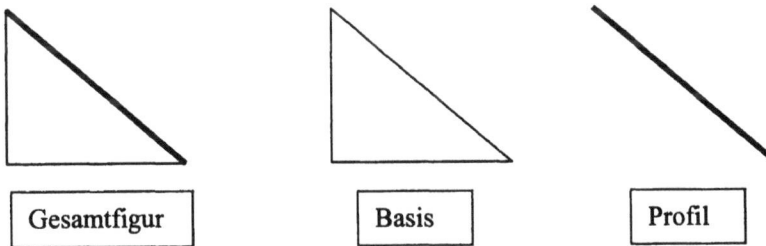

| Gesamtfigur | Basis | Profil |

Abbildung 15: Basis und Profil für den Begriff „Hypotenuse"

Eine kompliziertere Basis-Profil-Beziehung zeigen die Sätze (a) bis (d) und ihre Visualisierungen in Abbildung 16:

(a) Die Lampe über dem Tisch.
(b) Der Tisch unter der Lampe.

(c) Das Bein des Tisches unter der Lampe.
(d) Das Licht von der Lampe über dem Tisch.

(vgl. Langacker, 1988: 60)

Die entsprechenden Darstellungen mit Bezug auf die fundamentale Domäne *Raum* ergibt vier Bilder (mit Hervorhebung des Profils in Fettdruck).

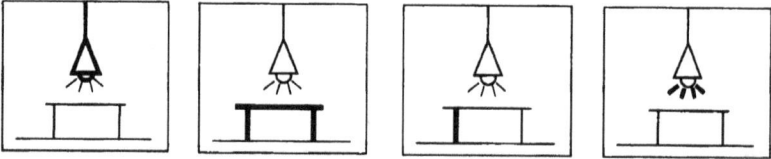

Abbildung 16: Schematische Darstellung der vier Sätze nach Langacker (1988: 61)

Die vorherigen Unterscheidungen heben die zentrale Thematik der Kognitiven Grammatik Langackers, deren Bildhaftigkeit (imagery) hervor. Sie motivierte auch dessen frühere Benennung als „Bild-Grammatik". Obwohl die ausführliche Verwendung bildhafter Schematisierungen das herausstechende Merkmal des Ansatzes Langackers ist, hat er mit der Weiterentwicklung seines Modells die Bild-Technik als lediglich heuristisches Darstellungsmittel zurückgestuft.

In der These E zu Beginn seiner Abhandlung „A View of Linguistic Semantics" stellt Langacker die folgende Forderung auf:

"Thesis E: Semantic structures incorporate conventional „imagery", i.e., they construe a situation in a particular fashion." (Langacker, 1988: 50)

Wie er später (ibidem: 63) ausführt, versteht er 'conventional imagery' nicht im Sinn der experimentellen Psychologie (z. B. Shepard 1978), sondern in einem sehr subjektiv-intuitiven Sinn:

"I refer instead to our amazing mental ability to 'structure' or 'construe' a conceived situation in many alternate ways." (ibidem: 63)

Wie er weiter ausführt, bedeutet „conventional imagery" nicht viel mehr als „content". [64] Die Unterscheidung besteht eher in einer Darstellungsbequemlichkeit („expository convenience"). Immerhin führt Langacker sechs Dimensionen der Bildhaftigkeit (imagery) ein:

(a) Die Ebene der Spezifikation
     Beispiele: move (1) → locomote (2) → run (3) → sprint (4)
     animal (1) → reptile (2) → snake (3) → rattlesnake (4) → sidewinder (5)
(b) Die Hintergrundannahmen und -erwartungen
     Beispiele: das Glas ist halb-leer (→ es soll voll sein)
     das Glas ist halb-voll (→ es ist nicht mehr leer)
(c) Die sekundäre Aktivierung: Besonders deutliche Beispiele sind Metaphern, etwa wenn jemand, der unersättlich ist, als *Schwein* (glutton → pig) bezeichnet wird.
(d) Skalen und der Skopus der Prädikation
     Manche Wörter sind deutlich skalenabhängig; bei ähnlicher äußerer Form kann man unterscheiden zwischen:
     – Kontinent – Insel
     – Meerbusen (bay) – Bucht (cove)
(e) Die relative Prägnanz von Teilen
     Neben der bereits genannten Unterscheidung von Basis und Profil verweist Langacker auf die für seine Darstellung von Verbbedeutungen zentrale Unterscheidung von „trajector" und „landmark" (Trajektorie und Hintergrundmarkierung bzw. Grenzpunkt). Die Trajektorie ist bei einer Fortbewegung das prägnantere, der Grenzpunkt schafft den Bezug für die Fortbewegung, man könnte auch von dem Koordinatensystem sprechen, in dem sich ein Punkt bewegt.
(f) Die Perspektive
     Unter dieser Dimension fasst Langacker mehrere Faktoren zusammen:
     – Orientierung (z. B. links, rechts)
     – Gesichtspunkt (z. B. des Sprechers, vom Ort des Sprechers aus usw.)

---

64 Die Bilddarstellungen sind also konventionelle Diagramme, die man als Symbolisierungen einer nicht weiter spezifizierten Aussage über Bedeutungen verstehen soll.

 – Richtung (oben – unten; vorne – hinten; zuerst – später in
 abstrakten Kontexten)

Eine Darstellung, welche Distanz zum Sprecher (genauer zum „con-
ceptualizer") wahrt, ist nach Langacker „objektiv", bzw. optimal;
sie sollte nahe am Sprecher und perzeptuell gut erfassbar sein. Sie
wird als „subjektiv" bezeichnet, wenn die Sichtweise des Sprechers
einfach als Horizont vorausgesetzt wird, das perzipierte Objekt
also nicht eindeutig vom Subjekt und dessen partieller Perspektive
getrennt werden kann, dies ist insbesondere bei deiktischen Ausdrücken der Fall (vgl. Langacker 1987: 128ff.).

Insgesamt werden die semantischen Vorstellungen durch eine
Auswahl besonders relevanter vorstellungsbezogener Sprach-
verwendungen definiert und nicht über die Ergebnisse der psycholinguistischen Forschungen zum Phänomen der mentalen Bilder.
Es geht also eher um eine *grammatische* Imaginalität, die intuitiv erfassbar und zumindest teilweise bewusstseinszugänglich ist.
Schwierig wird das Unterfangen, wenn ganze Sätze und komplexe
Zusammenhänge in ihrer inhaltlichen Aussage vermittels Bildsche-
matisierungen beschrieben werden sollen. Genau dies versucht
Langacker in seiner Kognitiven Grammatik, wobei er sich relativ strikt an den klassischen Aufbau einer Grammatik hält, die er
sozusagen Kapitel für Kapitel verbildlicht.[65] Das Ausgangsproblem
stellt natürlich die Prädikation dar.

5.2 Die Wortarten und die Prädikation

Langacker betont, dass nicht alle traditionellen Wortklassen kognitiv definierbar sind:

"First, I do not hold that all grammatical classes are strictly definable
in notional terms: the claim is specifically made only for nouns, verbs,

---

65 Dass Dinge, deren Teile oder die Perspektive, unter der die Dinge gesehen
werden, in bildhafter Form darstellbar sind, ist in gewisser Weise nicht
neu, da die bildende Kunst genau dies als Aufgabe hatte (zumindest bis
zur Erfindung der Fotografie). Wenn die Dinge und Sachverhalte vorher
in sprachlicher Form gegeben sind (etwa als Bibeltext), illustriert das Bild
den Text, d.h. es gibt ausgewählte Inhalte in bildhafter Form wieder. Zur
visuellen Semiotik vgl. Wildgen (2004b und 2005d).

and their major subcategories (count vs. mass nouns, and the corresponding aspectual subclasses for verbs). The membership of many grammatical categories (e.g., the class of morphologically irregular verbs in English) is essentially arbitrary from a semantic standpoint, and in many other cases meaning is only one of the factors involved, or is less than fully predictive." (Langacker, 1990: 59)

Selbst bei dieser Beschränkung, die ähnliche Einschränkungen in der klassischen Bedeutungsanalyse der Logik (vgl. die Unterscheidung von kategorematischen und synkategorematischen Ausdrücken) oder auch der „leeren" Wörter bei Tesnière implizit wieder aufnimmt, bleibt, wie Langacker offen zugesteht, die Überprüfung dieses Anspruchs problematisch. Wie schon in der generativen Grammatik wird die holistische Evaluation des Beschreibungssystems als einzige Möglichkeit der Überprüfung dieses theoretischen Ansatzes ins Auge gefasst.

"One cannot reasonably expect that the import and motivation of a particular point will be evident when it is examined in isolation, or require that independent psychological evidence must establish the cognitive reality of each such construct (no linguistic theory satisfies such demands)." (ibidem: 60)

Auf die Wortarten-Charakterisierung in kognitiven Begriffen wendet Langacker einerseits das Konzept des Prototyps an, d. h. die kognitive Beschreibung gilt zuvorderst für zentrale Vertreter, z. B. der Kategorie Nomen, Verb, Adjektiv usw.; sie wird generalisiert und trifft weniger deutlich auf periphere Mitglieder zu. Andererseits führt er einen Schema-Begriff (vgl. Fillmores „frame" und Schanks „schema" u. a.) ein.

"A schema is an abstract template representing the commonality of the structures it categorizes, which thus elaborate or instantiate it; e.g. the concept [TOOL] bears a relationship of schematicity to such notions as [HAMMER] and [SAW]." (ibidem: 59)

In den einzelnen Anwendungen wird das Schema spezifiziert; es bildet quasi den Hintergrund aller speziellen Ausformungen einer Kategorie. Für die Kategorien Nomen und Verb (die als universal angesehen werden) wird ein allgemeines Schema entwickelt, das dann in der Beschreibung der Subklassen von Nomina und Verben als Basis für Ausarbeitungen („elaborations") und Spezifikationen im Kontext des Gebrauchs („instantiations") dient. Das Schema ist im Ansatz das, was in der Konstruktionsgrammatik (vgl. Kap. 6) die Konstruktionen sind.

Die Prädikation ist bei Langacker ganz generell eine semantische Struktur. Als Bereich („domain") der Prädikation kann jede kognitive Struktur auf unterschiedlichen Komplexitätsebenen dienen:

> "Any cognitive structure – a novel conceptualization, an established concept, a perceptual experience, or an entire knowledge system – can function as the domain for a predication." (ibidem: 61)[66]

Langacker (1987: 183) unterscheidet zwischen *nominaler* und *relationaler/prozessualer* Prädikation (sie sind Teil des Konstruktes „designation"). Die nominale Prädikation bezeichnet ein Ding (thing). Er sagt:

> "A symbolic structure whose semantic pole designates a thing is categorized as a noun."

Langacker diskutiert einige Kriterien für das Ding, dazu gehören: die *raumzeitliche Begrenzung*, die *Abtastvorgänge* bezüglich der *räumlichen Begrenzungen* eines Dinges und die interne Homogenität (für Substanzen).

Die *raumzeitliche Begrenzung* lässt so genannte Domänen (D) entstehen, wobei die Begriffe „Begrenzung" und damit „Domäne" auch jenseits raum-zeitlicher Kontexte anwendbar sein sollen (vgl. oben).

Beispiele:

- Kreis, Linie, Dreieck; 2-D-begrenzte Objekte.
- Punkt, Streifen (spot, dot, stripe); 1-D-begrenzte Objekte im Raum.
- Moment, Augenblick, Periode; zeitlich 1-D-begrenzte Objekte.
- Rot, Blau, Gelb; Grau, Weiß, Schwarz; jeweils 1-D-begrenzte Objekte im Farbraum; bei der ersten Gruppe definiert die Färbung, bei der zweiten Gruppe die Helligkeit eine 1-D-Skala mit begrenzten Zonen.

Die Begrenzung kann auch höhere Organisationsstufen betreffen, so ist ein Bogen (Kreisbogen) Teil des Kreises und die Hypotenuse ist Teil des rechtwinkeligen Dreiecks. Ähnliches gilt für Körperteile: der Fingerknöchel (knuckle) ist Teil des Fingers usw. Die

---

66 Vgl. Wildgen (2002), für eine andere kognitiv motivierte Definition der Prädikation.

räumliche Abgrenzung kann vor einer abstrakt relationalen (diskreten) Struktur zurücktreten. Dies wird besonders deutlich bei relationalen Nomina, wie: top, center, edge, surface, end. Noch abstrakter sind z. B. Verwandtschaftshierarchien, obwohl es auch dort zeitlich/räumliche Grenzen gibt, z. B. Mutter-Sohn; die Geburt zieht die endgültige Grenzlinie zwischen beiden Filialgenerationen (vgl. dazu Kap. 2.1.2.).

Eine weitere Komplikation bilden virtuelle Grenzen; so ist eine Figur auch aus Teilen oder über Komplemente rekonstruierbar. Langacker integriert an dieser Stelle eine Reihe von Ergebnissen der Gestaltpsychologie, ohne diese Tradition aber systematisch auszuwerten oder genauer zwischen perzeptuellen und semantisch-kognitiven Leistungen zu unterscheiden. Immerhin ist in diesem Bereich die Möglichkeit einer engeren Koordination zwischen Gestaltwahrnehmung und Semantik angedeutet. Die Fortsetzung von Konturen (als Gestaltleistung) ermöglicht z. B. Begriffe wie *Beule* oder *Kuhle* (vgl. Fig. 5.7 in Langacker, 1987: 195).

Bei den *Abtastvorgängen* unterscheidet Langacker drei Grundtypen, die in Abbildung 17 (vgl. ibidem: 209) dargestellt sind.

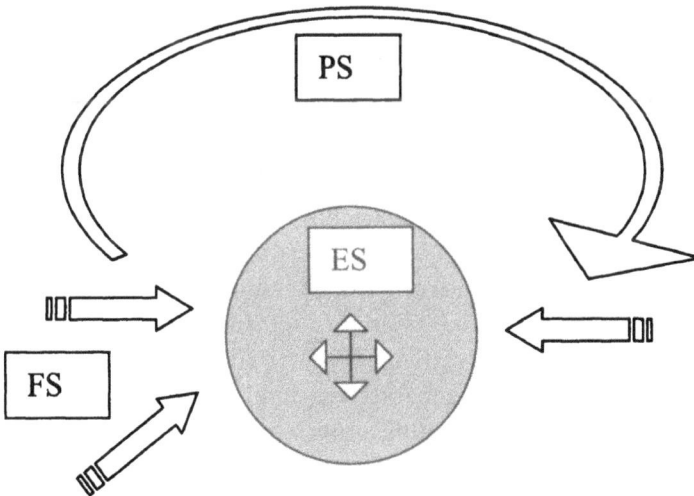

Abbildung 17:   Drei Arten von Abtastvorgängen (FS, ES, PS)

- „field scanning" (FS); lineares Abtasten außerhalb der Figur, so dass Außenwände erfahren werden (als Grenzübergänge).
- „expanse scanning" (ES); es ereignet sich innerhalb der Figur und ertastet den Innenrand der Figur.
- „periphery scanning" (PS); es folgt den Rändern (entlang). Dadurch werden die Stetigkeit und der topologische Zusammenhang der Grenze erfasst.

Komplizierte Grenzen, etwa in Beispielen wie: Archipel, Schwarm, Wald u.ä. zeigt Langacker (1990: 66) ebenfalls auf.

Ein drittes Kriterium für die Objekthaftigkeit stellt die *interne Homogenität* dar. Manche Dinge sind weniger durch die äußere Kontur, die sehr variabel sein kann, als vielmehr durch den inneren Zusammenhalt, die Kohäsion definiert (Langacker, 1987: 205, spricht von „homogeneity"). In der Grammatik trifft dies z. B. auf die Kategorie der Substanznomina (mass noun) zu.

Beispiele: Wasser, Milch, ...// Gas, Wolke, // Erde, Salz, ... // Fleisch, Brot

Diese Entitäten sind ausdehnbar, vermehrbar oder kontrahierbar; sie sind teilbar, ohne dass ihre Identität dabei verloren geht.

5.2.1 Nomina und Nominalisierungen

Viele Nomina sind das Ergebnis eines grammatischen Prozesses, der die Wortart verändert, z. B. vom Verb zum Nomen, vom Adjektiv zum Nomen usw. (vgl. auch den ähnlichen, aber in der Kognitiven Grammatik nicht berücksichtigten Begriff der „translation" bei Tesnière, 1959). Die „Nominalisierungen" genannten Nomina werden häufig als semantisch äquivalent mit den Ausgangswörtern behandelt, z. B. zerstören → Zerstörung; laufen – (das) Laufen. Die Kognitive Grammatik verneint diese Äquivalenz. Die Morpheme, die eine Nominalisierung markieren (-ung, Ø-Morphem) sind nicht bedeutungslos; der Bedeutungsunterschied kann z. B. das Profil in Bezug auf die kognitiven Kategorien *trajector* und *landmark* betreffen; aber auch implizierte Instrumente, Ergebnisse, Situationen können in der Nominalisierung ins Profil rücken (d. h. ihr Profil dominiert in der zusammengesetzten Struktur; vgl. ibidem, 24).

Beispiele (vgl. für entsprechende englische Beispiele in Langacker, 1991: 23 ff.):

- *Trajector* im Profil (als inneres Subjekt):
  Tänzer (das sich bewegende/handelnde Subjekt steht im Profil)
  Koch (das sich bewegende/handelnde Subjekt steht im Profil)
  Richter (das sich bewegende/handelnde Subjekt steht im Profil)
  Sänger, Läufer, Schreiber, Angreifer usw.

- *Landmark* im Profil (als inneres Objekt):
  der Angeklagte (das Objekt des Verbs steht im Profil)
  der Tanz (er/sie tanzt einen Tanz, eine Figur ...)
  das Gedicht (er/sie dichtet einen Text)

Als weitere innere Objekte (Landmark-Varianten) treten auf:

- *Instrument* im Profil:
  Bohrer (das, womit man bohrt, steht im Profil)
  Schläger (womit man schlägt)
  Flieger (womit man fliegt)

Manche dieser Nominalisierungen sind zweideutig in Bezug auf die Rollen Agens und Instrument.[67] Manchmal ist außerdem nicht klar, welches die Basis ist: das Verb oder das Nomen:

hämmern   →   Hammer (das Instrument wird ins Profil gestellt)

Hammer   →   hämmern (die Tätigkeit wird ins Profil gestellt)

Langacker stellt diese Operation als graphische Hervorhebung wie in Abbildung 18 dar (vgl. ibidem: 24). Ausgangspunkt sind die beiden Konstituenten der Nominalisierung, der Verbstamm V und das Ableitungsmorphem, welches die Nominalisierung bewirkt NR (Nominalisierer). Ihre Kombination ergibt schließlich die profilierte Struktur des Nomens (dieses erbt die Profilierung des Nominalisierers NR); die gestrichelte Verbindungslinie gibt die Korrespondenz zwischen dem spezifischen verbalen Prozess und dem schematischen Prozess des Nominalisierers an.

---

67 Langacker (1991: 285) gibt die folgenden Definitionen: "The archetypal **agent** is a person who volitionally initiates physical activity resulting, through physical contact, in the transfer of energy to an external object" und "An **instrument** is a physical object manipulated by an agent to affect a patient; it serves as an intermediary in the transmission of energy."

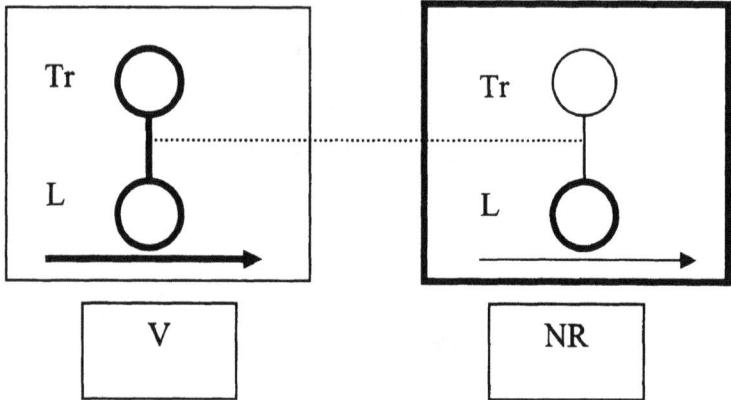

Abbildung 18: Bezug zwischen V (Verbstamm) und NR (Nominalisierer)

Die Konstruktion erzeugt ein gegenüber dem Verb neues Profil, bei
dem die Hervorhebung des Lm vom Nominalisierer geerbt wird.
Die in diesem durch die fette Rahmung angegebene Schemafunktion
wird dagegen aufgehoben.

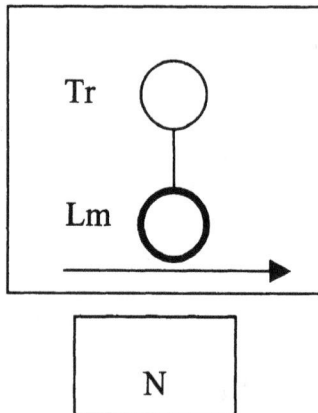

Abbildung 19: Profilierung in der Nominalisierung

Da Langacker nur binär zwischen Trajector und Landmark unterscheidet, muss er die möglichen Objekte des Verbs (direktes,
indirektes, präpositionales Objekt) auf eine Kategorie Landmark

reduzieren. Man kann z. B. drei Typen der Nominalisierung unterscheiden:
Beispiele (Langacker, 1991: 23):

- drafter, advice, choice (Objekt)   –   z.B. dt. Wahl
- rocker, walker, probe (Instrument)   –   z.B. dt. Bohrer
- painting, bruise, mark (Produkt)   –   z.B. dt. Quetschung

Dabei wird jedes Mal der Landmark ins Profil gesetzt, d. h. drei unterschiedliche Typen werden zu einem einzigen „komprimiert"; damit kapituliert die bildhafte Darstellung vor dem zentralen Problem der Valenz oder der Tiefenkasus („case roles").

Ein zweiter Typ der Nominalisierung wird zusätzlich zu einem (einfachen Verb) realisiert, er expandiert dieses. Man spricht in der deutschen Grammatik von einem „Funktionsverbgefüge". Der semantische Effekt ist die Aufhebung der Prozessualität des Verbs als „Abkapselung" der Gesamtheit der Zustände. Diese Einheit ist im Verb selbst nur latent gegeben (gestrichelte Linie in Abbildung 20; vgl. ibidem: 24).
Beispiele im Deutschen sind:[68]

- eine Wanderung / einen Spaziergang machen/unternehmen;
- einen Schrei ausstoßen;
- eine Handlung ausführen;
- einen Stoß erhalten.

In Abbildung 20 wird der Unterschied bildhaft dargestellt (vgl. ibidem). Das Verb ist durch eine Abfolge von Zuständen, die jeweils vom Typus der Relation sind, dargestellt. Die zusammenfassende Gestalt bleibt latent (gestrichelte Ellipse). Die Nominalisierung im Funktionsverbgefüge stellt diese Gestalt ins Profil (durchgezogene Ellipse) und die Abfolge der Zustände (den Prozess) in den Hintergrund (verblasst). Auch der Zeitpfeil ist nicht mehr profiliert. Langacker argumentiert, dass der im Verb dargestellte Prozess inhärent eine Region enthalte (ibidem: 24); diese kann als Abfolge statischer Relationen profiliert werden.[69]

---

68 Langacker (1991: 24) nennt folgende Beispiele: "take a *walk*, make a *throw*, do an *imitation*, give out a *shout*, have an *argument*, witness an *explosion*, see a *flash*, perform an *operation*, receive a *nudge*, cop a *feel*, deliver a *kick*."

69 Peirce hat in seiner grafischen Logik (vgl. Wildgen, 1985b: 72–75 und 1999a: 12–16) die Möglichkeit durch eine gestrichelte geschlossene Kurve,

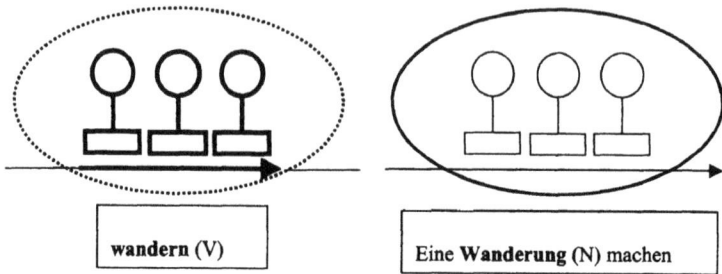

| wandern (V) | Eine **Wanderung** (N) machen |

Abbildung 20: Unterschied zwischen Verb und Verb-Nominali-
sierung im Funktionsverbgefüge

In ähnlicher Weise werden von Langacker auch Konstruktionen
mit Hilfsverben behandelt:

Sylvester is {walking/complaining/sleeping}.

Wie er selbst in der Folge ausführt, gibt es weitere Komplikationen
der Semantik, die seine Darstellungstechnik überfordern. Wenn
aus einem Nomen Verben gebildet werden, muss häufig ein Pro-
zess-Typ, der in der Ausgangsrepräsentation nicht gegeben ist, hinzugefügt werden.

Beispiele:

- salt (salzen)   – Salz hinzugeben;
- peel (häuten)   – Haut *wegnehmen, entfernen*
- glue (kleben)   – mit einem Kleber *zusammen-
                                   fügen*
- köpfen (einen Fußball) – mit dem Kopf (einen Fußball)
                                   wegstoßen

Es bleibt zu klären, wo diese Prozess-Typen bei der Verbalableitung
herkommen, d. h. welche relativ konkreten Schemata auf welcher
Basis generiert werden, d. h. es müsste ein default-Inventar verfüg-

die Negation durch eine volle Kurve dargestellt. Diese grafische Darstellung hat allerdings eine äquivalente Logik der Modalität bzw. Negation
als Hintergrund. Bei Langacker wird kein Bezug zu einer ausgearbeite-
ten Theorie der Modalität hergestellt. Zur Dynamik der Modalität siehe
auch Brandt (1990 und 1992).

bar sein, aus dem dann eine Struktur gemäß der Passung mit der
Wortbildung ausgewählt wird. Vorschläge dazu wurden in Wildgen
(1998b) im Rahmen einer Dynamischen Semantik gemacht.

5.2.2 Relationen und Prozesse

Eine besondere Herausforderung für eine imaginale Grammatik
stellen seit den radikal sensualistischen Sprach- und Zeichentheo-
rien, z.B. bei Condillac (vgl. Wildgen, 1985b, 1986a) abstrakte,
logische oder gar mathematische Begrifflichkeiten dar. Langacker
versucht zuerst zeitlose Relationen und Prozesse mit den Mitteln
seiner „Bilder-Semantik" darzustellen.

Die abstrakte, zeitlose Relation aktiviert zugleich die Relata und
deren Beziehung, weshalb Langacker (1987: 215) als grafische Darstellung zwei abstrakte Einheiten (Rechtecke; Dinge werden durch
Kreise dargestellt) mit verbindenden Balken vorschlägt.

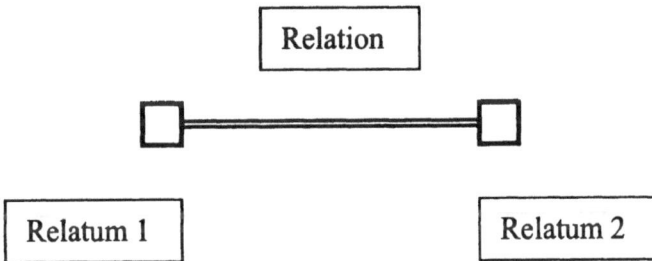

Abbildung 21:   Die Darstellung atemporaler Relationen

Die grundlegenden Relationen sind nach Langacker (ibidem: 230)
die *logischen* Relationen:

A *in* B, A *disjunkt* von B, A *gleich* B, A *assoziiert* mit B

Zeitlose Relationen können auch komplex sein. Eine Form der
Komplexität besteht darin, eine Mehrzahl von Relationen oder/und
eine implizite temporale Achse zu haben. Langacker (1987: 221) analysiert das Partizipialadjektiv *broken* (z.B. in: a broken cup). Das
Verb *break* bezeichnet eine kontinuierliche Serie von Phasen, von
denen im Falle von *broken* nur der Endzustand hervorgehoben ist.
Langacker diskutiert außerdem (1987: 242f.) einige Klassen atem-

poraler Relationen, die er mit den traditionellen Wortarten in Verbindung bringt.

- Adjektive: Sie haben ein Ding als „trajector", ihr „landmark" kann auch nicht elaboriert sein (ibidem).
- Adverbien: Sie haben eine Relation als „trajector", ihr „landmark" wird normalerweise nicht weiter ausgeführt.
- Präpositionen: Sie können je nachdem, ob der „trajector" ein Ding (a girl like Sally) oder eine Relation (walk with a lamp) ist, adjektivischen oder adverbialen Charakter haben. Das „landmark" wird typischerweise realisiert (elaboriert).
- Verbpartikel: Sie werden semantisch wie Präpositionen behandelt, deren „landmark" eben nicht realisiert (elaboriert) ist.

Beispiele:

(1) She turned the lights *on*.
(2) She turned *on* the lights.
(*on* hat kein eigenes Objekt)

Zur semantisch-grammatischen Darstellung von Prozessen führt Langacker als zentralen Begriff den des Zeitprofils („temporal profile") ein:

> "The span of time during which its [= the process; d. A.] evolution is tracked is referred to as the **temporal profile** of the process." (ibidem: 244).

Die Richtung des Prozesses ist immer positiv, jede Komponente (Zustand) nimmt nur einen Punkt ein und hat damit eine zeitliche Ausdehnung vom Wert 0. Obwohl es deshalb unendlich viele Zustände innerhalb eines Prozesses gibt, gibt Langacker nur wenige an (z. B. fünf). Mit dem Argument, dass der Prozess im Wesentlichen aus einer OUT-Relation, einer IN-Relation zwischen „trajector" und „landmark" sowie einem Übergang zwischen ihnen besteht, beschränkt er sich in der Standardwiedergabe auf *drei* Zustände; diese werden in Abbildung 22 am Beispiel der Verbs „enter" (betreten) dargestellt.

Der Übergang vom Prozess zum Ding lässt sich an Nominalisierungen zeigen. So ist „entrance" gegenüber „enter" insofern verschieden (nach Langacker, 1987: 247), als das zeitliche Profil (markiert als Verdickung der Zeitachse) wegfällt und die einzelnen Relationen (Zustände) *nicht* im Profil sind, sondern eher ihre

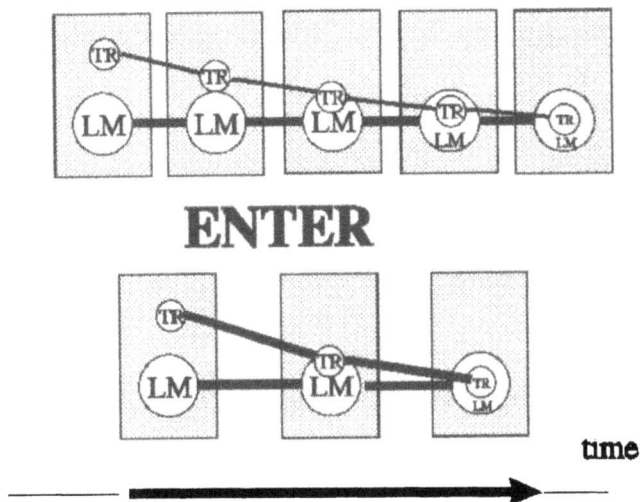

ENTER

time

Abbildung 22: Prozess-Darstellung mit drei Phasen für das Verb „enter" (betreten)

Gesamtheit; dies wird durch die Erfassung in einem hervorgehobenen Ring gezeigt (vgl. ibidem).

Die Relationalität der einzelnen Phasen des Prozesses kann einen Bezugsrahmen (z. B. einen räumlichen) haben; die Anfangs- und Endzustände können z. B. AUF – ÜBER/UNTER sein. Langacker vergleicht die beiden folgenden Sätze und gibt die entsprechenden bildlichen Interpretationen (vgl. Abbildung 23):

(1)   The balloon rose slowly (ibidem: 263).
(2)   The hill gently rises from the bank of the river.

Das Schema für (1) beschreibt den *perfektiven* Prozess von „rise"; Langacker (ibidem: 263) gibt dafür drei getrennte Phasen (als Kästchen) an. Im Falle des Satzes (2) werden die (kontinuierlich veränderlichen) Stadien zu einem einzigen „teleskopiert". Dies entspricht der *imperfektiven* Verwendung des Wortes „rise".

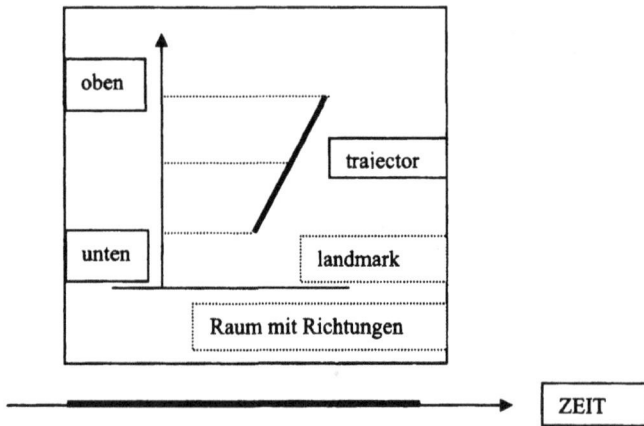

Abbildung 23: Schematisierung der imperfektiven Verwendung von „rise" in Satz (2) (vgl. ibidem: 264)

5.3   Konstruktionen (Nominalphrasen und Verbalphrasen)

Das imaginale Äquivalent einer *Konstruktion*/Kombination von zwei Elementen nennt Langacker „superimposing", „merging". Die Konstruktion „erbt" (inherits) die imaginalen Konfigurationen der Teile. Dabei ist die Operation zentral, die Langacker „instantiation" nennt. Das spezielle Schema, das instanziert wird, bleibt im allgemeinen Schema „transparent". Es werden aber nur die Normalpositionen einer imaginalen Konstruktion berücksichtigt, die so genannte „reference points" oder kognitive Orientierungen in einem Feld emergenter Strukturen bilden. [70]

---

[70] Seit dem Jahr 2000 versucht Langacker Ideen der Dynamischen Semantik (vgl. Wildgen, 1994a und 2005a) zu integrieren, indem er z. B. von Attraktoren und Emergenz spricht. In Langacker (2006: 126–136) beschreibt er die syntaktischen Konstituentenstrukturen in Palallelität zur Debatte über Diffusions- und Verzweigungsmodelle in der Historischen Linguistik und Dialektologie als im Groben diskret-hierarchisch, im Detail aber kontinuierlich-emergent: "To the extent that it does emerge, it is real and needs to be described. But it is also essential to recognize its emergent structure, as only one aspect of a more complex reality." (ibidem: 132). Als Beispiel dient die Determinationsbeziehung zwischen Nomen und Attribut, die

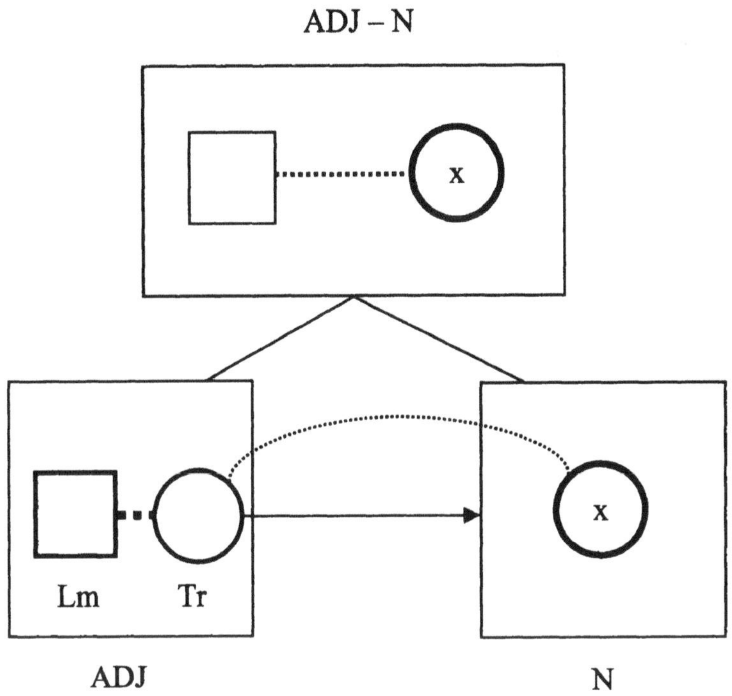

ADJ – N

Abbildung 24: Konstruktions-Schema einer Nominal-Phrase mit
Adjektiv (vgl. Langacker, 1988: 66)

Als Beispiel für die Konstruktion „Nominalphrase" möchte ich
die Analyse des Ausdrucks „long snake" (lange Schlange) anführen;
dabei wird auch Langackers Unterscheidung zwischen dem allgemeinen Konstruktions-Schema und dessen Realisierung („instantiation") verdeutlicht. Als Prototyp des Nomens gilt das Ding, das
im Schema als Kreis dargestellt ist. Das Adjektiv hat als „landmark" eine Größenskala (Länge), auf der eine bestimmte Zone
als „trajector" angegeben wird. Dies ist durch die nebeneinan-
der gelegten Symbole für Lm und Tr dargestellt. Die Konstruktion der NP hebt den Kopf der Konstruktion, das Nomen hervor,
und gibt dessen Bezug zu einem Adjektiv an. Die Spezifizität des
Nomens wird mit x angegeben; sie wird in der Instanziierung ausgefüllt. Außerdem gibt es eine schematische Beziehung (→) zwi-

---

im Detail ganz unterschiedliche Beziehungen angeben kann, aber auf den
Prototyp (als „reference point") der einschränkenden Beziehung proje-
ziert werden kann.

schen Adjektiv und Nomen, die durch einen Pfeil dargestellt wird. Die dünn gestrichelte Linie gibt die Richtung der vorgesehenen inhaltlichen Füllung an.

In der Instanziierung wird zuerst der Platzhalter (x) durch das Konzept „Schlange" ausgefüllt, dann spezifiziert diese Ausfüllung die Größenskala von „lang" (long), d.h. „groß für eine Schlange". Schließlich wird in der NP-Konstruktion die Beziehung zwischen Schlange und Größenskala festgelegt, wobei die Instanziierung von (x) im Profil steht (fett gedruckt in der Abbildung). Abb. 25 illustriert diesen Vorgang (vgl. ibidem, Figure 7); n ist dabei die Größennorm, welche für Schlangen spezifiziert wird. Der fette Teil des Pfeils (der Größenskala) zeigt an, dass die Größe der Schlange oberhalb der (relativen) Größennorm liegt. Diese Verbildlichung gibt in etwa das wieder, was in klassischen Analysen der Semantik relativer Adjektive und entsprechender NP-Konstruktionen mit Mitteln der Logik dargestellt wurde (vgl. etwa die Analyse in Bartsch und Vennemann, 1972: chapter 3).

LONG – SNAKE

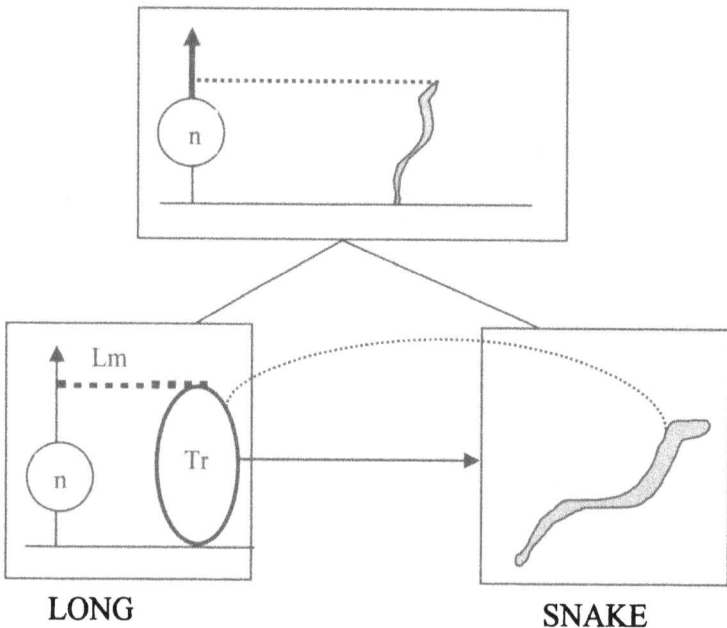

LONG   SNAKE

Abbildung 25: Ausfüllung des Schemas in der Phrase „long snake"

Mit dieser piktografischen Darstellung versucht Langacker, das traditionelle Problem der „relativen Maß-Adjektive" und ihrer Abhängigkeit vom Nomen zu erfassen.[71]

Die Nominalphrase kann selbst eine Konstituente in einer PP (Präpositionalphrase) sein. Langacker behandelt ein Beispiel mit der Raumpräposition „under". Abbildung 26 zeigt die imaginale Repräsentation von „under the table". Dabei ist der Tisch der „landmark", das was unter dem Tisch ist, gehört zum „trajector". Außerdem wird eine vertikale Skala „VERTICAL" benötigt und eine Grundlinie, auf der der Tisch steht „HORIZONTAL" (vgl. Langacker, 1987: 280).

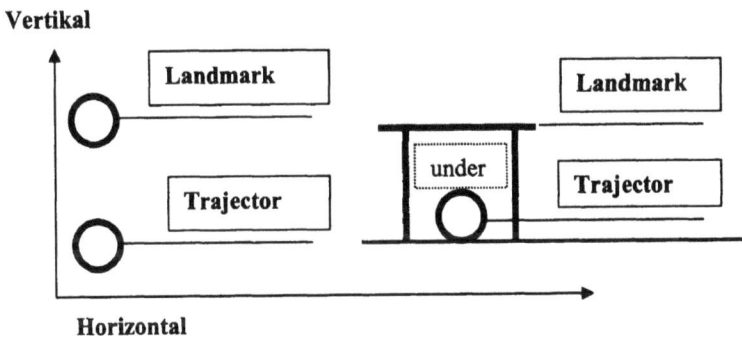

Abbildung 26: Darstellung der Präposition (links) und der NP (rechts)

Wenn eine Nominalphrase in einer Präpositionalphrase steht, wird der Kopf der Nominalphrase TABLE (bzw. dessen Bild) mit dem Landmark der Präposition verbunden und ergibt den Landmark der Konstruktion. Der Trajektor bezeichnet dann die Position unter dem Tisch (siehe Abb. 26). Das instanziierte Substantiv steht im Profil, Langacker (ibidem: 289) nennt es „profile determinant" (dies wird in Abbildung 26 nicht dargestellt).

---

71 Es wäre interessant, wie Langacker eine Konstruktion erfasst, bei der vier oder fünf Adjektive ein Nomen spezifizieren; etwa im Beispiel: Die fünf schönen, bunten, hölzernen Kugeln (vgl. Wildgen, 1999a: 211–220) und wie in diesem Fall die inhaltlich motivierte Abfolge der Adjektive piktorial repräsentiert wird.

Das generelle Schema der Konstituentenstruktur ist eher valenz- als reihenfolgenorientiert. Ein zweiwertiges Verb, das „trajector" und „landmark" hat, füllt seine Valenzpositionen so auf, dass die beiden Aktanten (semantische Rollen bei Fillmore) in der Satzrepräsentation transparent bleiben. In Langacker (1984: 13) wird der Hopi-Satz taaqa moosa-t tiwa, dt. *Der Mann fand eine Katze* analysiert, wobei noch ein Phrasenstruktur-Baum im Stile der frühen generativen Grammatik (Basis-Komponente des Aspects-Modells) zum Einsatz kommt. In Langacker (1987: 317) wird der Satz: *The arrow hit the target* allerdings (ohne grafische Wiedergabe der Konstituentenstruktur) in drei Teilschemata zerlegt:

- HIT (das abstrakte Format der Annäherung mit Berührung),
- HIT-TARGET (Ausfüllung des target),
- ARROW-HIT (Ausfüllung des trajector)

Die zusammengesetzte Struktur: ARROW-HIT-TARGET füllt die schematischen Orte in HIT durch nicht-schematische (im Beispiel durch bildhafte) aus. Dabei wird keine Entscheidung über eine Bevorzugung einer dieser Schemata (keine Subjekt-Präferenz) angezeigt. Diese Analyse in drei Schemata, die dann amalgamiert werden, steht in deutlichem Gegensatz zur generativen Tradition. Langacker sagt (ibidem: 318): "The notion that constituency might be fluid, variable, and relatively inessential to grammatical relationships is quite at odds with generative theory, which treats it as a basically fixed and constant aspect of grammatical organization that serves as foundation for the definition of grammatical relations." Zwischen 1984 und 1987 hat somit Langacker Abschied von der generativen Tradition genommen; eine ähnliche Bewegung ist in den Publikationen Talmys wahrzunehmen.[72]

---

72 Für den Aufbau einer Konstituentenstruktur geht Langacker (1988: 105) noch davon aus, dass, wie in der traditionellen Immediate-Constituent-Analyse, zuerst das Objekt zum Verb tritt, so dass die Verbalphrase (VP) entsteht, zu der dann das Subjekt (NP) hinzutritt. Objekt und Subjekt sättigen jeweils einen Teil der Valenz des Verbs. Für diese Konstituentenstrukturen hat Langacker verschiedene Beschreibungsformen gewählt. Die bildhaften Formen verschwinden aber später. In Kumashiro und Langacker (2003: 8) symbolisiert ein Pfeil den Prozesscharakter des Satzes: Alice admires Bill: A → B. Die sukzessive Kombination zur Verbalphrase: *admires Bill* und dann erst zum Satz: *Alice admires Bill* bleibt aber erhalten. In einer Fußnote weisen die Autoren einen Vergleich mit der traditio-

5.4 Schlussbemerkungen zu Langackers „Kognitiver Grammatik"

Ronald Langacker hat in zahlreichen Publikationen seit etwa 1976 sein Programm einer Grammatik durchgeführt, die vorwiegend Bilder statt Strukturformeln oder erstere zur Erläuterung der letzteren benützt. Er konnte dabei zeigen, dass mit einer annähernd gleichen Plausibilität und mit mehr inhaltlicher Anschaulichkeit lexikalische und grammatikalische Strukturanalysen unter Bezug auf visuelle Strukturmuster beschrieben werden können. Ohne seine hartnäckigen Versuche hätte wohl kaum jemand geglaubt, dass imaginale Darstellungstechniken und das Vokabular der Wahrnehmungspsychologie so effektiv anwendbar sind. Der kognitive oder mentale Status der Verbildlichungen jenseits plausibler Anwendungsbeispiele bleibt allerdings unklar und man kann auch nicht erkennen, wie die Kognitionswissenschaften ihrerseits die piktorialen Beschreibungen für weiterführende Experimente nützen könnten. Da die Kognitionsforschung zur Visualität inzwischen mit sehr exakten (mathematisierten und computationellen) Modellen arbeitet, erweist sich der informelle Charakter der pikturalen Beschreibungen Langackers zumindest im Hinblick auf eine Zuarbeit für die Kognitionswissenschaften als nicht ausbaufähig. Innerhalb der deskriptiven und komparativen Linguistik sind seine Darstellungstechniken und Klassifikationsvorschläge aber eine Bereicherung. Auch zu didaktischen Zwecken bietet sich seine Bild-Grammatik an.[73]

Man wird in der zukünftigen Forschung unterscheiden müssen zwischen einer intuitiv zugänglichen (und damit Urteilen zur Grammatikalität und Mehrdeutigkeit vergleichbaren) Bildhaftigkeit, die wahrscheinlich auf relativ konkrete Inhalten beschränkt

---

nellen Phrasenstruktur-Analyse jedoch zurück: Die Knoten seien sowohl semantisch als auch phonologisch zu interpretieren, d. h. symbolisch, und somit mit denjenigen der generativen Grammatik nicht vergleichbar.

73 Die pädagogische Verwendung von Bildern im Sprachunterricht geht auf den „orbis pictus" (1658) des Johann Amos Comenius (1592–1670) zurück, der sich seinerseits an der Renaissance-Tradition eines bildhaft arbeitenden Artifiziellen Gedächtnisses orientiert hat; vgl. zu letzterem Wildgen (1998d). Eine ausgearbeitete Grammatik des Englischen mit den Mitteln der Kognitiven Grammatik wurde in Radden und Dirren (2007) vorgelegt.

ist, und einer grundlegenden Fundierung sprachlicher Inhalte in einem Gedächtnis, das eng mit den Sinneswahrnehmungen und der ersten Verarbeitung der Sinneswahrnehmungen (eventuell auch der Motorik) verknüpft ist. Die Kognitive Grammatik im Stil Langackers hat den Beweis erbracht, dass hinter den relativ abstrakt scheinenden lexikalischen und grammatischen Strukturen viel mehr Bildhaftigkeit gefunden werden kann, als man sich dies in der Tradition der rationalistischen Grammatik hätte träumen lassen. Insofern hat seine Forschung einen radikalen Fortschritt in der Semantik gebracht. Große Teile der Bildhaftigkeit sind aber nur schwer intuitiv zugänglich, werden im Spracherwerb und in der historischen Entwicklung von Lexikon und Syntax opak, so dass sie von einer streng synchronen Grammatik nicht mehr zu erfassen sind. Dies bedeutet, zur vollständigen Hebung des imaginalen „Schatzes" einer Sprache muss die Dynamik der Sprachentstehung (im einzelnen Individuum, in der Sprachgemeinschaft, und letztlich in der Gattung Mensch) nachgezeichnet werden (vgl. zur Grammatikalisierung und Verbalisierung Croft, 2007).

6. Die Konstruktionsgrammatik (Fillmore, Kay, Goldberg u.a.)

Die Gruppe von Personen, welche sich seit Mitte der 80er Jahre intensiv mit dem Konzept einer „Konstruktionsgrammatik" beschäftigt haben, sind Charles Fillmore, Paul Kay und deren Mitarbeiter, wobei Charles Fillmore stärker das Programm und die syntaktischen Aspekte entwickelt hat. Paul Kay hat einerseits die lexikalischen Analysen und andererseits die Integration in ein allgemeines, technisch realisierbares Grammatikformat im Auge behalten (siehe auch seine Forschungen zur Farbterminologie in Kap. 2.1). Außerdem hat George Lakoff in seinem Kapitel über *There-Constructions* in Lakoff (1987) zum Ausbau dieses Typs von Grammatiken beigetragen. Fillmore und Kay haben durch einige Artikel ihre Entwicklungen öffentlich vorgestellt (siehe Fillmore, Kay und O'Connor [1988] sowie Fillmore [1988]); 1987 hat Fillmore eine Vorlesung mit dem Titel: *On Grammatical Constructions* gehalten, welche ich im zweiten Abschnitt ausführlicher darstelle.[74] Das für 2006 angekündigte Gemeinschaftswerk von Fillmore, Kay, Michaelis und Sag: „Construction Grammar" ist noch nicht im Handel (September 2007).

Seit etwa 1992 hat Adele Goldberg, eine Schülerin von George Lakoff, die Ausarbeitung dieser Familie von Grammatikmodellen wesentlich beeinflusst (vgl. Goldberg, 1995). Danach hat sich die Gemeinschaft der Konstruktionsgrammatiker international ausgeweitet und als Alternative zur „main stream Generative Grammar" (vgl. Goldberg, 2006: 205 ff.) profiliert. Die von Fillmore

---

74 Ich hatte die Gelegenheit, mir anlässlich meines Aufenthaltes in Berkeley (Januar–März 1988) in Gesprächen und Seminaren selbst ein Bild von der damaligen Entwicklung dieser Theorie zu machen. Ein frühe Fassung von Teilen dieses Kapitels (Wildgen, 1990a) erschien in der Serie: Bremer Linguistisches Kolloquium (BLIcK) 1990 und ist als elektronische Fassung im Internet zugänglich: http://www.fb10.uni-bremen.de/iaas/blick/blick2/wildgen.pdf (7.9.2007).

und Kay anvisierte technische Implementierung der Konstruktionsgrammatik im Rahmen von Unifikations-Modellen etwa des Typs der HPSG (Head driven phrase structure grammar) wird von Goldberg (ibidem: 216) kritisch beurteilt. Ein anderer Nebenzweig wurde durch Croft (2001) eingeführt: die Radical Construction Grammar. Da auch der frühere Ansatz von Langacker an zentraler Stelle den Begriff „construal" einführt und in späteren Arbeiten (so in Langacker, 2003) auf die neueren Entwicklungen eingeht, kann man eine ganze Serie von Untertypen der Konstruktionsgrammatik unterscheiden:

(1) Auf Langacker (1987) zurückgehende Modelle, welche hauptsächlich Form-Bedeutungspaare untersuchen. In diesem Sinne wird der Begriff auch von Croft und Cruse (2004: 257) weitergeführt: "Grammatical constructions [...] consist of pairings of form and meaning that are at least partially arbitrary." Der Begriff übernimmt offensichtlich den binären Zeichenbegriff de Saussures, d. h. die Konstruktionsgrammatik steht in der strukturalistischen Tradition. Wenn noch zwischen einfachen und zusammengesetzten Paarungen unterschieden wird, nähert sich der Ansatz dem in Bloomfields „A Set of Postulates..." (1926) skizzierten.

(2) Die Beschreibung der There-Konstruktion in Lakoff (1987) stellt eine frühe Anwendung der Konstruktionsgrammatik dar. Lakoff, Kay und Fillmore sind Kollegen an der Universität Berkeley und zugleich Mitglieder des „Institute of Cognitive Studies" dort.

(3) Die von Fillmore, Kay und anderen versuchte Vermittlung zwischen Kognitiver Grammatik und generativer Tradition steht im Mittelpunkt der Exemplifizierung im nächsten Abschnitt. Bereits Ende der 80er Jahre versuchten Fillmore und Kay eine Implementierung ihrer Konstruktionsgrammatik und wählten als Format die „information-based"-Grammatik von Pollard und Sag (1987). Da Pollard und Sag ihr Modell seit 1993 zur so genannten „Head-driven phrase structure grammar" (HPSG) weiterentwickelten (siehe Pollard und Sag, 1994) und Fillmore und Kay diesen Weg mitgingen, entstand daraus die „Unification Construction Grammar" (so benannt von Goldberg, 2006: 213).

(4) Goldberg entwickelte den Ansatz von Lakoff (siehe oben) weiter zur „Cognitive Construction Grammar".

(5) Croft (2001) formulierte das Programm einer „Radical Construction Grammar".

Die ersten beiden Ansätze sind in den Kapiteln zu Langacker und Lakoff bereits ausreichend dargestellt worden. Die beiden letzteren nähern sich zunehmend verschiedenen Mainstream-Ansätzen, entweder durch Reformulierung von Lösungsansätzen aus der Generativen Grammatik oder durch Aufnahme der Ergebnisse aus einer Vielzahl funktionalistischer Grammatiken. Ich werde im Schlusskapitel eine Bewertung dieser Modell-Landschaft versuchen. Da der intendierte Bezug zur Kognition (Kategorisierung auf der Basis von Sinneseindrücken und körperlicher Erfahrung, Gedächtnis, Imagination usw.) in den neueren Entwicklungen schwächer und damit der Inhalt von „kognitiv" zunehmend verwässert wird, sollen die beiden Modellvorschläge (4) und (5) hier nur kurz behandelt werden. Der interessierte Leser ist auf die Einführung von Croft und Cruse (2004: besonders Kap. 10: An Overview on Construction Grammars) verwiesen. Insgesamt glaube ich, dass die Rückführung der aktuellen Ansätze der Konstruktionsgrammatik in den Schoß der Mehrheits-Modelle zumindest für die Kognitionswissenschaften kein großes innovatives Potential besitzt. Diese Entwicklungen richten sich eher an der inneramerikanischen Rivalität zwischen Chomsky-Nachfolgern and Chomsky-Abspaltern aus und schotten sich damit zunehmend von der interdisziplinären Entwicklung ab (vgl. dazu auch Kap. 8).

Der allgemeinste Nenner für Konstruktionsgrammatiken ist die Konzentration auf „medium-scale"-Konstruktionen, d. h. auf syntaktische Erscheinungen, die weder allein oder wesentlich auf der Ebene des Lexikons (des sprachlichen Wissens der Teilnehmer) festgelegt sind, noch auf allgemeinen sprachenübergreifenden Organisationsprinzipien beruhen, also durch eine allgemeine Grammatik zu erklären sind. Dieser Mittelbereich, in dem die Konstruktionsgrammatik ihre Fundamente hat, kann wie folgt charakterisiert werden:

• zwischen Lexikon und (allgemeiner) Satzsyntax,
• zwischen Idiomatik und genereller Produktivität,
• zwischen atomistischer Zerlegbarkeit und unauflösbaren Gestalten,

• zwischen kognitiven Universalien und individualpsychologischen Ausprägungen der Sprache.

Diese Zwischenposition wird von Goldberg und Jackendoff (2004: 532) wie folgt formuliert: "There is a cline of grammatical phenomena from the totally general to the totally idiosyncratic."
Die Position der Kognitiven Grammatik wird dadurch gekennzeichnet, dass die Sprache (in ihrer Vielfalt und einzelsprachlichen Spezifik) den Königsweg zur Erforschung kognitiver Schemata darstellt und nicht reduktionistisch aus biologisch/genetischen Strukturen zu erklären ist. Allerdings ist die Sprache auch keine von anderen (höheren) kognitiven Fähigkeiten isolierte Manifestation des menschlichen Geistes und das Wissen über die benachbarten, eng mit der Sprache verbundenen kognitiven Fähigkeiten (traditionell die Sinnesverarbeitung, das Gedächtnis, die Imagination) sollte bei der Sprachbeschreibung und -erklärung berücksichtigt werden. Diese Mittelposition erklärt, weshalb diese Grammatik weder auf allgemeine, generative Mechanismen (aus der Theorie abstrakter Automaten entlehnt und als „rational" interpretiert) noch auf logiksprachliche Weltrekonstruktionen großen Wert legt. Dies ist auch eine Rückbesinnung auf den amerikanischen Strukturalismus bei Bloomfield, Sapir (später bei Pike). Der für Boas und Sapir wesentliche Bezug zur Anthropologie spielt bei Paul Kay (vgl. Berlin und Kay, 1969) eine Rolle und die Wahrnehmungspsychologie hat die Frame-Ansätze von Fillmore inspiriert. Ebenso deutlich ist aber auch die Autonomiebestrebung in diesen Modellen, die durchaus klassische Grammatikanalysen betreiben. Die Prototypentheorie mit ihrer Hervorhebung der mittleren kategorialen Schicht mag ebenfalls das anti-reduktionistische Programm der Konstruktionsgrammatik beeinflusst haben.

6.1 Eine erste Bestimmung des Grammatiktyps „Konstruktionsgrammatik"

Während Lakoff (1987) in den Hauptkapiteln großen Wert auf pro-grammatische Diskurse legt, beschränkt sich Fillmore (1987) auf eine zweiseitige Charakterisierung des vorgeschlagenen Grammatiktyps (Fillmore, 1987: *Characteristics of Construction Grammar*):

> "What is perhaps unique about construction grammar is (1) that it aims at describing the grammar of a language directly in terms of a collection of grammatical constructions each of which represents a pairing of a syntactic pattern with a meaning structure, and (2) that it gives serious attention to the structure of complex grammatical patterns instead of limiting its attention to the most simple and universal structures."[75]

In Fillmore, Kay und O'Connor (1987) werden eine Reihe weiterer signifikanter Merkmale genannt:

(1) Die Konstruktionsgrammatik ist generativ, insofern sie die Grenze zwischen möglichen grammatischen und ungrammatischen Sätzen und Strukturen festlegt und nicht lediglich vorliegende Daten erfasst. Daraus resultiert, dass die empirische Methode, die darin besteht, für ein linguistisches Phänomen Listen grammatischer Sätze (und Strukturen) mit ungrammatischen zu konfrontieren, erhalten bleibt.

(2) Die Grammatik ist nicht transformationell. Fillmore sagt (ibidem: 4): "In saying that Construction Grammar is nontransformational we will mean that its presentation of the structure of a sentence will be static or monostratal rather than dynamic or multistratal."

(3) Die wesentliche Abgrenzung betrifft den zentralen Begriff der Konstruktion. Implizit wird eine Position Bloomfields

---

75 Fillmore gibt damit eine Vorweg-Abstraktion Chomskys auf, der nur den „core" (Kern) der grammatischen Regularitäten zum Thema der Grammatik macht und damit selbst sehr häufig vorkommende, aber den Idealen einer grammatischen Regularität nicht entsprechende Sprachdaten (z.B. idiomatische Wendungen) ausschließt. Andere Vorweg-Abstraktionen wie das Ignorieren individueller und sozialer Variation werden aber beibehalten (vgl. die Kritik an diesem Sprachbegriff in Bechert und Wildgen 1991: Kap.1).

in: "A Set of Postulates for the Science of Language" reaktualisiert. "23. Def. Such recurrent sames of order are constructions; the corresponding stimulus-reaction features are constructional meanings." (Bloomfield, 1926: 74).[76] Allerdings ist selbst die Bestimmung dessen was eine Konstruktion ist, innerhalb der Varianten der Konstrukionsgrammatik nicht einheitlich. Für Goldberg (1995: 4) ist jedes Zeichen mit seiner arbiträren (sie spricht von „not strictly predictable") Zuordnung von Bezeichnendem (signifiant) und Bezeichnetem (signifié) eine Konstruktion. Semantisch voll durchsichtige Kompositionsergebnisse sind demnach vorhersehbar und keine Konstruktionen. Dagegen sind idiomatische Wendungen Konstruktionen in ihrem Sinn (vgl. auch Taylor, 2002: 567).

(4)   Der Bezug zum behavioristischen Psychologie bei Bloomfield entfällt allerdings; direkte Bezüge zu aktuellen psycholinguistischen Modellen finden sich erst wieder bei Goldberg (2006: Part II), die eine Anbindung an Lernmodelle (z. B. Tomasello, 2003) anstrebt.

(5)   Mit Tomasello teilt Goldberg auch die Orientierung am Sprachgebrauch; Stichwort: „usage-based". Dies führt in manchen neueren Ausprägungen der Konstruktionsgrammatik zur ausschließlichen Korpus-Orientierung, d. h. zu einer induktiven Grammatikschreibung. Dies widerspricht aber dem ersten Kriterium von Fillmore und bedeutet in letzter Konsequenz eine Rückkehr zum Deskriptivismus vor Chomsky (1957).

(6)   Fragen der Motivation und der psychologischen Plausibilität sind zentral für die Konstruktionsgrammatik (vgl. Goldberg, 2006: 215).

(7)   In der Bewertung von Formalismen herrscht zwischen den verschiedenen Richtungen Uneinigkeit; Fillmore und Kay befür-

---

76   Danach werden von Bloomfield wortinterne „morphologic constructions" und die Konstruktion mittels freier Formen, die „syntactic constructions", unterschieden (ibidem). Von der syntaktischen Konstruktion ausgehend kommt man nicht ohne weiteres zum Satz, wie die Korrektur der von Bloomfield angegebenen Definition des Satzes: "A maximum construction in any utterance is a sentence" durch Bloomfield selbst (Bloomfield, 1931: Fn. 6) zeigt; er ersetzt *construction* durch *form*, da einfache Imperative wie *Come!* keine Konstruktionen sind. Bloomfield unterscheidet noch endozentrische und exozentrische syntaktische Konstruktionen. Der Satz ist eine exozentrische Konstruktion.

worten die Verwendung des als neutral eingestuften Formalismus der HPSG, während andere Vertreter z. B. Goldberg
lediglich eine auf Darstellungskonventionen begründete Systematisierung befürworten.

Ein weiteres Unterscheidungsmerkmal betrifft komplexe Konstruktionen statt einfachster, möglicherweise universaler Strukturen. Die Vielfalt und Spezifizität einzelsprachlicher Konstruktionen
kommt damit wieder ins Blickfeld. Fillmore, Kay und O'Connor
(1987) stellt die formal (bzw. die lexikalisch) offenen idiomatischen
Wendungen („idioms") ins Zentrum. Einige Beispiele für diese
bevorzugte Klasse von linguistischen Phänomenen sind:

- *The more carefully you do your work, the easier it will get* (com-
  parative conditional)
- *Jane and Sue are sisters/cousins/etc.* (relationale Substantive)
- *I don't want to see that stuff get near, let alone in, your mouth*
  He wouldn't give a nickel to his mother, let alone ten dollars to
  a complete stranger (let alone-Konstruktionen).
- *I tried* (zero-anaphora); (vgl. Fillmore, 1986)
- *There's Harry with his red hat on* (deiktische Konstruktionen)
- *There was a man shot last night* (existentielle Konstruktionen,
  vgl. auch das Kapitel zu den There-Konstruktionen in Lakoff,
  1987).
- Goldberg und Jackendoff (2004: 533) berücksichtigen zusätzlich eine sog. „garden-variety syntax" wie etwa: *Fred watered*
  the plants flat. Für eine alternative Behandlung komplexer Prädikate innerhalb der HPSG, vgl. Müller (2002).

Anstatt direkt die holistische Kategorie Satz zu beschreiben, erfasst
die Konstruktionsgrammatik Zentren (zentrale Konstruktionstypen) der Grammatik und um sie herum die peripheren Neben-
konstruktionen. Die semantische Beschreibung bezieht sich in erster Linie auf die zentralen Konstruktionen. Lakoff gibt zehn (eher
theoretische) Unterschiede zwischen der Konstruktionsgrammatik und anderen Modellen an (Lakoff, 1987: 464 f.).

(1)   Die meisten Modelle verwenden eine objektivistische Seman-
      tik. Lakoff setzt dieser die kognitive Semantik entgegen.

(2) Grammatische Konstruktionen, insbesondere deren direkte Paarung von Form- und Inhaltsparametern werden in den üblichen Modellen gar nicht behandelt.

(3) Es gibt keine adäquate Konzeption für „Kategorie" in den üblichen Modellen. Was benötigt wird, sind radiale Kategorien mit Prototypen-Zentren.

(4) Gewöhnlich wird eine Dichotomie von Voraussagbarkeit und Willkür angesetzt. Stattdessen braucht man einen (skalaren) Begriff der Motivation.

(5) Statt Transformationen, Metaregeln, Redundanzregeln u. ä. braucht man die Konzeption des „ökologischen Ortes" innerhalb eines grammatischen Systems.

(6) Geläufige Modelle gehen davon aus, dass die syntaktischen Kategorien und Relationen unabhängig von Bedeutung und Gebrauch sind. Lakoff nimmt dagegen an, dass das prototypische Zentrum einer Konstruktion semantisch und die Peripherie semantisch und pragmatisch motiviert ist.

(7) Außer in der generativen Semantik wird geläufig angenommen, dass syntaktische Beschränkungen einer Konstruktion nicht durch die Bedeutung der Konstruktion bestimmt sind. Die Konstruktionsgrammatik nimmt eine solche Determination explizit an.

(8) Die Kompositionalitätsannahme der meisten Modelle (d. h. die Teile bestimmen das Ganze) wird eingeschränkt: die Konstruktion ist eine holistische Größe, die von den Bestandteilen nur in ihrer Gesamtbedeutung motiviert wird.

(9) Es wird im Gegensatz zu praktisch allen anderen Modellen ein kontinuierlicher Übergang zwischen Lexikon und Syntax angenommen.

(10) In den meisten Modellen wird angenommen, dass die Grammatik von den übrigen Komponenten der Kognition unabhängig sei. Dagegen nimmt Lakoff an, dass die Grammatik von vielen Aspekten der Kognition abhängt; entsprechende Übergangsbereiche sind die Prototypentheorie, die kognitiven Modelle, die mentalen Räume u. ä.

Da die Grundideen der Konstruktionsgrammatik im Umfeld von Fillmore an der Universität Berkeley Mitte der 80er Jahre Gestalt angenommen haben und später (wie die meisten Grammatikmodelle) in eine Vielfalt konkurrierender Modelle aufgespalten wurden, will ich diese erste Phase exemplarisch ausführen. Durch diesen Schwerpunkt erhöhe ich gleichzeitig die Parallelität mit den in den Kap. 3, 4, und 5 diskutierten Ansätzen von Lakoff, Talmy und Langacker, deren grundlegenden Arbeiten auch um 1987 entstanden sind. Der in Kap. 6 dargestellte Ansatz von Turner und Fauconnier gehört wie die Entwürfe von Goldberg bereits der nächsten Generation an. Fauconniers Arbeiten seit 1984 stehen in einer ersten Zeit noch näher zu den Möglichen-Welten-Semantiken in der Tradition Montagues, die dann von Barwise und Perry (1983) weiterentwickelt wurden (vgl. dazu auch Wildgen, 1994a: Kap. 1).

6.2 Grundmuster der Konstruktionsgrammatik (nach Fillmore 1987)

Fillmore (1987) geht von zwei Grundtechniken der Zerlegung (Parsing) von Sätzen aus: die Konstituentenanalyse, die den Satz in immer kleinere Teilstücke (ohne Reste) zerlegt, und die Bestimmung der wesentlichen Konstituenten, etwa Verb und Mitspieler und der von diesen regierten Teile. Seine Grammatik benützt beide Techniken, sie integriert in klassischer Terminologie eine Konstituenten- und eine Dependenzanalyse. Dies zeigt sich am deutlichsten bei der begrifflichen Trennung von „predicate" und „predicator".

(1) „predicate". Es ist ein Element der externen Syntax, welche den Satz in Wortgruppen (Phrasen) zerlegt. So wird der Satz unten in zwei Gruppen zerlegt, die Fillmore Subjekt und Prädikat nennt.
The naughty child / tormented the old gray mare.
Subjekt: The naughty child
Prädikat: tormented the old gray mare

(2) „predicator". Innerhalb der Wortgruppen, welche Elemente der externen Syntax sind, gibt es zentrale Teile (Köpfe). Der Kopf des Prädikats ist der Prädikator; im obigen Beispielsatz ist dies das Verb: *tormented*. Der Prädikator ist ein (logisches) Prädikat in einer Prädikat-Argument-Struktur. Die Prädikate beziehen sich auf Szenen ("such scenes being states of affairs we become aware of by knowing the semantic structure of the words we will refer to as predicators"). Von der Szene

ist die Wissensstruktur zu unterscheiden, die es uns erlaubt, Informationen über eine Szene sprachlich zu kategorisieren und zu kommunizieren; diese heißt "frame." Fillmore trennt somit vier korrelierte Begriffe:

- „predicator" (ein Wort im „predicate", der zentralen Wortgruppe neben der Gruppe Subjekt),
- (logisches) Prädikat in einer Prädikat-Argument-Struktur,
- Szene (scene): Sachverhaltsstruktur, auf die wir uns zentral mit dem „predicator" beziehen,
- Rahmen (frame): Wissensstruktur, welche die Information in einer Szene sprachlich organisiert.

Der Prädikator gehört zur internen Syntax. Prädikatoren können Verben, Adjektive, Präpositionen, Nomina u. a. sein. Sie führen zu einem Valenzmodell, das in die Konstruktionssyntax integriert ist.

6.2.1 Die wichtigsten Konstruktionstypen

A. Die Subjekt-Prädikat-Konstruktion
Obwohl die dependentiellen Strukturen (vom Verb, Adjektiv oder anderen Wortarten ausgehend) wie in der Kasusgrammatik von Fillmore eine zentrale Rolle spielen, geht Fillmore davon aus, dass die wichtigen Konstruktionstypen durch sie nicht primär bestimmt sind. Für die Subjekt-Prädikats-Konstruktion ist die grammatisch hervorgehobene Rolle des Subjekts ausschlaggebend. Die Asymmetrie von Subjekt und Prädikat und damit inhaltlich von Subjekt-Argumenten und anderen Argumenten des Kopfs der Prädikatsphrase ist an folgenden Eigenschaften erkennbar:

- an der besonderen Position des Subjekts (etwa der Frontposition im Englischen),
- der speziellen morphologischen Kennzeichnung des Subjekts, häufig dessen Unmarkiertheit;
- an speziellen grammatischen Prozessen, welche auf das Subjekt Bezug nehmen,
- an grammatischen Prozessen, die speziell auf das Prädikat (die Prädikatsgruppe) Bezug nehmen, etwa bei der Infinitivbildung.

Als Notation für Satzgliederungen verwenden Fillmore und Kay eine Kastennotation, welche sowohl die Konstituentenstruktur (die Klammerung in der IC-Analyse) als auch die Wortarten und die X-bar-Ebenen, d. h. die Hierarchie in der internen Syntax, angibt. Diese Informationen werden wie folgt notiert (vgl. Fillmore, 1987; Kap. 3: 9):

max + : maximale Phrase (Wortgruppe)

cat N,	max + :	Nominalphrase
cat V,	max + :	Verbalphrase
cat A,	max + :	Adjektivphrase
cat P,	max + :	Präpositionalphrase

Lex +: lexikalische Kategorie (major lexical category); z. B.:

cat N,	lex + :	Nomen
cat V,	lex + :	Verb
cat A,	lex +:	Adjektiv
cat P,	lex +:	Präposition

Das generelle System ist das der Attribut-Werte-Matrizen: So sind die Symbole cat, max, lex Attribute; während die Symbole N, V, A, P und +, -, x Werte dieser Attribute sind; d. h. jedem Attribut ist somit eine Wertetabelle beigegeben, aus der in einer Attribut-Werte-Matrix eine Auswahl getroffen wird. Das formale System dieser Attribut-Werte-Matrizen gehört zum Typ der Unifikationsgrammatiken (vgl. Pollard und Sag, 1987: S. 10 ff.). Wir wollen im Folgenden nur eine vereinfachende, diagrammatisch darstellbare Form benützen. Die Subjekt/Prädikat-Konstruktion des Satzes: *The child torments the horse* wird wie Abbildung 27 dargestellt (vgl. Fillmore, 1987; Kap. 2: 12):

```
┌─────────────────────────────────────────────────────────────────────┐
│ S                                                                     │
│  ┌─────────────────────────┐   ┌─────────────────────────────────┐   │
│  │ cat N, max +            │   │ cat V, max +                    │   │
│  │ ┌──────┬────────────┐   │   │ ┌────────────┐ ┌──────────────┐ │   │
│  │ │ det  │ cat N, max-│   │   │ │ cat V, max-│ │ cat N, max + │ │   │
│  │ │      │ lex +      │   │   │ │ lex +      │ │ ┌────┬─────┐  │ │   │
│  │ │ THE  │ CHILD      │   │   │ │ TORMENTS   │ │ │det │cat  │  │ │   │
│  │ └──────┴────────────┘   │   │ │            │ │ │    │N,max│  │ │   │
│  └─────────────────────────┘   │ │            │ │ │    │-lex+│  │ │   │
│                                 │ │            │ │ │THE │HORSE│  │ │   │
│                                 │ └────────────┘ └─┴────┴─────┘  │   │
│                                 └─────────────────────────────────┘   │
└─────────────────────────────────────────────────────────────────────┘
```

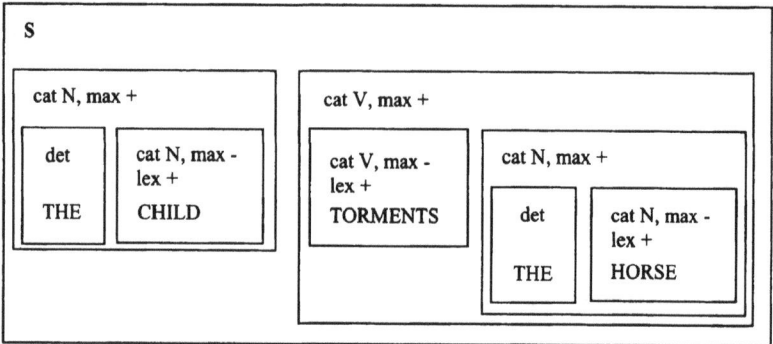

Abbildung 27:   Strukturbeschreibung des Satzes im Stil der „chinese boxes"

B. Die Komplement-Konstruktion

Die lokalen Komplemente des Prädikators (d. h. seine Argumente ohne das Subjekt-Argument) und der lexikalische Prädikator bilden die Komplement-Konstruktion. Für die Valenzbedingungen des Prädikators werden eigene Grammatiktechniken eingeführt, die im nächsten Abschnitt beschrieben werden.

C. Die Determinativ/Kopf-Konstruktion

Die Struktur als Ganzes ist vom Typ cat N, max +. Die Teile sind ein Determinativ (Det), d. h. Artikel, Quantoren, Demonstrativa, Possessivpronomina, und eine nominale Konstituente, die nicht vom Typ cat N, max + ist. Es kommen in Frage: cat N, max – (lex +); cat N, max Ø (vgl. z. B. Massen-Nomina wie „milk"). Eine Kastenstruktur für den Ausdruck *our baby* ist z. B.:

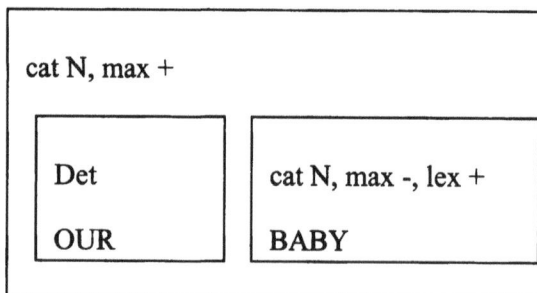

```
┌──────────────────────────────────────────┐
│ cat N, max +                             │
│  ┌───────────┐  ┌─────────────────────┐  │
│  │ Det       │  │ cat N, max -, lex + │  │
│  │ OUR       │  │ BABY                │  │
│  └───────────┘  └─────────────────────┘  │
└──────────────────────────────────────────┘
```

Abbildung 28:   Strukturbeschreibung für „our baby"

D. Modifikationskonstruktion

Im Falle eines nominalen Kopfs kommen hauptsächlich in Frage:

- die adjektivischen Modifikationskonstruktionen, z. B. grünes Buch,
- die Relativsatz-Modifikationskonstruktionen, z. B. Buch, das sie Peter gab,
- die Präpositional/Kasusobjekt-Konstruktionen, z. B. Buch für Hans, Buch des Vaters.

Weitere Konstruktionstypen, die hier nicht ausführlich beschrieben werden können, sind:

- die Apposition: z. B. mein Bruder, der Apotheker,
- komplexe Konstruktionen wie die bereits eingangs genannten „let-alone" Konstruktionen, die „there"-Konstruktion oder die „linked variable"-Konstruktion vom Typ: je ... desto ...

6.2.2 Die Behandlung der Valenz durch Fillmore (1987)

Die Valenzbeziehungen sind in der Konstruktionsgrammatik ebenso zentral wie in der Kasusgrammatik Fillmores. Allerdings wird der Begriff der Valenz meistens vermieden und es wird von Argument-Strukturen gesprochen. Damit wird gleichzeitig der Valenzbegriff eingeengt. In Goldberg (2006: 263) ist nur noch von „verb's argument structure (or in older generative grammar terms, its subcategorization frame)" die Rede. In der in diesem Kapitel thematisierten Konstruktionsgrammatik nach Fillmore und Kay herrschen jedoch die folgenden Tendenzen vor:

(a)   Die Valenzbeschreibung wird in die Rahmentheorie einer Unifikationsgrammatik integriert (später in die HPSG).

(b)   Der Valenzbegriff wird systematisch auf andere Wortarten als das Verb ausgedehnt und mit derselben Grundtechnik in der Grammatik dargestellt.

(c)   Die Ergebnisse der transformationellen und posttransformationellen Syntax, insbesondere die Problematik von Equi- und Raising-Konstruktionen, wird integriert.

Wir wollen nur einige Aspekte herausgreifen:

A. Die Komplexität der Prädikat-Argument-Strukturen

In Fillmore (1987, Kap. 4 und 5) werden die grundlegenden Prädikatorentypen beschrieben. Die folgenden Konstellationen von Argumenten (als römische Zahlen notiert) und Komplementen (C) kommen vor:

(a) 1 / 1, 2 / 1, 2', 2: Die Argumente sind besonders eng durch den Prädikator festgelegt.

(b) 1, C / 1, 2, C: Das Komplement C ist meistens durch eine Präpositionalphrase realisiert und nicht so spezifisch durch den Prädikator bestimmt wie die Argumente in Fall (a).

(c) 1, (2): Das Argument (2) ist weglassbar und unbestimmt (indefinite ommisible).

(d) 1, [2] / 1, [2], [C]: Komplement und Argument sind weglassbar aber bestimmt (definite omissible).

Wie diese Aufstellung schon zeigt, gibt es im Grunde nur intransitive, transitive und als Sonderfall bitransitive Prädikatoren; die Komplemente sind weniger eng an den Prädikator gebunden, es handelt sich meist um Präpositionalphrasen.

B. Die Argumentrollen

Wenn man Fillmores Analysen und Schemata durchsieht, findet man die folgenden Rollen für die einzelnen Stellen:

• Argument 1: Patient, Agent, Instrument, Experiencer, Stimulus. Außerdem gibt es die Rollenvariablen: θ1, θ2, X und die leeren Rollen [–][77]
• Argument 2 : Patient / Experiencer, Content / Contest
• Argument 2': Goal
• Komplement C: Patient, Location, Goal, Event, Result, Cont(ent), Curr(ent state)

Generell lässt sich feststellen, dass der einstellige Prädikator meist die Rolle Patient hat; bei zweistelligen und mehrstelligen Prädikatoren sind die Stellen (1) und (2) meist mit den Rollen Agent und Patient besetzt. In der Konstruktionsgrammatik sind aber weder

---

77 Die Werte θ1, θ2, X benützt Fillmore für die Rollenzuweisung in der Passivierungs-Regel. Wir gehen auf die Details nicht weiter ein (vgl. Fillmore, 1987; Kap. 5: 10f.). Für *Agent* und *Patient* wird im Deutschen *Agens* und *Patiens* benutzt. Im Kontext dieses Kapitels werden die englischen Benennungen beibehalten.

die Stellen noch die Rollen selbst die grundlegenden Einheiten; vielmehr ist dies die Liste der Typen von Prädikatoren, für die jeweils die Stellenzahl und die Typik der Rollen und deren kategoriale Füllung festgelegt werden. Für die jeweilige Besetzung der Stellen 1, 2, 2' bzw. C wird eine allgemeine Rangordnung der Rollen benützt:

Agent > Instrument > Patient

Die ranghöchste Rolle tritt jeweils in die Subjektfunktion (1) ein usw. Vgl. dazu:

* the child (Agent) broke the balloon (Patient):
  Agent > Patient
* the pin (Instrument) broke the balloon (Patient):
  Instrument > Patient
* the balloon (Patient) broke: ø > Patient

In ähnlicher Weise sind bei mentalen Ereignissen die Rollen wie folgt geordnet:

Stimulus > Experiencer > Content

C. Liste einiger Konstruktionstypen für Verben

(1) Intransitive Verben (einstellig)

V VANISH	Prädikator
1 Pat N	1 = Erste Stelle in der Argumentstruktur Pat = Patient Kategorie : cat N, max + (Nominalphrase)

(2.1) Intransitive Verben (mit Komplement)

V LIVE		He lives/resides in New York. He lives here.
1 Pat N	C Loc	Einstellig mit Komplement. Der einzusetzende Ausdruck muss die semantische Rolle (Loc) erfüllen. Die Kategorie von C bleibt offen.

(2.2) Transitive Verben

V BEND	
1 Agt N	2 Pat N

He bends a stick.

Zweistellig; 2 = direktes Objekt.

Agt = Agent; Pat = Patient

Kategorie: Nominalphrase

(3) Bitransitive Verben

Im Englischen gibt es dazu die beiden folgenden Varianten:

(3.1) mit Präpositionalphrase (P) als Komplement (C)[78]

V GIVE		
1 Agt N	2 Pat N	C Goa P/to

He gives the book to Jim.

Zweistellig mit Komplement.

Goa = Goal

P/to = Präpositionalphrase mit der Präp. to

(3.2) Verben mit sekundärem („Dativ") Objekt (2')

V GIVE		
1 Agt N	2' Goa N	2 Pat N

He gives Jim the book.

Dreistellig, 2' = indirektes Objekt.

---

78 In Goldberg (2003) werden die semantischen Unterschiede zwischen Sätzen mit for/to-Komplement bzw. sekundärem Objekt diskutiert. Bartels (2004) hat die Variation zwischen Dativkonstruktionen und solchen mit Präpositionen am Deutschen, Russischen und Polnischen untersucht. In allen Fällen zeigen sich semantische und funktionale Unterschiede, die gegen eine transformationelle/derivationelle Behandlung sprechen.

(4)   Verben mit verbalen Komplementen (V)

(4.1)   Konstruktions-Typ: WANT

V WANT		(ibidem Kap. 7: 10) She wanted to leave him.
1 Exp. N	2 Cont V	Zweistellig. Rollen: Experiencer, Content Das zweite Argument kann auch ein ‚clausal' Komplement sein. She wanted / him to leave: V + i(nfinitiv).

(4.2)   Konstruktions-Typ: EXPECT

V EXPECT			(ibidem Kap. 7: 10) He expected the audience to be bored.
1 Exp N	2 – N	C Cont V-i	Zweistellig mit Komplement. Cont = Content – = diese Konstituente wird durch ein N im Infinitivsatz (V-i) gefüllt.

Im Gegensatz zu (4.1) bekommt das Objekt eine Argumentstelle, diese erhält aber keine Rolle, da das Argument inhaltlich über den Infinitivsatz gefüllt wird.

(5)   Die Konstruktion mit der Kopula BE

Bei diesem Typ von Konstruktionen ist die im Valenzfeld von BE geforderte Adjektivphrase der Lieferant der Stellen- und Rollen- zuweisung. Ist die Adjektivphrase einwertig, so tritt der Head der Adjektivphrase in (1) ein.

V
BE
auxiliary

1	C
–	Content
	A
	1

Jonny is ill.

Das Subjekt bleibt unspezifiziert (–).
Rolle von C: Content.
Kategorie: Adjektivphrase; jedes
Subjekt der Adjektivphrase (1) kann
auch Subjekt der Kopula (1) sein.

Adjektive können auch eigene Argumente einbringen. Man unterscheidet z. B. das Raising-Adj.: LIKELY und die Equi-Adj.: EAGER. Die Kopula transportiert in der Position lediglich Rollen, die im Komplement (C) festgelegt sind. Bei Adjektiven wie EAGER wird das Subjekt-N von EAGER in das Schema von BE mit der Rolle ‚Experiencer‘ eingesetzt; bei LIKELY, das in der Argument-Position (1) unspezifiziert ist, kommt die Information aus der Infinitivphrase.

(6)   Dreiwertige Equi-und Raising-Konstruktionen

Bei der Koinstanziierung von Argumenten kann sowohl die Subjektposition (1) als auch die Objektposition (2) koinstanziiert werden. Die charakteristischen Typen sind:

(6.1) Typ: PERSUADE

V		
PERSUADE		
1	2	C
Agt	Exp	Cont
N	N	V-i
		2

(ibidem Kap. 8: 6)
Max persuaded Jack to leave Sue.

Das Subjekt des Infinitivsatzes
(Jack) wird mit dem Objekt von
PERSUADE koinstanziiert.

(6.2) Typ: PROMISE

V PROMISE			Max promised Jack to leave Sue.
1 Agt N	2 Exp N	C Cont V-i 1	

Max promised Jack to leave Sue.

Das Subjekt des Infinitivsatzes (Max) wird mit dem Subjekt von PROMISE koinstanziiert. (ibidem Kap. 8: 6)

Fillmore geht auf viele weitere Detailprobleme ein. Da er seine Ideen seit 1987 weiter entwickelt hat, begnüge ich mich mit der Darstellung der Grundkonzeption, welche zeigt, in welcher Form traditionelle Einsichten der Grammatik des Englischen in das Format einer Konstruktionsgrammatik integriert werden. Es wird deutlich, dass die Konstruktionen an Grundtypen von Lexemen (meist Verben und Adjektiven; d. h. an valenzfähigen lexikalischen Einheiten) orientiert sind, deren syntaktische und semantische Eigenschaften aber generalisiert werden.

6.2.3 Kays Behandlung von Konstruktionen mit Argumentstrukturen

In Kay (2005) wird die Analyse der Geben-Konstruktion (RC=Recipient Construction) durch Goldberg (1995: 38) kritisch diskutiert. Goldberg hatte ein Netzwerk von sechs polysemen Lesarten und fünf Verbindungen (links) zwischen ihnen vorgeschlagen. Die sechs Lesarten werden um eine zentrale Lesart (A) gruppiert: "Agent successfully causes recipient to receive patient" und beschreiben Konstruktionen mit den folgenden Verben:

- geben, werfen, bringen (A)
- versprechen (B)
- vorenthalten (C)
- überlassen (D)
- erlauben (E)
- erhalten, gewinnen (F)

Kay (2005) nimmt dagegen eine abstrakte Rezipienten-Konstruktion an, die gemeinsame Merkmale der Unter-Typen mit den Verben: *geben, kaufen* und *versprechen* zusammenfasst. Das Merkmalsschema im Stile der HPSG enthält das einfache dreiwertige Valenz-Schema mit den Instanzen: actor, undergoer, recipient. Die semantische Beschreibung sem|cont ist unterteilt in *intentional-act* und *receive*, quasi den beiden Phasen des Gebens. Dieser Vektor kann erweitert bzw. modifiziert werden. Die Konstruktion des direkten Erhaltens z. B. ersetzt die Liste: *intentional-act* durch *cause-to-move*. Für Konstruktionen des Versprechens wird der Vektor um die Komponente *oblige* erweitert und der *intentional-act* wird zu *speech-act* modifiziert. Vom zentralen Konstruktions-Typ können die Tochter-Konstruktionen Eigenschaften erben, die somit nicht eigens spezifiziert werden müssen.

Im Vergleich zu Fillmores Kasten-Form der Beschreibung finden wir die folgende Valenzbeschreibung für einen Satz mit dem Verb *geben*:

$$\text{Valence} < \begin{bmatrix} \text{syn} & \text{NP} \\ \text{instance} & 2 \end{bmatrix}, \begin{bmatrix} \text{syn} & \text{NP} \\ \text{instance} & 3 \end{bmatrix}, \begin{bmatrix} \text{syn} & \text{NP} \\ \text{instance} & 5 \end{bmatrix} >$$

Die Instanzen 2, 3, 5 werden im list-Vektor der sem | cont Beschreibung konkretisiert. Wie man leicht sehen kann, ist das Format bei einem Austausch der semantischen Rollen: Agent, Patient, Goal, gegen: actor, undergoer und recipient, und der syntaktischen Kategorie N gegen NP für die Gebenskonstruktion gleichwertig. Neu bei Kay ist die radiale Anordnung der Konstruktionen um eine abstraktere, zentrale Konstruktion herum und das Erben der Eigenschaften der Mutter-Konstruktion durch die Tochter-Konstruktionen. Damit wird die Intuition einer Familienbeziehung zwischen Satztypen, die bereits in der Transformationsgrammatik Chomkys Pate stand, revitalisiert. Die ursprünglich klare Distanz zum transformationellen Gedankengut ist wieder aufgegeben bzw. die transformationelle Beziehung wird durch ein radiales Beziehungsnetz ersetzt (siehe Kap. 3 zu radialen Ordnungen).

6.2.4 Veränderungen in der Konstruktionsgrammatik von Goldberg

In der Variante der Konstruktionsgrammatik, die Goldberg entwickelt hat, werden zwar im Prinzip ähnliche Rollen angenommen, diese werden aber für jedes Verb lexikalisch spezifiziert. Sie schreibt:

"... phrasal constructions that capture argument structure generalizations have argument roles associated with them; these often correspond roughly to traditional thematic roles such as agent, patient, instrument, source, theme, location, etc. At the same time, because they are defined in terms of the semantic requirements of particular constructions, argument roles in this framework are more specific and numerous than traditional thematic roles." (Goldberg 2006: 39)

So werden für den Satz: *Pat loaded the hay onto the truck* und *Pat loaded the truck with hay* zwei verschiedene Konstruktionen mit dem Namen: *Caused Motion* bzw. *Causative + with Construction*, angenommen. Diese werden dann für das Verb *load* spezifiziert, so dass eine speziellere Folge erscheint mit den Rollen: *loader*, *loaded theme*, welche die allgemeineren Rollen: *cause* und *theme* ersetzen (ibidem: 41). Dies bedeutet, dass es zwei zu unterscheidende Beschreibungsebenen gibt (obwohl die Grammatik eigentlich monostratal sein sollte):

Pat loaded the hay onto the truck

CAUSE-MOVE	(cause	theme	path/location)
|	|	|	|
Load	(loader	loaded theme	container)

Pat loaded the truck with hay[79]

CAUSE	(cause	patient)	+INTERMEDIARY (instrument)
|	|	|	|
Load	(loader	container	loaded theme)

Tabelle 8: Allgemeine und verbspezifische Konstruktionen (nach Goldberg)

---

79 In Goldberg (2002: 344) wird hervorgehoben, dass für die with-Phrase keine Rolle *theme* benötigt wird, da diese Spezifikation durch das Verb *load* geliefert wird.

Die fett gedruckten Rollen stehen im Profil (Vordergrund). Die verschiedenen Gewichte der Mitspieler werden auf eine Vierer-Skala verteilt[80]. Fillmore hat in seiner Konstruktionsgrammatik von 1987 lediglich die weglassbaren, aber zur Valenz gehörigen Mitspieler herausgehoben. Er unterscheidet also im Grunde drei Typen. Bei Goldberg werden außer Argumenten und Adjunkten (diese entsprechen ähnlichen Bestimmungen in den meisten Valenzgrammatiken) drei Typen von Argumenten unterschieden (ibidem: 42; die Entsprechungen im Beispielsatz sind kursiv gedruckt):

(1)   Argumente, die vom Verb *und* von der Konstruktion geliefert werden: She gave *him* a letter.
(2)   Argumente, die nur von der Konstruktion geliefert werden: He baked *her* a cake.
(3)   Argumente, die nur vom Verb geliefert werden: She loaded the wagon *with hay*.

Ein wichtiger Unterschied zwischen den Weiterentwicklungen der Konstruktionsgrammatik Fillmores (die Goldberg: *Unification Construction Grammar* nennt) und den Vorschlägen von Goldberg (die Goldberg: *Cognitive Construction Grammar* nennt) besteht in einer radikaleren Orientierung der letzteren am Sprachgebrauch, wobei unter Sprachgebrauch einerseits die durch Korpora repräsentierten Frequenzprofile sprachlicher Erscheinungen, andererseits der Erwerb sprachlicher Fähigkeiten verstanden wird. Theoretische Annahmen bzw. Modell-Konstrukte sind als (induktive) Generalisierungen und zwar als solche, die Sprecher benützen oder erwerben, und nicht als solche, die Grammatiker als elegant ansehen, zu rechtfertigen. Es wird also angenommen, dass die Sprecher die Konstruktionen als eine mittlere Stufe erworbener Generalisierungen im Sprachgebrauch entwickeln und benützen. Ein solcher Ansatz führt notwendigerweise zu einer Öffnung der Grammatik zur Psycholinguistik (die den Erwerb sprachlicher Fähigkeiten und deren Einsatz erforscht) und zur Soziolinguistik (da eine relevante soziale Variation bei den Generalisierungen im Erwerb und Gebrauch von Sprache zu erwarten ist). Zumindest die erste Öffnung wurde in Goldberg (2006: Part II) versucht.

---

80   Bei Tesnière, dem Begründer der Valenzgrammatik, gab es nur die Unterscheidung zwischen: Aktanten (actants) und Zirkumstanten (circonstants). Vgl. Fillmore (1995) für die Beziehungen zwischen Konstruktionsgrammatik und Tesnière.

In Experimenten wurden die Vpn. aufgefordert, Serien von Sätzen nach Ähnlichkeit der Bedeutung („overall sentence meaning"; ibidem: 115) zu sortieren. Es zeigte sich, dass sowohl die Verben (Lexeme) als auch die Konstruktionen (generalisierte Syntagmen) als Sortierungsmaßstab benützt wurden (mit einigen Mischfällen). Daraus schließt Goldberg:

> "To the extent that verbs encode rich semantic frames that can be related to a number of different basic scenes (...), the complement configuration or construction will be as good a predictor of sentence meaning as the semantically richer, but more flexible verb." (ibidem: 116)

Goldberg nimmt an, dass Konstruktionen sich in natürlicher Weise als Lernhilfen anbieten und insofern kognitiv relevant für den Spracherwerb und den Sprachgebrauch sind. In einer Serie von Priming-Experimenten wurde außerdem untersucht, ob der Gebrauch eines Typs von Konstruktionen, z.B. der Cause Motion- anstatt der Causative+with-Konstruktion, den erneuten Gebrauch der Konstruktion in anderen Gebrauchsituationen fördert bzw. wahrscheinlicher macht. Ein Paar aus Prime (primärer Stimulus) und Target (sekundärer Stimulus) war in ihren Experimenten z.B.:

(1) She loaded the wagon with hay
(2) He embroidered the shirt with flowers

Die beiden Sätze haben (außer der Präposition *with*) kein lexikalisches Material gemeinsam, verwenden aber beide die „load with"-Konstruktion. Tatsächlich bevorzugen Sprecher Sätze mit der gleichen Konstruktion wie im prime (ibidem: 122). Goldberg sieht darin einen Beweis für die Existenz von Konstruktionen als Ebene der Sprachverarbeitung. Es gibt allerdings alternative Erklärungen. Einerseits kann die Wiederholung der gleichen oder einer inhaltsähnlichen Präposition ein Priming (jetzt auf lexikalischer Ebene) auslösen, andererseits könnten ähnliche Verzweigungsstrukturen (Phrasenstrukturen und nicht Konstruktionen) den Effekt erklären. An dieser Stelle wird deutlich, dass im traditionellen Streit zwischen lexikalistischen und syntax-zentrierten Ansätzen die Konstruktionsgrammatik eine vermittelnde Position einzunehmen versucht.[81] Die bisherigen Experimente konnten die Frage nach der

---

81 Anhand resultativer Konstruktionen des Typs: *Hans fischt den Teich leer, Franz streicht den Zaun grün, Fritz hämmert das Metall platt*, argumen-

größeren psychologischen Realität der drei Ansätze aber noch nicht entscheiden. Immerhin werden die Fragen nach den realen neuronalen und psycho-sozialen Prozessen, die in der Grammatik als Prinzipien oder Tendenzen aufscheinen, immer dringender. Die Aufgabe, eine Kognitive Grammatik zu entwickeln und erfolgreich in die Kognitionswissenschaften zu integrieren, bleibt also erhalten und ist noch weit davon entfernt, erfüllt zu sein.

6.3 Das Lernen von Konstruktionen

Tomasello (2003) benützt die Einsichten der Konstruktionsgrammatik (er führt Fillmore [1989], Langacker [1987], Goldberg [1995] und Croft [2001] als zentrale Bezugsquellen an), um den Spracherwerb zu beschreiben. Das Konzept „usage-based", d. h. der Bezug auf induktive Generalisierungen im Erwerbsprozess, die abhängig vom Sprachangebot für das Kind sind, und die durchgehende Motiviertheit von Wörtern *und* Konstruktionen, öffnen demnach einen neuen Weg zur Erklärung des kindlichen Erstsprachenerwerbs. Das Grundproblem des Syntaxerwerbs beim Kind besteht darin, dass es einerseits die Kategorien und Regeln der Erwachsensprache nicht kennen kann und dass andererseits die Übergangsgrammatik, welche den kindlichen Grammatiken zugrunde liegt, dennoch zu einer Grammatik mit Erwachsenenstrukturen hinführen muss.

Tomasello greift auf die vorgenerative pivot-Grammatik von Braine (1963) zurück. Deren Schemata sind aber für ihn keine frühe Syntax, sondern eher eine Technik Szenen zu gliedern. Dazu werden statistisch häufig auftretende Muster in der gehörten Sprache reproduziert.

> "The consistent ordering patterns in many pivot schemas are very likely direct reproductions of the ordering patterns children have heard most often in adult speech, with no communicative significance. This means that although young children are using their early pivot

tiert Müller (2006) für eine lexikalische, vom Verb ausgehende und gegen eine phrasale, an Konstruktionstypen ausgerichtete Analyse, wie sie Goldberg vorschlägt. Er versteht dies allerdings nicht als eine Widerlegung des Programms der Konstruktionsgrammatik (vgl. ibidem: 879).

schema to partition scenes conceptually with different words, they are not using syntactic symbols – such as word order or case marking – to indicate the different roles being played by different participants in that scene." (Tomasello, 2003: 115, 117)

Erste Ansätze zu syntaktischen Konstruktionen sind noch mit häufig gehörten Wörtern und deren Kontexten verbunden, z. B. *cut __ ,* *draw __ ,* *__ draw on __* (ibidem: 117). Die späteren semantischen Rollen sind somit noch an lexikalische Elemente gekoppelt. So ist etwa die Instrument-Rolle mit Ausdrücken wie X *öffnet* Y *mit*, X *zeichnet* Y *mit* verbunden. Tomasello spricht in diesem Zusammenhang von Konstruktionsinseln. Besonders wichtig für den Syntax-Erwerb scheinen verb-zentrierte Konstruktionsinseln zu sein. Empirische Studien belegen zum Beispiel, dass bitransitive Konstruktionen anhand von Äußerungen mit *geben* gelernt werden. Diese prototypischen Konstruktionen sind insofern bahnbrechend („pathbreaking", ibidem: 121), als ähnliche Konstruktionen mit anderen Verben nach ihrem Muster gebildet werden. Eine Studie von Campbell und Tomasello (2001) führt diesen Effekt auf die Häufigkeit bestimmter Verben in der Sprache der Eltern zurück. Dies zeigt sich daran, dass die Variation zwischen den Kindern in Abhängigkeit von der Elternsprache sehr groß ist. Der Verlauf des Erwerbsprozesses lässt sich somit nicht verallgemeinern, er bleibt vom Input abhängig. Allerdings lernen die Kinder sowohl außer- als auch innersprachlich, dass es eine Kombination von funktional verschiedenen „slots", also einerseits Stellen für das Generelle, Erwartbare und Komplementäre, andererseits Stellen für das Variable, Neue gibt. Damit wird ein allgemeines Basismuster der Syntax, aber noch keine Konstruktion gelernt (ibidem: 123).

In einer späteren Phase treten in den lexemabhängigen Inselkonstruktionen erste syntaktische Markierungen für die beteiligten Rollen auf (obwohl diese noch von Kind zu Kind variieren können). Das Endstadium dieses Prozesses wird dann erreicht, wenn die Kinder abstraktere, der Erwachsenen-Grammatik vergleichbare Konstruktionen erwerben.

Der Erwerb der Konstruktion ist inputabhängig, d. h. die statistische Verteilung entsprechender Strukturen in der Erwachsenen-Sprache, die an das Kind gerichtet ist, ist dabei ausschlaggebend. Das Herausfiltern der Konstruktionsinseln und schließlich der abstrakten Konstruktionen ist jedoch kein rein sprachlicher

Prozess, sondern aktiviert allgemeinere kognitive, sozial-kognitive und Lerner – Strategien.

Im Vergleich zu den Spracherwerbstheorien in der generativen Tradition fällt zweierlei auf:

(1) Der Spracherwerb hängt wesentlich von der Struktur und der Statistik der an das Kind gerichteten Erwachsenensprache ab. Eine diskursive Kooperation von Erwachsenem und Kind kann den Erwerb zusätzlich formen, ist aber nicht notwendige Voraussetzung eines normalen Erwerbs.

(2) Der Spracherwerb ist zwar im Wesentlichen induktiv (Versuch/Irrtum und partielle Generalisierung), benützt aber allgemeinere Strategien, die auch für das Lernen vor und neben dem Spracherwerb gültig sind.

Zumindest ein Teil der Last, die in den generativen Theorien auf die U.G. oder ein angeborenes und lediglich ausreifendes „Sprachorgan" gelegt wurde, wird in diesem Theoriekontext von Diskursen zwischen Erwachsenen und Kind (oder zwischen Kleinkind und älteren Kindern) und von allgemeinen Lernstrategien getragen. Die disziplinäre Autonomie der Linguistik wird dadurch allerdings aufgegeben und eine interdisziplinäre Kooperation in der Erforschung und Theoretisierung des Spracherwerbs wird unumgänglich.

Das Konzept der *Konstruktion* gehört somit zu einer Zwischenebene zwischen Gebrauch und Kompetenz. Da die Konstruktion einerseits von variablen Gebrauchskontexten abhängig ist, andererseits durch Generalisierungseffekte, die eher allgemein kognitiver Natur sind, geformt werden, erhält dieser Schlüsselbegriff eine unerwünschte Vieldeutigkeit. Die vielfachen Auslegungen und Präzisierungen können außerdem zur Divergenz der beteiligten Forschungsgruppen (und somit zur Auflösung des Theoriefeldes) verleiten. Die interdisziplinäre Öffnung der Grammatik, die z.B. Wissenschaftler wie Tomasello zur Beschäftigung mit Grammatikmodellen einlädt, ist sicher das große Verdienst dieser Forschungsrichtung (und das persönliche Verdienst von Charles Fillmore, der dazu den Anstoß gegeben hat).

6.4 Stellenwert der Konstruktionsgrammatik im Rahmen der Kognitiven Grammatik

Die Grundideen der Konstruktionsgrammatik stehen in enger Verbindung zu den Arbeiten von Langacker und Lakoff und gehören insgesamt in den Kreis der West-Küsten-Grammatiken, die seit den 80er Jahren entwickelt wurden. Entgegen der programmatischen Abgrenzung besonders bei Lakoff vom mainstream formaler Grammatiken aber auch von den typologisch und deskriptiv ausgerichteten (nicht-kognitiven) Grammatiken eher traditioneller Machart, haben sich Fillmore und Kay und danach Goldberg und Croft einerseits bemüht, diese Kluft zu verringern und damit den Kontakt zu den erfolgreichen Anwendungen der Linguistik nicht zu verlieren. Andererseits wurde ein ebenfalls gegen die Chomsky-Linguistik gerichteter Trend hin zum Sprachgebrauch (usage/parole) und zu induktiven, heuristischen Forschungsstrategien aufgegriffen bzw. argumentativ integriert.

Die ursprüngliche interdisziplinäre, auf die Kognitionswissenschaften blickende Kognitive Grammatik wurde gewissermaßen zurückgeholt in den Alltag der linguistischen Grammatik-Schreibung und ihrer Detail-Probleme. Man kann darin einen „roll-back", eine Zurücknahme innovativer Programme sehen oder aber die demütige Einsicht, dass derzeit der Beitrag, den die Kognitionswissenschaften für die alltägliche Arbeit des Linguisten leisten können, doch eher dürftig ist. Ich werde im nächsten Kapitel zeigen, dass in der Tat ein Anschluss an die Neurowissenschaften ein grundlegendes Umdenken erfordert und auch nicht so schnell, wie dies die Generation von Langacker und Lakoff glaubte, die komplexen Probleme der Grammatikschreibung lösen kann.

Man kann aus unterschiedlichen Modellbildungsinitiativen (von 1980 bis heute) lernen, dass die Disziplin Linguistik einerseits ihren eigenen Weg gehen muss, d. h. die vorhandenen Methoden und Strategien der Datenerhebung und –auswertung weiter entwickeln muss, um der schier unendlichen Vielfalt in den Sprachen der Welt gerecht zu werden. Andererseits muss sie offen sein für neue Einsichten und Analyseansätze, welche unser Wissen über die menschliche Sprache erweitern und aus anderen Disziplinen der Humanwissenschaften kommen.

7. Modelle mit mentalen Karten und konzeptueller Integration

Seit den 90er Jahren gibt es eine Verbindung zwischen den For-schungen zur Kognitiven Semantik von Lakoff und Langacker einerseits und Arbeiten, die aus einer kognitiv interpretierten Situ-ationssemantik hervorgegangen sind. Fauconnier hatte bereits rela-tiv früh den logischen Ansatz einer Möglichen-Welten-Semantik kognitionswissenschaftlich interpretiert. Um dies nachzuvollzie-hen, will ich deren Gedankengang vereinfachend darstellen.

Die Semantik „möglicher Welten" oder intensionale Seman-tik geht von Frege und dessen Unterscheidung zwischen Sinn und Bedeutung bzw. von Carnaps Unterscheidung zwischen Inten-sion und Extension aus.[82] Das klassische Beispiel ist der Satz: Der Abendstern ist der Morgenstern (= Venus). Die Referenz (Bedeutung bei Frege, Extension bei Carnap) ist bei „Abendstern" und „Mor-genstern" gleich, da beide auf den Planeten Venus verweisen. Im Verständnis der Sprecher („Sinn" nach Frege) ist aber der Abend-stern *ein* Phänomen, der Morgenstern ein *anderes*. Wenn man diese Trennung kognitiv interpretiert, dann ist in der Welt (oder in einer intersubjektiven Sicht der Welt) ein einziger Referenzbezug gegeben oder kognitiv gesagt, er ist allen Denkenden intersubjektiv vermit-telbar. Die kontextbezogene, situative Konzeptualisierung trennt aber die Phänomene „Morgenstern" (am Morgen vor bzw. in der Nähe der aufgehenden Sonne zu beobachten) und „Abendstern" (am Abend nach dem Sonnenuntergang in der Nähe der Sonne zu sehen). Formal logisch kann der Unterschied dadurch erfasst wer-den, dass man von der Extension ausgeht und jene Welt, auf die sich die Extension (Referenz) bezieht, als Variable W_i deklariert.

---

82 Eigentlich steht die Philosophie von Leibniz Pate. Dessen Charakteris-tik geht ab Mitte des 19. Jh. in verschiedene mathematische und logische Ansätze ein und wird auch in Peirces grafischer Logik reflektiert (vgl. Wildgen 1985b).

Die Intension ist dann eine Funktion, welche einem Individuenausdruck in jeder Welt W_i ein Individuum zuordnet bzw. jedem Aussagesatz in jeder Welt W_i einen Wahrheitswert beimisst.

Die situative, kontextuelle Begrenztheit der Intension („Sinn" bei Frege) kann man als partielle Zuweisung für einen Weltausschnitt, eine Situation, eine so genannte Diskurswelt, d. h. das jeweils im Diskurs Fokussierte, Thematisierte, dort Relevante bestimmen. Die Situationssemantik von Barwise and Perry (1983) hat diesen Weg systematisch beschritten. Dabei entsprechen die Diskurswelten kognitiv realisierten Vorstellungen, wenn sie auch formal nur Ausschnitte einer Menge möglicher Welten sind. Die kognitive Komponente wird von Barwise und Perry eher auf die Einstellungen (attitudes) konzentriert. Fauconnier ging einen Schritt weiter (wobei er im Wesentlichen den Formalismus der intensionalen Logik beibehielt) und bezeichnete die in sprachlichen Ausdrücken sichtbar werdenden Weltausschnitte als mentale Karten (mental maps). Die Semantik bildet also sprachliche Ausdrücke auf mentale Karten ab. Da auch Lakoff in seiner Metapherntheorie von einer Abbildung zwischen mentalen Bereichen, vom Basisbereich (ground) zum Zielbereich (goal) spricht und damit eine kognitive Kartierung impliziert, war eine Verbindung von Metapherntheorie (im Stil von Lakoff/Johnson, 1980) und mentalen Karten im Stil von Fauconnier nahe liegend.[83] Dem steht natürlich die Kritik von Lakoff (1987: 125–130) an der impliziten Theorie des Sehens bei Barwise und Perry entgegen, wobei „Situation" und „Bild" als Gegensätze (objektivistisch vs. phänomenologisch) interpretiert werden.

Mark Turner ist ein Autor, der zuerst im Rahmen der Metaphern-Semantik arbeitete (Lakoff und Turner, 1989) und dann (seit 1997) mit Fauconnier die Blending-Semantik (siehe Fauconnier und Turner, 1999) und die so genannten „Conceptual Integration Net-

---

83 Fauconnier arbeitete nach seinem Wechsel in die USA (von Frankreich) in San Diego und damit in der Nachbarschaft von Langacker bzw. im Verbund der University of California, wo die Kognitive Grammatik entwickelt wurde. Lakoff (1987: 281) bezieht sich auf Fauconnier (1985) bei der Darlegung seiner „cognitive model theory": „as involving (a) mental spaces, and (b) cognitive models that structure these spaces". Der Unterschied zwischen beiden besteht letztlich in der Frage, ob es eine „common sense"-Welt gibt, die eine Leitfunktion für die Strukturierung individueller und kultureller Erfahrungswelten hat.

works" (vgl. Fauconnier und Turner, 2002) entwickelte (Fauconnier hatte den Begriff des „Blending" bereits 1997 eingeführt).

7.1 Mentale Karten und „Blending"

Coulson und Oakley (2000) definieren die mentalen Räume/Karten (mental spaces/maps) wie folgt:

> „Mentale Karten enthalten partielle Repräsentationen von Entitäten und Relationen beliebiger Szenarien als von einem Sprecher wahrgenommene, vorgestellte, erinnerte oder in irgendeiner Weise verstandene Größen. Die Elemente, d.h. die einzelnen Diskurs-Einheiten und einfachen Rahmen, repräsentieren die Beziehungen, die zwischen diesen bestehen. Da dasselbe Szenario häufig in unterschiedlicher Weise konstruiert werden kann, werden mentale Karten häufig dazu benützt, eingehende Informationen über die Elemente einer referierten Situation zu trennen." (vgl. Coulson und Oakley, 2000: 176 f.; Übersetzung d. A.)

Die Differenz der Konstruktion zeigt sich an Beispielen wie:

(1) Als ich zwölf war, fuhren meine Eltern mit mir nach Italien.
(2) Bei einem Besuch im Wachskabinett stolperte Bush über sich selbst.

In (1) werden zwei Lebensphasen: jetzt (Sprechzeitpunkt) versus „im Alter von zwölf Jahren" getrennt; in (2) werden die Wachsfigur von Bush im Kabinett und der lebende Präsident Bush unterschieden. Wir haben also zwei verschiedene Karten, in denen jeweils der Sprecher bzw. Bush in unterschiedlichen Kontexten vorkommen.

Obwohl die Grammatik der Sätze Hinweise auf die Kartierungen und deren Abbildungen gibt, sind diese allerdings nicht hinreichend, um die mentalen Karten rein induktiv zu bestimmen. Diese bilden eher einen kognitiven Hintergrund, der nur partiell in der sprachlichen Äußerung aufscheint. Die Theorie der mentalen Karten und der konzeptuellen Integration verschiedener Karten muss somit aus partieller Evidenz und nach Prinzipien der mentalen (logischen) Architektur des Systems (re)konstruiert werden.

Die Blending-Theorie, die Fauconnier und Turner seit 1997

entwickelten, geht vom Grundproblem der Metapherntheorie bei Lakoff und Johnson (1980) aus. Fauconnier sagt dazu:

> „Die Forschung zu analogen Abbildungen hat sich wesentlich auf Prozesse des inferentiellen Transfers von einer Quelle (oder Basis) auf ein Ziel konzentriert. Der Kernpunkt solcher Prozesse liegt in der partiellen Abbildung und im Zusammenfügen der Strukturen und Elemente von Quelle und Ziel. Dann können die Operationen des Zusammenfügens und der partiellen Abbildung dazu benützt werden, zusätzliche Struktur, die in der Quelle vorhanden ist, auf den Zielbereich abzubilden, wodurch dieser durch weitere Strukturen angereichert wird. Diese Zusatzstruktur kann wiederum dynamisch manipuliert werden, wodurch weitere Relationen und Verbindungen entstehen." (Fauconnier, 2002: Vorabdruck, S. 11; Übersetzung d. A.)

Im Gegensatz zu Lakoff greift Fauconnier ausdrücklich auf mathematische Begrifflichkeiten, wie den mengentheoretischen Abbildungs- und Funktionsbegriff zurück. Eine zentrale Rolle spielt dabei die Verbandstheorie, insbesondere die Boole'schen Verbände.[84] Eine klassische Anwendung der Verbandstheorie findet man in der Chemie, d. h. die Struktur und Dynamik von Molekülen ist durch Boole'sche Verbände darstellbar (vgl. Plath, 1988).

Der Verband der mentalen Karten hat die in Abbildung 29 gezeigte Struktur, wobei der obere Knoten spezifische Gesetzmäßigkeiten des Blending-Vorganges (dasjenige, was über beide generalisiert werden kann; formal die Vereinigungsmenge) erfasst; der untere Knoten das Ergebnis des Blending-Prozesses (formal die Schnittmenge). Die Strukturen links und rechts sind die beiden Grundmengen, die Ausgangspunkt der Operation „Blending" sind. Interessant wird die Operation aber erst dadurch, dass ein Auswahlprozess bei der Abbildung von 1 nach 2 (und umgekehrt) erfolgt und dass dabei Konflikte, Widersprüche behoben bzw. ausgeglichen werden.[85]

---

84 Ein Verband ist eine algebraische Struktur mit zwei zweistelligen inneren Verknüpfungen, für die gewisse Gesetze (kommutative, assoziative und Verschmelzungsgesetze) gelten. Er heißt Boole'scher Verband, wenn er distributiv und komplementär ist.

85 Die mengentheoretische Vorlage hat dieses Potential natürlich nicht, so dass man nach der formalen Grundlage der eigentlich interessanten (nichttrivialen) Operationen der Blending-Theorie fragen muss. Insbesondere ist die Emergenz neuer Eigenschaften neben der Verbindung sich widersprechender Elemente erklärungsbedürftig.

Generische Karte

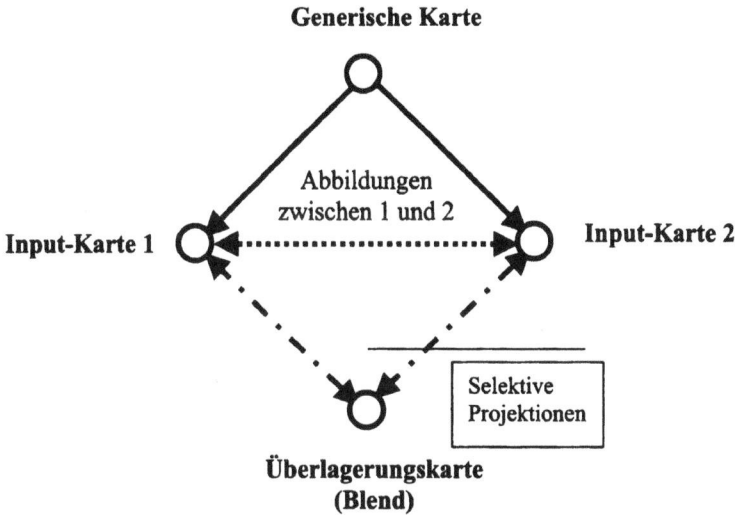

Abbildungen
zwischen 1 und 2

Input-Karte 1   **Input-Karte 2**

Selektive
Projektionen

**Überlagerungskarte
(Blend)**

Abbildung 29: Der Verband der Überlagerung mit Ausgleich
zwischen zwei Input-Karten[86]

In der visuellen Semiotik können als Beispiele phantastische Zwit-
terwesen, wie Nixen, Kentauren gelten (zwei Teilkörper verschiedener Gattungen werden zu einer Phantasiegattung zusammengefügt).
Innerhalb der sprachlichen Blends können alle grammatischen
Konstruktionen Verbindungen von Elementen unterschiedlicher
Wortarten, z. B. Adjektiv + Nomen → Nominalgruppe als *blends*
im Sinne von Fauconnier und Turner aufgefasst werden. Die Elemente der Konstruktion sind in der Regel semantisch verschieden,
d. h. sie haben Werte auf unterschiedlichen Merkmalsdimensionen
und ihre Kombination ist deshalb nicht so trivial wie die Anein-
anderreihung von Zeichen zu Ketten. In Abbildung 30 wird die
Standard-Darstellung bei Fauconnier und Turner (1999), die quasi
allen Anwendungen zu Grunde liegt, wiedergegeben. Die einzelnen
Operationen, die von den Autoren angegeben werden, sind:

- Abbildung zwischen mehreren mentalen Karten.
- Selektive Projektion aus den gegebenen Inputs.

---

86 Es findet statt der mengentheoretischen Überlagerung eher ein Abgleich
mit Selektion statt. Insofern passt die verbandstheoretische Struktur nicht
ganz. Es ist aber die nächste algebraische Struktur, die ich finden konnte.
Ich danke für einen Hinweis von Andrea Graumann.

- Komposition, Vervollständigung, Ausarbeitung.
- Emergente Struktur.
- Integration (ibidem: 1).

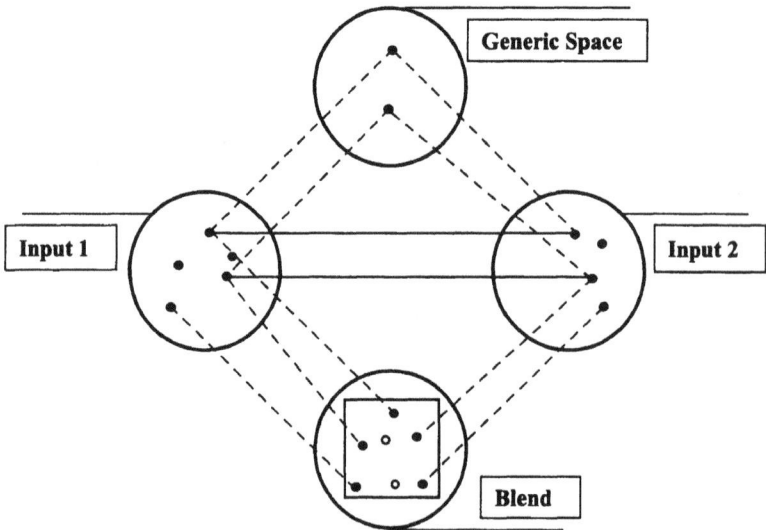

Abbildung 30: Standard-Darstellung des Blending

Als besondere Leistung wird die Kompression von räumlichen und zeitlichen Ursache/Wirkung-Beziehungen angeführt. Das bedeutet z. B., dass ein großer Zeitabstand komprimiert wird, indem etwa ein Diskurs mit Kant mit heutigen Positionen durchgespielt wird (Kompression 1800 → 2000). Eine Raum-Differenz wird komprimiert, wenn zwei Schüler Papierkugeln in den Papierkorb werfen und damit ein Basketballspiel nachvollziehen. Bei komplexen Ursache-Wirkungs-Beziehungen versucht der Denkende, ein verkürztes Szenario zu schaffen. Die Autoren untersuchen z. B. ein Plakat, auf dem für eine bessere Ausbildung an amerikanischen Schulen geworben wird. Es zeigt drei Siebenjährige in Chirurgenkleidung am Operationstisch. Der große Untertitel lautet: „Joey, Kathie and Todd will be performing your bypass" (vgl. Fauconnier und Turner, 2002: 8). Die Ausbildungszeit der Kinder, noch ca. 20 Jahren bis zum Assistenzarzt, wird auf 0 komprimiert. Eine schwierige Ursa-

che-Wirkungs-Beziehung: „Heute in bessere Ausbildung investie-
ren, damit in 20 Jahren qualifizierte Ärzte (und andere Leistungs-
träger) verfügbar sind" wird auf die Hilflosigkeit der Kinder, die
eine komplizierte Operation ausführen sollen, projiziert.

Ich will im Kontrast dazu das viel konkretere Blending im Falle
klassischer Phantasiegattungen besprechen. Abbildung 31 zeigt wie
Teile der Körper eines Fisches und einer Frau zur Nixe zusammengefügt werden (als Realisierung des Blending-Schemas links).

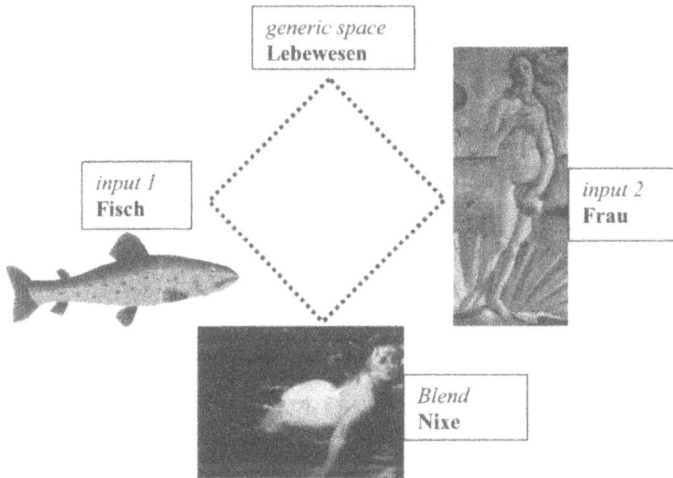

Abbildung 31:   Nixe als Blend von Fisch und Frau

Dieses Beispiel zeigt, was eine Analyse anhand von Merkmalsmengen nicht deutlich werden lässt:

- Die Teile müssen zuerst auf der Basis eines Kontinuums definiert
  werden, so dass ein Kategorienraster, z. B. der Körperteile, entsteht. Dieser Sachverhalt impliziert kontinuierliche Übergänge
  und die Trennung von Teilfunktionen. Im Falle von Frau und
  Fisch ist die Beziehung Beine/Füße der Frau, hinterer Teil des
  Fisches mit Schwanzflosse alles andere als selbstverständlich;
  insbesondere die Übergangszone bleibt in der bildhaften Darstellung problematisch. Außerdem muss die normale Raumlage
  neutralisiert werden, denn die Frau steht auf ihren Füßen mit
  dem Kopf oben; der Fisch aber schwimmt mit dem Kopf nach
  vorne und den Flossen hinten. All diese Anpassungen müsste
  die generische Karte steuern.

• Die inneren Funktionen müssen ausgeklammert werden. Dies
  wird z. B. beim Kentaur deutlich, da der Bauch des Mannes (mit
  Geschlechtsteilen) beim Pferdeleib weiter hinten liegt und somit
  nicht widerspruchsfrei repräsentiert werden kann. Die Arme,
  die funktional den Vorderbeinen entsprechen, sind hinzugefügt
  (bzw. aus anatomisch-evolutionärer Sicht doppelt vertreten), so
  dass der Kentaur sechs Extremitäten hat und in der übergeord-
  neten Kategorie der Wirbeltiere eine Ausnahme bildet (Insekten haben sechs Gliedmaßen).

Fügt man Fisch und Frau in einem Kompositum zusammen, so
ergeben sich wiederum andere Probleme. Insbesondere wird eine
Vielzahl von Relationen generiert, welche teilweise auch die Konstituenten des Kompositums neu interpretieren.[87]

Fischfrau   –   Frau, die Fische *verkauft*.
            –   Frau, die kalt *wie* ein Fisch *ist*.
            –   Frau, die gerne Fische *isst*.
            –   Frau, die im *Sternzeichen* des Fisches
                geboren wurde.
            –   Frau, die *stumm wie* ein Fisch ist.

Viele weitere Interpretationen sind möglich (vgl. Wildgen, 1982b,
c). Wichtig ist, dass die emergenten Strukturen nicht nur aus den
Inputs (Frau, Fisch) kommen, sondern dass generell dominante
(strukturell stabile) Relationskonstanten in die Konstruktion ein-
fließen, die ihren Ursprung weder in den Inputs noch in einer für
diese (und ähnliche) Inputs charakteristischen generischen Karte
haben (Es gibt sozusagen mehrere Ebenen generischer Karten).

---

87 In Wildgen (2005c) wird die kunsthistorische Tradition der Groteske (seit
   der Renaissance) mit ähnlichen bild-semiotischen Erscheinungen in der
   Antike, der Gotik und der Moderne verglichen. Dabei wird das Phänomen der Verbindung von Widersprüchlichem in der Kunst systematisch
   diskutiert. Die Anwendbarkeit der Blending-Semantik wird in diesem
   Kontext ebenfalls erörtert.

7.2 Prinzipien der Konzept-Integration und deren Anwendung

In Fauconnier und Turner (2002) wird eine ganze Reihe von Prinzipien aufgelistet und exemplarisch erläutert, welche die Integration von zwei oder mehreren konzeptuellen Einheiten regeln.[88] Sie führen vier Gruppen solcher Prinzipien an (vgl. ibidem, Kap. 16):

Konstitutive Prinzipien

- Matching and counterpart connections
- Generic space
- Blending
- Selective projection
- Emergent meaning

Prinzipien, welche die *Kompression* von Inhalten steuern

- Borrowing for compression
- Scaling compression
- Syncopating compression
- Same-type compression
- Different-type compression
- Creation
- Highlights compression

Weitere Prinzipien

- Topology Principle
- Pattern completion principle
- Integration principle
- Maximization of vital relations principle
- Intensification of vital relations principle
- Web principle
- Unpacking principle
- Relevance principle

---

88 Fauconnier (1985) hatte bereits spezielle Eigenschaften, z.B. die Verbindung von „mental spaces" durch sog. Konnektoren vorgeschlagen. Er nahm damit Vorschläge zur Zugänglichkeit zwischen möglichen Welten wieder auf. Auch Maximen wurden dort schon formuliert, z.B. „Avoid contradictions within a space". Vgl auch Lakoffs Darstellung in Lakoff (1987: 282 f.).

Übergreifende Maximen

- Compress what is diffuse
- Achieve human scale
- Obtain global insight
- Strengthen vital relation
- Come up with a story
- Go from many to one

Ich will exemplarisch eines der Prinzipien kurz erläutern:

Topologie Prinzip (siehe oben unter weitere Prinzipien):

> Vorausgesetzt alles Übrige ist gleich, organisiere den Blend und die Inputs so, dass brauchbare topologische Eigenschaften der Inputs und ihrer Korrespondenzen in der Außen-Welt durch Beziehungen im (mentalen) Innenraum durch den Blend widergespiegelt werden.

Dieses Prinzip fordert eine Isomorphie-Beziehung zwischen Außen- und Innenwelt, was immerhin ein interessantes Zugeständnis eines konstruktivistischen Modells an den semantischen Realismus darstellt.

Viele der Prinzipien erinnern einerseits an die Kriterien einer guten Gestalt, d.h. an Optimierungsregeln der Gestaltpsychologie und andererseits an die Konversationsmaximen von Grice. Es wäre zu fragen, welchen kognitiven Status diese Prinzipien oder Maximen haben. Sind sie Regeln der Vernunft oder der Interaktion oder beruhen sie auf (halb)-automatischen Optimierungsprozessen im Unbewussten (die Nähe zu Prinzipien der Gestaltwahrnehmung würde Letzteres nahe legen)?

Die Prinzipien und Maximen lassen sich an einem Beispiel, das Fauconnier und Turner (2002: 59 f.) angegeben und das Oakley und Brandt (2007) näher ausgeführt haben, illustrieren. Im Zentrum stehen verschiedene (historische) Zeiten, die komprimiert werden, und der Perspektivenwechsel. Das Beispiel heißt „Debating Kant". Ein gegenwärtig Lehrender der Philosophie inszeniert eine fiktive Debatte mit Kant in Frage und Antwort. Für den (toten) Kant steht sein Buch „Kritik der reinen Vernunft", d.h. die Person wird durch sein Werk vertreten. Auf die Frage des Gegenwartsphilosophen: „Was halten Sie von der Selektion von Neuronengruppen?", muss der fiktive Kant passen, d.h. dazu sagt die Kritik der reinen Vernunft nichts. Das Beispiel zeigt eine Kom-

primierung der Zeit von 1781 → 2000 und des Raumes Königs-
berg → USA. Die Auflösung führt außerdem die Distanz zwischen
den thematischen Räumen: Kritische Philosophie → Neurophi-
losophie vor. Der Ausarbeitung von Oakley und Brandt liegt
ein reales Transkript zu Grunde. Man kann dabei beobachten,
wie ein älterer Student im Disput die Position Kants übernimmt,
indem er dessen (im vorherigen Unterricht dargelegte) Argumentation vorführt. Die anderen Studierenden können nun mit ihren
Gesprächsbeiträgen als Stellvertreter Kants argumentieren. Im
Gegensatz zum konstruierten Beispiel bei Fauconnier und Turner,
in dem am Ende der Disputant den fiktiven Kant mit einer Frage
zur Neurologie konfrontiert, welche die Illusion der Gleichzeitigkeit zerstört und damit innerhalb des Spieles unfair wirkt, ver-
läuft der reale Disput bei Oakley und Brandt anders. Der Student
und sein Opponent bleiben im Rahmen, indem letzterer Ockhams
Prinzip anführt (da Ockham vor Kant lebte, konnte letzterer dessen Argumentation kennen). Der Student, der die Position Kants
vertritt, erwidert darauf: „I think it's really a good point to press
him on", worauf der Opponent erwidert, „too bad he's dead". Die
Autoren folgern daraus, dass solche Zeit- und Raumkompressio-
nen nur vorübergehend (lokal) machbar sind. Selbst dann muss
aber ein möglicher Diskursrahmen („universe of discourse") abge-
steckt werden, der kohärent ist. In diesem Sinne verletzt der letzte
Satz im Beispiel von Fauconnier und Turner diese Kohärenzbe-
dingung. Mit anderen Worten, die in den Prinzipien und Maximen genannten Operationen verlangen einen eventuell minimalen,
jedenfalls nicht leeren Bezugsrahmen, in dem sich die Weltausschnitte, die verbunden, komprimiert und verallgemeinert werden, treffen können.
  Dieser Hintergrund (siehe den Begriff „generic space") kann
in der Situation vereinbart, konstruiert werden; er ist aber notwendig. Ist diese Bedingung nicht oder nur unzureichend erfüllt,
wirkt die Ideenführung, das Argument, die Veranschaulichung
missglückt. In diesem Sinne missglückt das Beispiel von Fauconnier und Turner, denn der Begriff „Neuronengruppe" liegt nicht
im Überschneidungsbereich der „philosophy of mind" anno 2000
und der „Kritischen Philosophie" Kants anno 1781. Da ein Groß-
teil der philosophischen Debatten aber immer noch mit den Argumentationen von Kant kompatibel (kommensurabel) ist, muss eine
philosophische Debatte mit Kant an und für sich nicht problema-

tisch sein. Durch seine Schriften und deren Interpreten ist Kant schließlich im Jahre 2000 noch „präsent".

Ein weiteres Beispiel von Oakley und Brandt (2008) steigert die Komplexität des Perspektivenwechsels noch. Die Autoren analysieren zwei Porträts von Holbein, die Thomas Morus (1527) und Thomas Cromwell (1532) zeigen. Die Porträts selbst und der Maler bilden die erste Situation, die zweite wird durch den Sammler Clay Frick hergestellt, der diese Bilder so positioniert hat, dass die beiden Porträtierten sich quasi anblicken. Eine dritte Perspektive nimmt der Museumsbesucher (in diesem Falle Todd Oakley) ein, der sich in dem Museumsraum bewegt und den historischen Konflikt zwischen Thomas Morus und Cromwell kennt (Morus wurde 1535 ermordet, wobei Cromwell eventuell der Auftraggeber war). Der Besucher ist sich dabei auch bewusst, dass die Konstellation vom Sammler hergestellt wurde, der wiederum die historische Konfliktsituation kannte. Insgesamt werden beim Verstehen dieses Zusammenhangs vier Ebenen übereinander projiziert und dazu angepasst:

(1) Morus und Cromwell als Kontrahenten,
(2) Holbein porträtiert die beiden,
(3) der Sammler kauft beide Porträts und arrangiert sie im Raum,
(4) der Besucher nimmt das Ergebnis der Operationen (1) bis (3) aus seiner Perspektive und auf dem Hintergrund seines Wissens wahr.

Um diesen Prozess zumindest schematisch zu beschreiben, müssen Oakley und Brandt (2008) fünf mentale Räume annehmen (die obigen vier und eine Gesamtsituation als „grounding").

Kognitiv sind so komplexe Operationen gerade im Falle der Kunst oder strategischer Verhaltensformen und politischer Intrigen sicherlich durchaus alltäglich. Bei der Äußerung in der Form eines Textes oder eines Text-Bild-Zusammenhangs sind sie aber komplexer als einfache Sätze oder auch als Sprechakte. Ihre normale Realisierung erfolgt in Texten, Bildfolgen oder Filmsequenzen. Da in diesem Buch die Ebene von Texten oder Bildsequenzen aus Gründen der Raumbegrenzung ausgeklammert bleiben, will ich es bei dieser Illustration des Paradigmas der konzeptuellen Integration bewenden lassen.

7.3 Domänenvielfalt und sprachliche Kreativität

Innerhalb der Semantik mentaler Karten haben sowohl Mark Turner als auch Per Aage Brandt Anwendungen vorgeschlagen, die in den Bereich der Ästhetik (von Sprache, Musik und bildender Kunst) verweisen, d. h. die Kognitive Grammatik erweist sich nicht nur für eine sprach-kritische Analyse (siehe die Arbeiten Lakoffs zum Golf- und Irak-Krieg) sondern auch für die Analyse von Kunst als fruchtbar. Die komplexe Interaktion zwischen verschiedenen „Welten" (mental spaces) enthält den Schlüssel zur Kreativität und damit zur Kunst und Ästhetik.[89] Per Aage Brandt (2004: 41) schlägt ein grundlegendes Netz mit vier ontologischen Domänen vor. Domänen oder „regionale Ontologien" (vgl. Husserl, 1952: 49–51) sind eine sinnvolle Alternative zur willkürlich erscheinenden Vielfalt von Welten oder mentalen Karten; sie nehmen allerdings eine Rechtfertigungslast auf sich, welche die willkürlichen Ansammlungen von Welten oder Karten nicht tragen müssen.

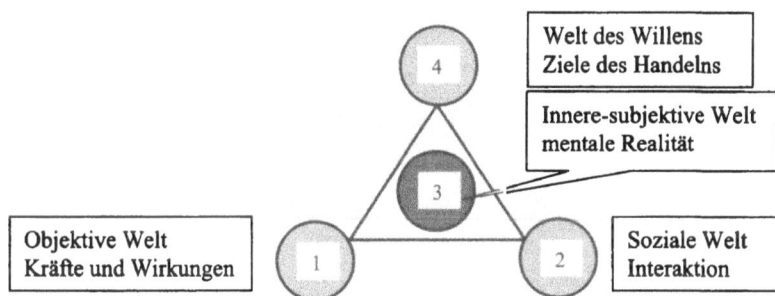

Abbildung 32: Das zentrierte Netz der vier ontologischen Domänen

Der Kreis in der Mitte enthält das menschliche Subjekt (quasi als ein Behältnis), insbesondere die Domäne seines Geistes; wir können

89 In Harder (2003) wird darauf hingewiesen, dass die relativ aufwändige Blending-Theorie besser auf die Beschreibung außergewöhnlicher, konfliktueller oder bewusst ambivalenter Sprachmuster beschränkt werden sollte (vgl. auch die Beispiele aus Oakley und Brandt 2008 oben). Die normale Semantik von Nominalphrasen und Sätzen sollte dann traditionell behandelt werden. Dies erscheint plausibel. Es würde aber eine Mehrebenen-Semantik zur Folge haben, und die Übergänge müssten in einer (derzeit nicht verfügbaren) Rahmentheorie gesichert werden.

diese Domäne D3 mental-subjektiv nennen. Die äußeren Domänen
sind wie die Antennen des Geistes: D1 ist die Domäne der kausalen
Wirkungen; sie enthält Objekte, Distanzen, physikalische Kräfte
sowie Hintergründe (Bühnen) des menschlichen Handelns. D2 ist
die soziale Welt, mit der wir unser Handeln abstimmen müssen;
wir können sie auch intentional nennen. D4 schließlich enthält eine
Person, auf die unser Denken emphatisch oder in einem Willensakt
gerichtet ist; wir können diese Domäne volitional nennen.

Rund um die Pyramide der vier „Welten" setzt Brandt mehrere Ringe von Satelliten an, die paarweise zuerst die peripheren
Domänen D1, D2 und D4, dann die neuen Kanten verbinden. Das
Grundprinzip ist das einer gerichteten Dualität wie beim Blending. Inhalte einer Welt werden auf Inhalte einer anderen projiziert und es entsteht eine neue, emergente Karte, die Bestandteil
einer neuen „Welt" ist. Die netzartige Ausbreitung wird in Abbildung 33 schematisch dargestellt (vgl. ibidem: 52, 55, 58, 62).

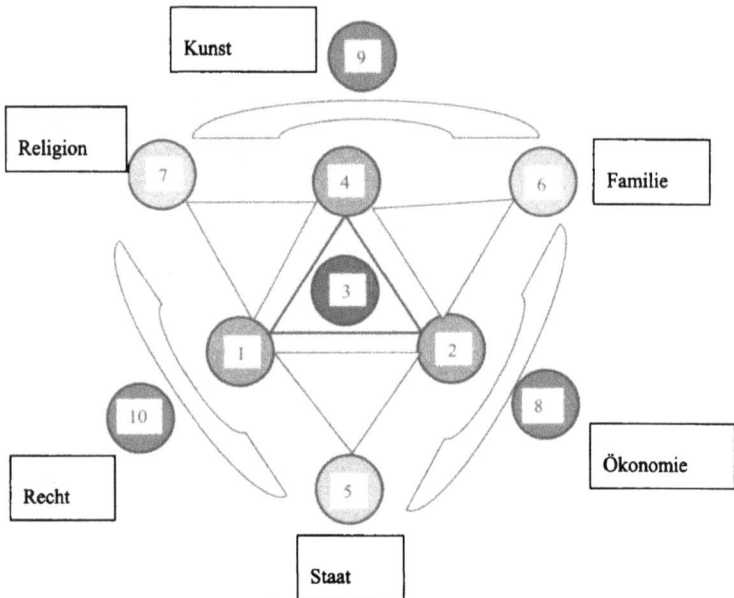

Abbildung 33: Das wachsende Dreieck der Domänen

Weitere Integrationen konstituieren weitere Dreiecks-Konfigura-
tionen. Brandt führt noch die Reihe der Diskursarten: Argumen-

tation–Narration–Beschreibung und die Reihe der Wissenschaften: Naturwissenschaft–Philosophie–Geschichte ein. Insgesamt entsteht somit durch eine triadische Rekursion ein im Prinzip unendliches Feld von Gattungen des Semiotischen. Dieser Ansatz kann mit entsprechenden Vorschlägen bei Cassirer, der die symbolischen Formen als Gattungen des Symbolischen beschreibt, oder bei Niklas Luhmann, der die Gattungen der generalisierten Medien ableitet, verglichen werden (vgl. Wildgen, 2004a: Kap. 10). Gegenüber den in der Tradition der Analytischen Philosophie stehenden, eher arbiträren Mengen von Welten der intensionalen Logik oder den beliebig vermehrbaren, ohne eine topologisch-geometrische Struktur auskommenden Karten von Fauconnier ist der Vorschlag von Brandt ein Fortschritt. Natürlich muss er erst nachweisen, dass die schön symmetrische Struktur, die er für die Welten oder Karten (Domänen) postuliert, auch eine Entsprechung im symbolischen Verhalten des Menschen hat.

Am Beispiel des Ausdrucks „Eierkopf" für einen Intellektuellen („egg-head") zeigt Brandt, dass neben dem Blending, das ein Element aus dem Bereich Hühnerstall mit einem Element aus dem Bereich des menschlichen Körpers zu einer selektiven Einheit verbindet, noch eine „Relevanz-Karte" notwendig ist, welche auf der Basis kulturellen Wissens, einen Inhalt generiert, den man wie folgt paraphrasieren könnte: Intellektuelle haben kein Herz (nur einen Kopf). Dieser stereotype Wissensinhalt macht den Blend erst interessant und von allgemeiner Bedeutsamkeit. Daraus lässt sich dann ein (negatives) Urteil über denjenigen ableiten, der ein „Eierkopf" genannt wurde (vgl. ibidem: 24f.).

In weiteren Beiträgen seiner Aufsatzsammlung wendet Brandt seine erweiterte Semantik mentaler Karten an, um neben sprachlichen und diagrammatischen Strukturen auch künstlerische Produktionen in ihrer Wirkung darzustellen: Gedichte (Baudelaire, Shakespeare), Musik und Theater. Es gelingt ihm, die komplexe Vielschichtigkeit dieser Zeichenformen durch ein vielfaches „Blending" mit einem Wechsel der Bezugsdomänen zu erklären und somit seinem Modell Plausibilität zu verleihen.

Als Versuch, den eher hermeneutischen Ansatz der Kognitiven Grammatik (bei Langacker, Lakoff, Talmy) auf eine Theorie im Rahmen naturwissenschaftlicher Standards zurückzuführen, ist die Arbeit von Fauconnier und Turner zu begrüßen. Der Anschluss an die naturwissenschaftliche Kognitionsforschung bleibt dennoch unterbestimmt. Immerhin wird deutlich, dass dieser Anschluss beim gegenwärtigen Zustand der Linguistik (methodisch und theoretisch) nur partiell und provisorisch möglich ist. Die Linguistik bewegt sich also zwischen einer blassen, reduzierten Sicht auf die menschliche Sprache, die den Kontakt mit der Künstlichen-Intelligenz-Forschung sucht (Chomsky-Nachfolger-Modelle) und einer reicheren, anschaulicheren Version (Lakoff, Langacker, Talmy, Turner, Brandt), die sich kognitionswissenschaftlich weitgehend auf der Ebene der vorexperimentellen und vorquantitativen Psychologie bewegt (vgl. die Kritik in Wildgen, 1994a: Kap. 1), dafür aber den Anschluss an die interpretativen Disziplinen erleichtert und einen Zugang zur Beschreibung und Erklärung künstlerischer Phänomene ermöglicht (siehe die Arbeiten von Brandt, 2004).

In Kapitel 8.3 werde ich als Perspektive einer neurolinguistischen Fortführung der Blending-Problematik die Vorgehensweise und einige Ergebnisse der neurobiologischen Forschung vorstellen, wobei die linguistische Problematik auf die Grundfrage: Was ist (semantische) Kompositionalität? eingeschränkt wird. Da alle Wort-, Satz- und Textstrukturen ein Prinzip der Komposition benützen, muss diese Frage vor allen anderen beantwortet werden.

8. Perspektiven einer Fortführung der Kognitiven Grammatik

8.1 Phonologie in einer Kognitiven Grammatik und Modelle der Sprachproduktion

Ein auffälliger Mangel aller in diesem Buch behandelten Theorien betrifft die Phonologie und dieser Mangel ist bedeutsam. Gerade die Phonologie hat einen relativ direkten Bezug zur Phonetik, die seit dem 18. Jh. in den Naturwissenschaften und in der Medizin eine breite Fundierung erhalten hat. Eine in die Kognitionswissenschaften integrierte Kognitive Grammatik müsste eigentlich besonders stark auf die psychophysische Fundierung der Phonologie achten und der Phonologie eine grundlegende Bedeutung zumessen.

Bei den phonetischen Strukturen der Sprachen sind mit Bezug auf die Physiologie und die Kognition drei phänomenale Ebenen zu unterscheiden:

(1) Die organo-genetische (artikulatorische) Ebene. Auf die Seite des Gehirns muss eine Kontrolle der koordinierten Muskelbewegungen erfolgen; diese motorische Kontrolle wird dadurch vereinfacht, dass die peripheren Prozesse (der Artikulatoren) selbstorganisiert, d.h. in gewissen Grenzen und Variationen durch lokale Organisationsformen stabil geregelt sind. Die kognitive Kontrolle kann sich deshalb auf abstrakte motorische Schemata und auf den Vergleich des auditiven Input mit den „Soll-Schemata" der Lautproduktion beschränken.

(2) Die physikalisch-akustische Ebene der Signalübertragung (Luft-, Knochenleitung oder technische Vermittlungen). Diese stellt vielleicht die engsten Bedingungen für die erfolgreiche zwischenmenschliche Lautkommunikation dar.

(3) Die auditive Analyse und die entsprechenden Rückkoppelungen mit Ebene (1).

Für die kognitive Organisation sind die erste und die dritte Ebene zentral. Die mittlere Ebene ist aber insbesondere für eine Naturalisierung der Phonologie von Bedeutung; eine solche wird aber innerhalb der Kognitiven Grammatik weder versucht noch angestrebt. Obwohl auch die Kognitive Grammatik, etwa bei Langacker, von der Saussureschen Dichotomie des Zeichens, d. h. einem Signifikat und einem Signifikans ausgeht, beziehen sich fast alle Analysen auf das, was Martinet die zweite Artikulation genannt hat, d. h. auf Einheiten (Morpheme, Wörter, ...), die eine Bedeutung tragen, und auf die Konstruktion („construal" bei Langacker) größerer Zeichenstrukturen. Die sub-morphematische Ebene, d. h. Silben, Phoneme u. a., ist nur bedingt auf Inhalte, Gemeintes, Intendiertes beziehbar. An dieser Stelle zeigt sich, dass „kognitiv" doch in einem engeren Sinne, d. h. eingeschränkt auf mentale Prozesse, die Inhalte betreffen (klassisch „Vorstellungen" genannt, moderner Bild-Schemata, kognitive Modelle usw.), verstanden wird. Die stärker automatisierten, kognitiv grundlegenden Prozesse der Lautwahrnehmung und Laut-Produktion bleiben dabei im Schatten oder werden schlicht vorausgesetzt. Ich will zuerst einige Aspekte erläutern, die noch im Rahmen der Kognitiven Grammatik im Stil Langackers behandelt werden können[90] und mich dann mit Modellen beschäftigen, die zumindest teilweise durch die experimentelle psycholinguistische Forschung motiviert sind.

8.1.1 Phonologie in Begriffen einer Kognitiven Grammatik im Stil Langackers

Wie bei der Syntax stellt sich bei der Phonologie die Frage nach ihrer Autonomie. Da Langacker Chomskys Anspruch einer (mehr oder weniger) autonomen Syntax ablehnt, gilt dies analog für die Phonologie, die nach ihm wie erstere vom Lexikon abhängig ist. Eigentlich hatten bereits die Prager Funktionalisten eine ähnliche Position eingenommen: das Phonem trägt zwar keine Bedeutung (von Ausnahmen abgesehen), es erlaubt aber die Unterscheidung von Bedeutungen und ist somit bedeutungsfunktional. Beim Erwerb des Lexikons entwickelt das Kind zuerst ein rudimentäres System phonologischer Unterscheidungen; in der Ausbauphase wird

---

90 In den anderen in diesem Buch behandelten Ansätzen fehlt die Phonologie vollständig.

dann das einzelsprachliche phonologische System vom Lexikon-
erwerb geprägt und stellt somit nicht lediglich eine Anpassung an
dominante phonetische Muster in der Sprache der Bezugsperso-
nen dar (vgl. Boysson-Bardies, 2004). Insofern ist eine lexikalisti-
sche Theorie der Phonologie plausibel.

Im Kontext der Kognitiven Grammatik wird die Phonologie
ausgehend von der Silbe und der phonologischen Phrase behandelt. Die phonologischen Segmente (Phoneme) werden als davon
abhängig angesehen. Auch der Wortebene wird (für manche Sprachen) phonologische Relevanz beigemessen. Die Silbe wird klassisch in die Bestandteile Anlaut, Nucleus, Coda unterteilt, wobei
Nucleus und Coda zusammen den Reim bilden. Diese Struktur
wird das Silben-Schema genannt (vgl. Taylor, 2002: 84). Ähnliche
Konstituenten-Schemata gelten bei phonologischen Phrasen. Beispiel: *letter from America.*

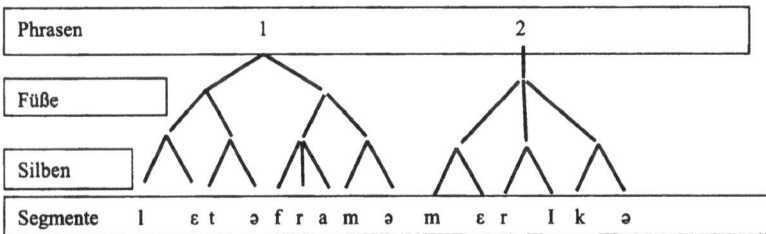

Abbildung 34: Phonologische Konstituentenstruktur (nach Taylor,
2002: 85)

An diesem Beispiel ist ersichtlich, dass es Konstituentenstrukturen in der Phonologie ebenso wie in der Morphologie und Syntax
gibt. Diese weisen aber unterschiedliche Inhalte und Restriktio-
nen auf. Dennoch lassen sich einige Prinzipien der Syntax auf die
Phonologie anwenden.

Den Schema-Begriff verwendet Taylor (2002: 144f.) auch zur
Beschreibung von Allophonen im Englischen. So ist z. B. das Phonem /p/ ein Schema mit den Realisierungen (Allophonen) [p$_h$],
[p], [p'], die je nach Umgebung (Anlaut, Inlaut, Auslaut) variieren. Die Schema-Beziehung kann auch auf die Gruppe /p, t, k/
erweitert werden, obwohl die jeweils realisierten Allophone nicht
strikt in Korrespondenz stehen. Es bleibt jedoch eine Schema-Be-

ziehung erhalten, bei der das (verallgemeinerte) Schema: stimm-
loser Verschlusslaut, die Instanzen aspiriertes vs. nichtaspiriertes
Allophon hat. Kognitiv wäre der Schema-Begriff jenes Allgemeine,
das sowohl in der Phonologie als auch in der Morphologie/Syntax
jeweils Anwendungen hat.[91]

Auch der für den Satz zentrale Valenzbegriff, d. h. die Kontrolle
und Selektion von Argumenten durch das Verb, wird auf die Phonologie übertragen. Die Phonotaktik, d. h. die Kombinatorik von
Phonemen zeigt Abhängigkeitsmuster, da z. B. einige Phoneme
nicht im Anlaut oder Auslaut vorkommen bzw. in ihrer Kombination beschränkt sind. So sind etwa kurze Vokale in betonter
Silbe im Deutschen an die Existenz eines konsonantischen Kodas
gebunden u. ä.

Viele dieser Vorschläge zu einer kognitiven Phonologie sind
allerdings weder neu noch charakteristisch für die Kognitive
Grammatik. Es werden vielmehr aus der funktionalen Phonologie bekannte Beschreibungen in den Anwendungsbereich der bei
Langacker definierten Begriffe Schema und Valenz gebracht. Ich
gehe deshalb auf die Details nicht weiter ein, da man sie ähnlich in
einer aktuellen Einführung in die Phonologie finden kann.

8.1.2 Psycholinguistische Modelle der Sprachproduktion

Die experimentelle Psycholinguistik basiert wesentlich auf Ver-
suchsreihen, in denen Probanden Aufgaben lösen müssen (Wort-
erkennung, Bilderkennung usw.) und bei denen die Reaktionszeit
gemessen wird. Neuerdings werden auch Elektro-Enzephalo-
gramme (spezieller ERPs = event related potentials) während solcher Tests ausgewertet. Damit wird aber schon die Grenze zur
Neuropsychologie und Neurologie überschritten.

Die Frage der Autonomie der Phonologie im Vergleich zur übrigen Grammatik (Morphologie, Syntax, Lexikon) wird von Levelt
(1999) insofern gelöst, als er für die ersten zwölf Monate des Klein-
kindes zwar weitgehend getrennte Bereiche, das System der Arti-

---

91 In Mompeán-González (2004) werden innerhalb der kognitiven Phono-
logie zwei Modelle unterschieden: (a) die radiale Extension eines Pro-
totyps (und die Überschneidung der Extensionen zweier benachbarter
Phoneme), (b) das Netzwerk-Modell mit kotextuellen Einflüssen auf die
Realisierungen des Phonems. Die beiden Modelle benützen allgemeinere
Konzepte von Lakoff (a) und Langacker (b).

kulationsbewegungen einerseits und das System der Bedeutungen (im Kontext der Wahrnehmung und des Handelns) ansetzt. Danach werden aber die beiden Systeme zunehmend aufeinander abgestimmt. Einzelne Babbel-Wörter (artikulatorisch) werden z. B. an bedeutungstragende Wörter, denen sie ähneln, angepasst. Mit dem Wachsen des Wortschatzes (jenseits von 50 Einheiten) wird das Problem einer sicheren Trennung der Wörter durch eine zunehmende „Phonemisierung" des Wortschatzes gelöst. Das Kind trennt die Anlaut-, Inlaut-, Auslaut-Bereiche und entwickelt ein reiches System von phonologischen Unterscheidungen (die in etwa Merkmalen im Beschreibungsapparat des Phonologen entsprechen). Die ursprüngliche Separation der beiden Entwicklungsfelder verschwimmt zwar, bleibt aber selbst für die erwachsenen Sprecher relevant (vgl. Levelt, 1999: 86f.). Auch beim erwachsenen Sprecher lassen sich zwei (zeitlich wohl verschränkte) Prozesse unterscheiden. Zuerst erzeugt der Sprecher diskrete Ordnungen (Segmente, Merkmale) im Kontext der Generierung von Silben, die dann hierarchisch zu phonologischen Wörtern und Phrasen führen.[92] Danach (mit Überlappung) erzeugt er phonologische Gesten im Kontext phonologischer Phrasen. In dieser Phase werden unter Mitwirkung des limbischen Systems auch evaluative Konturen geschaffen. Die diskrete (evolutionär neuere) Schicht wird durch eine kontinuierlich (evolutionär ältere Ruf-Muster nachahmende) Schicht moduliert.

Die Interaktion von Phonologie und lexikalischen Suchprozessen wird auf psycholinguistische Effekte (z. B. auf den Worthäufigkeitseffekt) oder auf ToT-Phänomene (Versprecher und Zungenbrecher) hin experimentell geprüft. Andere Experimente messen die Wirkung eines Stimulus (*prime*; es kann ein Wort oder ein Bild sein), der in einer bestimmten Phase des Tests gegeben wird. Wird etwa ein Wort mit einem bestimmten An- oder Auslaut vorgegeben, beschleunigt dies die Reaktion auf ein Wort mit gleichem An- oder Auslaut. Man spricht von der Aktivierung eines Musters durch den *prime*, die dann zu einer Zeitersparnis bei der späteren mentalen Arbeit führt.

---

92 An dieser Stelle sei angemerkt, dass implizit für Levelt das Chomsky-Paradigma als theoretische Leitlinie fungiert. Insofern ist es problematisch, sein Modell in den Kontext der Kognitiven Grammatik zu stellen.

Was Levelt (1999) sehr deutlich macht, ist, dass der phonologische Prozess in der Zeit abläuft, d. h. dass Strukturen nacheinander gebildet werden. Dies ist auch für die Sprachwahrnehmung anzunehmen. Es gibt also kein Inventar von vorgegebenen Mustern, die generiert bzw. erkannt werden; diese Muster entstehen vielmehr erst im phonologischen Prozess (wobei lokale Beschränkungen bzw. Präferenzen existieren). Die Basis, etwa die Trennung von Vokal und Konsonant und andere phonologische Trennungen sind tatsächlich angeboren, wie Experimente zur kategorialen Wahrnehmung mit Säuglingen gezeigt haben. Für die Phonologie gilt also gewissermaßen eine Art Universalismus, den die Kognitive Grammatik ablehnt. Nur sind diese universalen Strukturen zumindest teilweise evolutionär älter als die Sprache und gelten auch für die Lautkommunikation nicht sprachbegabter Tiere. Die Hypothese einer UG (Universal Grammar) im Sinne Chomskys wird deshalb durch diese Annahme nicht impliziert. Eine weitreichende Parallelisierung von Phonologie und Grammatik, wie sie im letzten Abschnitt anhand der Vorschläge von Taylor (2002) dargelegt wurde, erscheint aus den genannten Gründen eher unplausibel.

Für Naturalisierungskonzepte in der Phonologie sei auf die natürliche Phonologie (z. B. Dressler, 1985) oder auf Selbstorganisationsmodelle (vgl. Wildgen, 1998a) verwiesen. Die Selbstorganisationsmodelle in der Phonologie gehören zwar nicht mehr zum historisch so benannten Feld der Kognitiven Grammatik, sind aber eine andere Form der Integration der Linguistik in die Kognitionswissenschaften. Wenn der Begriff der Grammatik für die Theorie, welche der Linguist formuliert, und der Begriff kognitiv für die Integration in die Kognitionswissenschaften, stehen, gehören sie ebenfalls zur Kognitiven Grammatik. Ich will diese und ähnliche Ansätze für eine gesonderte Abhandlung im Rahmen einer „Dynamischen Grammatik" aufheben (vgl. Wildgen, 1994a und 1999a für erste umfassende Versuche in Englisch bzw. Französisch; die Gesamtskizze in Wildgen und Mottron, 1987 muss nach 20 Jahren Forschung aktualisiert werden).

Insgesamt ist das Vorhaben, eine interdisziplinäre Fundierung der Sprach- und Grammatiktheorie zu schaffen, eine Sysiphus-Arbeit, da in den beteiligten Disziplinen ständig neue Ansätze entstehen, die nur unvollständig in vorhandene theoretische Konzepte integriert werden können. Die Zeit für ein stabiles Gesamtkonzept

ist wahrscheinlich noch nicht reif, so dass auch dieser Forschungs-
überblick nur eine kritische Bestandaufnahme sein kann.

8.2 Das Verhältnis von Kognitiver Grammatik und aktuellen Forschungen in der Psycho- und Neurolinguistik

Die von Chomsky angeregte theoretische Erneuerung der Linguistik, die programmatisch in Chomsky (1957) zum Ausdruck
gebracht wurde, hatte von Anfang an einen Anspruch auf ko-
gnitionspsychologische Erklärung angemeldet. Allerdings blie-
ben Versuche, die in Chomsky (1957) als unverzichtbar und zentral
bezeichneten Transformationen mit experimentell nachweisbaren
Effekten zu verbinden, kontrovers und letztlich erfolglos. Die verschiedenen Generationen von generativen Modellen verschoben
den Anspruch (im „Principle and Parameter" – Modell oder in
der „Optimality Theory") oder reduzierten ihn radikal (im „Minimal Program"). Der Anspruch betraf aber primär die syntaktische
Komponente, während der Semantik nur indirekt über die Logik-
sprache, die in der kartesischen Tradition als Sprache des Denkens
gesehen wird, ein kognitiver Gehalt zugesprochen wird.
    In der generativen Semantik (Lakoff, 1972) und der sich ab 1975
entwickelnden Kognitiven Grammatik (programmatisch zusammengefasst in Lakoff, 1987) wird sowohl die Syntax-Zentrierung
als auch die Voraussetzung einer (formalen) Logik aufgegeben. Für
die in den Mittelpunkt tretende Semantik muss ein anderes Format gefunden werden. Dieses findet Lakoff zuerst in der „natürlichen Logik" (Lakoff, 1972) und schließlich entwickelt er eine ganze
Batterie von kognitionspsychologischen Begriffen, darunter „pro-
totype", „image-schema" und „metaphor", mit deren Hilfe eine
kognitionswissenschaftliche Alternative zur formalen Semantik
entsteht.[93]

---

93 Historisch betrachtet könnte man von einer Wende zur Rhetorik (Meto-
    nymie und Metapher sind rhetorische Figuren) gegen die Dominanz der
    Grammatik und Logik sprechen. Grammatik, Logik (Dialektik) und Rhe-

Für den klassischen kognitiven Anspruch sind die fünf Thesen Langackers repräsentativ[94] (vgl. Langacker, 1988: 49 f.):

Thesis A: Meaning reduces to conceptualization (mental expe-
              rience)
Thesis B: A frequently-used expression typically displays a
              network of interrelated senses
Thesis C: Semantic structures are characterized relative to
              "cognitive domains".
Thesis D: A semantic structure derives its value through the
              imposition of a "profile" (designatum) on a "base".
Thesis E: Semantic structures incorporate conventional "ima-
              gery", i.e., they construe a situation in a particular
              fashion.

Diese Thesen fassen in erster Linie den Import zusammen, der durch begriffliche Anleihen in der kognitiven Psychologie (und Gestaltpsychologie) aus einer traditionellen deskriptiven Grammatik eine Kognitive Grammatik formt. In zweiter Linie lassen sie das Desiderat einer neuen Methodologie entstehen, in der Analysen des Sprachgebrauchs (die traditionelle Domäne der deskriptiven Linguistik) mit kognitionswissenschaftlichen Experimenten (am Tier und am Menschen) verbunden werden. Diese Konsequenz ist aber erst im letzten Jahrzehnt zum Tragen gekommen.

Fast zwanzig Jahre später ist der Anspruch wesentlich deutlicher geworden. Dodge und Lakoff (2005: 86) führen die folgende Liste von Kriterien an:

- Linguistic structure reflects brain structure.
- Linguistic structure is schematic (image schemas, force-dyna-
  mic schemas, aspectual schemas, and so on) because the corresponding brain regions each perform limited small-scale computations.
- Linguistic schemas can form complex superpositions because the
  corresponding brain structures can be active simultaneously.

---

torik bildeten das Trivium der „artes sermonicales" in der mittelalterlichen und neuzeitlichen Universität.

94 So ganz neu ist der Ansatz allerdings nicht, denn Heidegger (1984: 14) diskutiert bereits Schopenhauers Axiom: *Die Welt ist meine Vorstellung.* Dieses habe die Philosophie des 19. und 20. Jh. geprägt.

- Complex linguistic structures that vary widely are each made up of the same ultimate universal primitives because we all have the same brain structures that perform the same computations.
- Linguistic structure is below the level of consciousness because the brain structures that compute them are unconscious.
- Abstract schematic structures are not learned by a process of abstraction over many instances, but rather are imposed by brain structure.
- Image schemas are created by our brain structures; they have been discovered, not just imposed on language by analysts.
- Cognitive linguistics isn't cognitive linguistics if it ignores relevant knowledge about the brain.

An diesen Kriterien ist deutlich abzulesen, dass zwanzig Jahre nach Langackers Kriterien-Katalog die Neurowissenschaften die kognitive Psychologie als Leitwissenschaft innerhalb der Kognitionswissenschaften abgelöst haben.[95]

Andere Autoren schlagen sogar konkrete Gehirnareale als Sitz linguistischer Entitäten und Prozesse vor. Es werden unter anderen angeführt:

- Die so genannten Spiegelzellen (vgl. Rizzolatti und Arbib, 1998) feuern sowohl bei der Durchführung als auch bei der Beobachtung körperlicher Handlungen. Ihre Aktivitätsmuster könnten die Basis für Handlungsschemata und damit auch für semantische Rollen sein.
- Der Hippocampus und die so genannten Platz-Zellen, welche zur Navigation im Raum nützlich sind, könnten mit der Raummetaphorik in der Sprache verbunden sein.
- Während die ersten beiden Hypothesen auf experimentellen Ergebnissen bei der Untersuchung von Primaten fußen und somit nur indirekt auf die Sprache (auf den Menschen als sprechendes Wesen) übertragbar sind, glaubt Rohrer (2005), in Ergebnissen von Messungen des Elektro-Enzephalogramms

---

95 Gibbs (2005) greift allerdings Langackers Kriterium E und damit die Auffassung einer fehlenden Permanenz der Bild-Schemata, die situativ jeweils neu generiert werden müssen, auf. Er schreibt dazu zusammenfassend (Gibbs 2005: 32): "This perspective helps restore image schemas to their rightful status as 'experiential gestalts' that are psychologically real not because they are part of the mind, but because they are meaningful, stable states of embodied experience."

(ERP = event related potential) und der Magnettomographie (fMRI = functional Magnet Resonance Imaging) Korrelate der Bild-Schemata, wie sie in der Kognitiven Grammatik eingeführt wurden, finden zu können. Insbesondere wird die Rolle des sensomotorischen Kortex beim Verstehen von Körperteil-Lexemen hervorgehoben.

Insgesamt bietet sich aber ein ähnliches Bild wie bei der psycholinguistischen Relevanz-Diskussion der Chomsky-Grammatik in den 70er Jahren. Die zu evaluierende Theorie ist terminologisch und strukturell bereits vor der Bezugnahme auf kognitionswissenschaftliche Resultate fest verankert. An sie werden post hoc ausgewählte Ergebnisse der eigentlich unabhängig agierenden Neurobiologie herangetragen. Ein solches Vorgehen kann aber keinen langfristigen Erfolg haben, da zu wenig Raum für die Integration der laufenden kognitionswissenschaftlichen Forschung vorhanden ist und da beide Herangehensweisen auf unterschiedlichen Standards fußen: interpretative Plausibilität in der Kognitiven Grammatik und naturwissenschaftlicher Validierung durch Messergebnisse in der Neurobiologie.

Die in diesem Buch behandelten Modelle sind generell eher dem holistischen Paradigma in der kognitiven Linguistik zuzuordnen (vgl. Kertész, 2004: 19–22), obwohl die frühen Arbeiten von Fauconnier dem modularen Ansatz noch relativ nahe stehen, da sie auf einem mengentheoretischen Konstrukt der mentalen Karten fußen (vgl. Kriterium [c] in Kertész, 2004: 22). Eine Zwischenposition, welche eine Anbindung der Semantik an die wahrnehmungsbasierte Kategorisierung annimmt (und nicht an eine Logik), nimmt das Zwei-Ebenen-Modell ein, das von Bierwisch und Lang (1989) entwickelt wurde. Kertész (2004: 123 ff.) hat selbst eine soziologische Extension des holistischen Ansatzes von Lakoff vorgeschlagen, bei dem konversationsanalytische Prinzipien integriert werden. Dies würde eine dritte Ebene hinzufügen, sodass wir zur folgenden Hierarchie größerer Theorie-Felder kämen:

• Eine der Sensomotorik nahe stehende „kognitive" Ebene der Semantik,
• Eine im engeren Sinn sprachliche (grammatische) Ebene,
• Eine diskursbezogene, in ihren Prinzipien auf soziologische Interaktionstheorien beziehbare Ebene.

Gemeinsam ist wohl allen in diesem Buch vorgestellten Studien, dass die Syntax nicht strikt von der Semantik getrennt oder gar als das einzige Feld theoretisch zu rechtfertigender Generalisierungen in der Sprachtheorie angesehen wird. Aus einer historischen Perspektive könnte man sagen, dass man eher Husserl als Carnap folgt; vgl. etwa Carnap (1934: Logische Syntax der Sprache) und Husserl (1901: Logische Untersuchungen II).[96]

Eine recht grundsätzliche Trennungslinie betrifft den Bezug der Theorien zur Mathematik und Logik. Während die analytische Philosophie einen Bezug wie in der Physik anstrebt, d.h. die Mathematik ist (allerdings selektiv) eine Voraussetzung aller Theoriebildung, da die Theorie in einer bestimmten mathematischen Sprache zu formulieren ist[97], versuchen Lakoff und Johnson (1999) und Lakoff und Nunez (2002) die Erkenntnistheorie oder gar die Mathematik mit Hilfe einer empirisch validierten[98] Metapherntheorie zu begründen. Sie gehen damit konsequent einen Weg, den Ende des 18. Jh. bereits Condillac beschritten hat, als er in „Die Sprache des Rechnens"[99] die Mathematik aus „Sensationen", d.h. Sinneseindrücken und deren Kategorisierung, versucht hat abzuleiten. So ästhetisch befriedigend eine monolithische Letztbegründung, eine Theorie von allem, die nur auf einem Prinzip basiert, auch sein mag, aus der Sicht der Theoriendynamik erscheint die Autofundierung einer Theorie als Immunisierungsstrategie. Mit ihr wird die Tür der Fremdkritik verschlossen, da jede Argumentation immer schon die Gültigkeit der zentralen Annahmen, im Falle Lakoffs der Metapherntheorie, voraussetzen muss.[100]

Die Ansätze von Talmy und Langacker erscheinen im Vergleich zur Position Lakoffs als theoretisch gemäßigter, traditio-

---

96 Vgl. Wildgen (2003: 164 ff.).

97 Man muss dazu aber bemerken, dass seit dem 16. Jh. die Mathematik (besonders Algebra, Trigometrie, später Analysis) im Hinblick auf die Physik weiterentwickelt wurde, so dass eine Art Koevolution stattfand. Dies gilt nicht für die Linguistik, die versucht, vorhandene Formalismen zu nützen (allerdings fand im Bereich der intensionalen Logik auch eine Art Koevolution mit der logischen Semantik statt).

98 Für die Validierung gilt aber auch wieder, dass sie nach interpretativen, letztlich auf die Metapherntheorie bezogenen Kriterien erfolgen soll.

99 Vgl. Condillac (1959); das Original wurde 1798 posthum veröffentlicht.

100 Für eine alternative Interpretation der Ergebnisse von Lakoff und Johnson (1980) siehe Wildgen (1994a: Kap. 4).

neller. Durchaus in der Tradition des klassischen Strukturalismus (Saussure, Jakobson, Hjelmslev, Sapir) wird die Beziehung von Form und Inhalt in der Grammatik untersucht. Dabei werden bei Talmy klassische lokalistische Tendenzen (vgl. Wildgen, 1985a: Kap. 1) durch den Bezug auf Raum, Prozess und Sehvorgang (Perspektive) wieder aufgenommen[101]. Langacker bringt Ansätze der inhaltsbezogenen Grammatik unter Verwendung der Begrifflichkeiten der kognitiven Psychologie zu einer neuen Blüte.[102] Der Ansatz von Fauconnier und Turner könnte als Syntheseversuch von Metapherntheorie und der mengentheoretischen Möglichen-Welten-Semantik verstanden werden. Dabei wird der Aspekt der sprachlichen Kreativität, auf den bereits der frühe Chomsky mit Nachdruck hingewiesen hatte, neu akzentuiert.

8.3   Neurokognitive Modelle der Komposition und Kognitive Grammatik

8.3.1   Sind Sprachen kompositional (syntaktisch, semantisch)?

Diese Frage hat insbesondere in der Folge der Diskussion des so genannten Frege-Prinzips viele Kommentare ausgelöst. Es beginnt mit dem Problem, ob Frege die Kompositionalität der Sprache überhaupt oder zumindest zeitweise behauptet hat (vgl. Cohnitz, 2005: 23–26 und Werning, 2004) und ob die ebenfalls bei Frege zu findende Ansicht, dass die Wörter ihren Sinn aus dem Sinn des (ganzen) Satzes erhalten, dem Kompositionalitätsprinzip widerspricht. Außerdem ist fraglich, ob das Prinzip für Sprachen oder für eine als Hintergrund zu postulierende „lingua mentis" (Language of Thought, LoT) anzunehmen ist. Zahlreiche Versuche, die Positionen innerhalb der Logik oder Algebra bzw. innerhalb von Syntax- und Semantikformaten, die in solchen Kalkülen formuliert wur-

---

101 Einen modernen Lokalismus hat bereits Hjelmslev in seiner Arbeit zu den Kasus-Systemen vorgeführt; vgl. Hjelmslev (1935).

102 Die inhaltsbezogene Grammatik wurde nach 1920 durch die Gestaltpsychologie angeregt und später von Weisgerber umfassend ausgebaut. Dabei ging aber der Bezug zur experimentellen Psychologie gänzlich verloren.

den, zu klären, stoßen auf ein Basisproblem, das von der Malsburg (1999) aufzeigt. Die Frage derjenigen, die von einem universalen (logischen) Mechanismus ausgehen, lautet nämlich:

Gegeben: Ein Problem der kognitiven Verarbeitung (etwa von Sprache). Ist dafür immer eine Modellstruktur (innerhalb des universalen Mechanismus) implementierbar?

Die Frage des Neurowissenschaftlers ist jedoch eine andere:

Gegeben: Ein neurales Netzwerk. Wie ist ein gegebenes Problem mit den gegebenen Mitteln (des real existierenden und so in der Evolution entstandenen) Netzwerkes zu lösen?

Die Evolutionsgeschichte spielt insofern eine entscheidende Rolle, als Teile des Systems in einer bestimmten evolutionären Zeit ganz bestimmte Probleme zu lösen hatten, die aber zum jetzigen Zeitpunkt unter Umständen irrelevant sind. Das bestehende System kann deshalb gar nicht problemspezifisch in Bezug auf jetzige Verwendungen konzipiert sein; es muss vielmehr zur Lösung neuer (aktueller) Probleme flexibel einsetzbar sein. Außerdem spielen Optimalitätsbedingungen, insbesondere (enge) Zeitfenster, eine entscheidende Rolle, d. h. eine Problemlösung in langer (gar unendlicher) Zeit ist *keine* Problemlösung für das neurale (biologische) System. Die häufig mit der Automaten-Metapher operierende universalistische Strategie mag zu einem Algorithmus mit unüberschaubar vielen Operationen passen, bei dem, trotz Lichtgeschwindigkeit der Leitungen, Leitungsdistanzen zu einem Problem werden (siehe die sog. Super-Rechner). Da das Gehirn mit biologischen (und variablen) Leitungsgeschwindigkeiten im Bereich von ca. 70 m/sec arbeitet, ist der Druck auf einfache Prozesse (die außerdem parallel und distribuiert ablaufen müssen) entscheidend für jede *echte* Lösung eines Problems. Es wird in dieser Debatte deutlich, dass die aus der analytischen Philosophie stammende Rekonstruktionsstrategie, die auf universale Mechanismen abzielt und dabei Komplexitätsbeschränkungen vernachlässigt, im Kontext der Neurologie irrelevant ist.

In der experimentellen Neurobiologie, die auf dem Niveau einzelner Neuronen oder kleiner Neuronenverbände nur bei Tierversuchen möglich ist, wird als Teilmanifestation der Kompositionalität das so genannte Bindungsproblem (allerdings nur für die Wahrnehmung oder die Motorik) untersucht. Untersuchungen mittels EEG und MEG an menschlichen Subjekten während der Lösung von Test-Aufgaben zeigen die Relevanz der Synchronisierung im γ-Bereich für Figur-Grund-Unterscheidungen, für Merkmalskonjunktionen, für die Auflösung bistabiler Muster und für die Sprachverarbeitung (siehe Singer, 1999: 62, und Pulvermüller u. a., 1997).

In der Sprachverarbeitung kommen neben der Inhaltsseite des Zeichens, die auf die Wahrnehmung und Handhabung von Dingen in der Welt Bezug nimmt, noch Gestalteffekte auf Morphem-, Wort-, Satz- und Textebene hinzu, da Anfang und Ende, eventuell betonte Konstituenten ein spezielles Profil in der Integration der Teile zum Ganzen bedingen. Die Tiefe der Strukturhierarchien und begrenzte Iterationen (z. B. Einbettungen) bringen weitere Komplexitäten ins Spiel, für welche die experimentelle Neurobiologie (an Tieren durchgeführt) keine Lösungsansätze bieten kann.

Die Konsequenz ist, dass nur grundlegende Kompositionsoperationen an die Dynamik der neuralen Bindung angepasst werden müssen und dass das Format des Gesamtmodells eine schrittweise Expansion der neurologisch gesicherten Modellstrukturen ermöglichen sollte. Ein Desiderat ist deshalb die Verbindung der Einsichten in die neurale Dynamik innerhalb der neurologischen Forschung mit den Resultaten der Kognitiven Grammatik.

8.3.2 Vergleich von neurologischem Binding und linguistischem Construal, Merging, Blending u.a.

Die Operationen, die von Langacker *construal*, von Lakoff *mapping*, von Goldberg *fusion*, von Fauconnier *blending* genannt wurden, enthalten im Kern das Problem einer Verbindung zweier Inhalte, wobei das Ganze mehr (durch Emergenz neuer Struktur) und weniger (durch Selektion) als die Summe der Teile ist. Dies ist auch ein klassisches Problem der Gestaltpsychologie. All diese Begriffe mögen in den einzelnen Modellen ganz spezifisch ausgeführt sein, ihnen liegt das folgende Problem zu Grunde:

Gegeben zwei simultan verfügbare Inhalte (in der Wahrnehmung oder im Gedächtnis), wie können sie so zusammengeführt werden, dass ein neues sinnvolles Ganzes entsteht, das so stabil in seiner neuen Gestalt ist, dass es auch im Gedächtnis behalten und kommuniziert werden kann. Ein zentrales Problem ist dabei die Komplexität der Teile und die möglicherweise Hyperkomplexität des Ganzen, d. h. wenn die Zusammenfügung eine gewisse Schwelle

der Komplexität überschreitet, wird das Ergebnis der Zusammenfügung instabil und somit für das Denken und die Kommunikation unbrauchbar, wertlos. Fragen des Chaos bei der Verbindung
von Inhalten zu hoher Komplexität (z. B. hoher Dimensionalität)
wurden in Wildgen (1998b) behandelt. Im Folgenden will ich überlegen, ob die Neurowissenschaften uns Grundeinsichten in den
Charakter dieser Operation vermitteln können.

Einen erster Versuch, die Frage der semantischen Kompositionalität mit einem Problem der Neurologie, dem „binding-Problem",
in Verbindung zu bringen, hat Jackendoff (2002: 58 ff.) unternommen. Es finden sich aber auch Hinweise auf das neurologische Binding-Problem bei anderen Vertretern der Kognitiven Grammatik
(z. B. Fauconnier und Turner, 2002). Die folgenden Erörterungen
wurden zwar im Zusammenhang der Blending-Diskussion konzipiert, betreffen aber im Grunde alle in diesem Buch behandelten
Ansätze. Leider hat die Debatte seit Chomsky (1957) das Problem
der Syntax natürlicher Sprachen künstlich vereinfach, indem man
sich in der Kombinatorik auf die Zeichenfolgen selbst (die Ebene
des *signifiant* bei Saussure) konzentriert hat, ohne deren (mehrdimensionalen, dynamischen) Inhalt zu beachten. Indem man später
die Kombinatorik auf Merkmalsmengen übertrug (im Grund seit
den Ansätzen von Katz und Fodor in den 60er Jahren), konnte man
mit der Manipulation von ungeordneten oder geordneten Mengen
immer noch eine einfache algebraische Struktur aufbauen. Wenn
die Einheiten aber eine spezifische Topologie (abstrakte Räumlich-
keit) haben und prozesshafte Inhalte kodieren, erweist sich diese
Vereinfachung rasch als Illusion. Obwohl sich mit der Aufhebung
der Vereinfachungen Chomskys eine Pandora-Büchse von Problemen öffnet, will ich zumindest die Grundlinien einer neurowis-
senschaftlich realistischen Konzeption von semantischer Komposition erläutern.

Beobachtet man die neurologischen Interpretationsversuche
von Grammatik-Modellen der letzten Jahrzehnte, drängt sich die
Erkenntnis auf, dass der Ansatz, für ganze Grammatik-Module
einen Ort (oder eine Operation) im Gehirn zu finden, relativ uner-
giebig ist. Ich will diese Strategie als *Totalstrategie* bezeichnen. Das
ganze abstrakte System, das man sich ausgedacht hat, soll in der
kognitiven Realität situiert werden. Die alternative Strategie, die
wir *Lokalstrategie* nennen wollen, ist eigentlich seit dem Beginn
der experimentellen Psychologie die dominante (oder gar die einzig

mögliche). Man konzentriert sich auf ganz grundlegende Operationen, die exemplarisch auf wenige ausgewählte Strukturen angewandt werden und erforscht deren gehirnphysiologisches (oder psychophysisches) Substrat.

Für die Syntax natürlicher Sprachen ist , wie im vorherigen Kapitel erläutert, das Prinzip der Komposition von bedeutungstragenden Einheiten, das man auch Frege-Prinzip nennt, die grundlegende Operation. Sie wird in unterschiedlicher Weise realisiert in der Nominalkomposition, z. B. in: *Haustüre, Geldregen, Mietwucher* usw.; in der Nominalsyntax, z. B. *das blaue Dreieck, die schreckliche Nachricht, die große Liebe.* Die Frage, ob die Verbindung von Subjekt und Prädikat oder gar transitive und bitransitive Sätze das gleiche Prinzip realisieren (ob sie endozentrische bzw. kopfregierte Konstruktionen sind) wird kontrovers diskutiert. In der logischen Semantik (Montague-Grammatik oder Lambda-Kalkül) wird diese Frage bejaht; die neuere Tradition der generativen Grammatik verneint dies. Als Nächstes stellt sich dann die Frage mehrfacher Kompositionen, d. h. man muss sich fragen, ob die Operation der Komposition erneut auf ein Kompositionsprodukt anwendbar ist und welches die Grenzen einer solchen Iteration sind. Ich will mich zuerst mit dem Frege-Problem im Kontext von Experimenten der Neurobiologie befassen und mich dann mit der Frage beschäftigen, welche Konsequenzen die Lokalstrategie neurobiologischer Modellbildung für eine moderne Grammatik-Konzeption, möglicherweise gar für eine *neurokognitive Grammatik* hat.[103]

8.3.3 Neurobiologische Grundlagen der Komposition

Die Grundform des Kompositionsproblems in der Wahrnehmung war bereits Thema der Gestaltpsychologie. Wenn einige Teile gegeben sind, z. B. Kandidaten für Hintergrund und Vordergrund, wie wird der Zusammenhalt des Ganzen gefunden oder konstruiert? In Abbildung 35 werden zwei klassische Beispiele aus der Gestaltpsychologie gezeigt: links der sog. Necker-Würfel, rechts die Vor-

103 Teile der folgenden Abschnitte sind das Ergebnis von Diskussionen im Rahmen des VW-Projekts: REPRÄSENTATION – Theorien, Formen und Techniken. Ich danke Prof. A. K. Engel und Dr. Werning für Hinweise. Eine erste Fassung wurde in Wildgen (2006) publiziert.

Abbildung 35: Klassische ambigue Bilder der Gestaltpsychologie

dergrund-Hintergrund-Ambiguität: Gesichter (weiß) – Pokal (schwarz) (vgl. auch Wildgen, 1994a: 86 f. und Wildgen, 1995 für den Zusammenhang von visueller und sprachlicher Ambiguität).

In Engel, Fries und Singer (2001: 707) wird ein ambigues Bild, das die Vordergrund-Hintergrund-Ambiguität der Gestaltpsychologie aufgreift, in zwei Konfigurationen aufgelöst (beim Experiment wurden Bilder, die zwei Gesichter, die zu einer Kerze blicken oder ein Gesicht, vor dem eine Kerze steht, benützt). Den beiden Auflösungen der Ambiguität konnten verschiedene Spikezüge, die für unterschiedliche Punktumgebungen gemessen wurden, zugeordnet werden. Die Deutung als *ein* Gesicht „bindet" jeweils zwei Zonen im Bild, während die Deutung als *zwei* zueinander stehende Gesichter zwei andere Zonen, bzw. Punktpaare bindet. Die Bindung ist im Gehirn an der Synchronisierung der Feuerraten erkennbar.[104] Die beiden Arten der Bindung können also die Ambiguität auflösen, bzw. eine der Alternativen auswählen. Insofern steht die Bindung durch synchrones Feuern für die Komposition zu einem Ganzen. Die moderne Gehirnforschung hat somit durch die Experimente an Tieren und mit bildgebenden Verfahren, welche die Aktivitäten des menschlichen Gehirns bei der Lösung von Test-Aufgaben zeigen, die Fragestellung der Gestaltpsychologen präzisiert. Man nennt das Problem jetzt das *Bindungs(binding)-Problem.* Wenn das Gehirn zwei Objekte oder Objektaspekte registriert, wie werden diese Muster zu einem neuen Gesamtmuster mit

---

104 In Wildgen (1995) wurde der Zusammenhang von Wahrnehmungsambiguität und sprachlicher Ambiguität im Kontext einer durch die Synergetik erweitereten Gestaltpsychologie behandelt.

neuer, komplexerer Bedeutung zusammengefasst? So sei etwa die Reaktion einer Neuronengruppe auf den Aspekt: Dreieck vs. Quadrat, und einer anderen auf den Aspekt: Oben – Unten, gegeben. Wie kann dann das Gehirn diese separaten Informationen (die sich aber auf *eine* Situation beziehen) kombinieren und das obere Dreieck, das untere Quadrat oder die relationale Aussage, „das Dreieck befindet sich oberhalb des Quadrats", bilden? Dieses Problem muss gelöst werden, um überhaupt Objekte anhand ihrer Teile oder Eigenschaften zu erkennen. Erst wenn dieser Kern der Kompositionsproblematik gelöst ist, lässt sich die Frage nach hierarchisch iterierten Kompositionen sinnvoll stellen.

Ich will mich im Folgenden mit dem perzeptuellen Problem der Bindung beschäftigen, d. h. mit der Fähigkeit des Gehirns mehrere Informationen, die auf die Zeit, den Anschauungsraum oder den Merkmalsraum bezogen sind, zu integrieren. Dabei spielt die Konstitution eines individualisierten Objekts in der Kommunikation eine zentrale Rolle.

Teisman (1999: 105) unterscheidet drei Teilfragen:

• Wie werden die zu bindenden Elemente, Eigenschaften eines Objektes ausgewählt und von jenen getrennt, die einem anderen Objekt zugehören?
• Wie wird die Bindung so kodiert, dass sie auch von anderen Zellverbänden oder Gehirnregionen weiter verwendet werden kann?
• Wie können die richtigen Beziehungen zwischen den gebundenen Elementen eines einzelnen Objektes spezifiziert werden?

Die Psychologen verweisen auf Aufmerksamkeitsfenster, deren Verschiebungen eine Art „mastermap" als Gesamtorientierung ergeben, oder sie führen so genannte Kardinalzellen an, die Komplexe von (bekannten) Strukturen registrieren. Im Blick auf die neurologischen Untersuchungen an Tieren (Katzen und Affen) in Wahrnehmungsexperimenten und auf EEG-Studien am Menschen wirken Hypothesen zu bewussten (top-down) Prozessen und zu starren „Kardinalzellen" unplausibel. Ihnen widersprechen sowohl die Flexibilität der Wahrnehmung bei unbekannten Objekten, als auch die Schnelligkeit der Erkennung, die nahe an die reine Leitungsgeschwindigkeit von den sensorischen Zellen zur Endstufe (z. B. im Tectum) herankommt und deshalb komplizierte Projektionen in verschiedene Richtungen verbietet. In dieser Perspektive gewinnt das Phänomen der kortikalen Synchronisierung/Desynchronisierung eine entscheidende Bedeutung. Die Bindung erfolgt demnach primär (in gewissen Zeitfenstern) *temporal*, und zwar dadurch, dass Populationen von Neuronen (etwa 500–1000 Zellen) synchron feuern. Die Synchronisierung kann sogar über größere Distanzen im Gehirn erfolgen. Bei Bewegungen müssen temporale Sequenzen erkannt werden, die ebenfalls temporal kodiert sein müssen, und von der temporalen Kodierung von statischen Eigenschaften unterschieden werden müssen. Singer (1999: 50) schlägt eine parallele Kodierung räumlicher und zeitlicher Muster vor. Im Konfliktfall wird das prägnantere/relevantere Muster gewählt (das andere wird unterdrückt; ibidem). Ein Prozess kann wiederum mit ihm anhaftenden Eigenschaften, z. B. den am Prozess beteiligten Größen, verbunden werden, ebenso wie die Lokalisierung des Prozesses mit dem Prozess selbst verbunden werden kann. Besonders relevant für die Synchronisierung scheint das γ-Band (30–50 Hz) zu sein, so dass man im Zusammenhang des Bindungsproblems auch von der 40 Hz-Problematik spricht.

Für die Linguistik hat die Dreiteilung: *Ort, Zeit, Qualität* insofern Relevanz, als sich zwei unterschiedliche *Bedeutungsräume* ergeben:

Bedeutungsraum A	*Bedeutungsraum B*
Lokalisierung (Raum, Teil – Ganzes)	Qualität des lokalisierten Objektes
Prozess	Qualität des Prozesses

Das synchrone bzw. asynchrone Feuern von Neuronenverbänden erhält bzw. eliminiert im Lernen und Vergessen Struktur. Die experimentell am Gehirn nachgewiesenen Vorgänge sind ein wesentliches neurales Korrelat der Komposition von *Bedeutung*. Demnach lassen sich zwei Grundkonstellationen für zusammengesetzte Bedeutungen trennen:

• Identität im Raum (Objektkonstanz) – Qualität. Die Qualitäten werden im Objekt gebunden und damit räumlich (individuierend) fixiert.

- Zusammenhängender Prozess – Qualität (der Beteiligten). Dem Prozess wird durch diese Bindung eine Valenz (Art und Anzahl der Beteiligten) zugeordnet.

Die Bindung durch Synchronisierung beinhaltet auch eine Komplexitätsbegrenzung, die z. B. durch die Aufmerksamkeitsspanne des Arbeitsgedächtnisses gegeben sein mag. Teisman (1999: 108) schreibt dazu:

> "It [the binding-by-synchrony hypothesis] also provides a plausible reason for the attentional limit of around four objects that is widely observed in the perception of brief displays and in studies of visual working memory. The different firing rates that can be easily discriminated on a background of inherent noise and accidental synchronies may set a low limit to the number of objects that can be simultaneously bound."

Damit werden auch Begrenzungen für mögliche Strukturen im Bereich der Sprache, die durch den Filter der Wahrnehmung und Aufmerksamkeitsselektion passen müssen, angegeben. Diese können als Basisphänomen der in allen Sprachen konstatierten Valenz-Muster aufgefasst werden. Diese wären universal im Sinne allgemeiner Beschränkungen der Komplexität gestalthafter Komplexe von Prozess und mitwirkenden Größen, d. h. es sind kognitive und keine sprachlichen Universalien (im engen Sinne; vgl. dazu Fitch et alii, 2005).

Zum Modus der Komposition von zwei Entitäten (im neurologischen Experiment von zwei Stimuli), entwickelten Riesenhuber und Poggio (1999) ein Computermodell (analog zu Experimenten mit Affen), bei dem jeweils der aktivste Input ausgewählt wird, der damit alle anderen Komponenten (Afferenten) dominiert.[105] Es zeigt sich auf jeden Fall, dass die neurobiologischen Experimente und Modelle in der Lage sind, für die Grundbegriffe der Grammatik (aber nicht für die unendliche Vielfalt der einzelsprachlichen Regularitäten) eine neue Grundlage zu schaffen.

Die Bindungs-Konzeption birgt allerdings eine weitere Problematik, die zu beachten ist. Die gebundenen Reaktionen des

---

105 Ob dieses neurologische Modell als Korrelat zum Kopf-Prinzip (bzw. zu den endozentrischen oder X-bar Konstruktionen), welches die meisten gegenwärtigen Grammatikmodelle bemühen, fungieren kann, muss einer eingehenderen Untersuchung vorbehalten bleiben.

Gehirns können durch externe Stimuli angeregt, kontrolliert sein. In diesem Falle entspricht die durch Synchronizität erzeugte Bindung externen Strukturen, es ergibt sich eine Strukturabbildung: außen → innen. Die Gehirnprozesse können aber auch durch interne Prozesse ohne äußere Kontrolle synchronisiert werden, so dass Struktur entsteht, die nach außen projiziert werden kann: innen → außen.

> "Finally, it is to be expected that there are processes in the brain that are based on self-paced coordination of both the timing and the amplitude of distributed neuronal activity and are only loosely, if at all, time locked to externally measurable events." (Singer, 1999: 54)

Hinzu kommt die Aufmerksamkeitsbewegung, welche selbst-induzierte Strukturen durch die Abfolge der fokussierten Bereiche oder Eigenschaften erzeugt. Diese interne Dynamik bedingt eine Formung, deren Ursprung weniger die externe Welt als vielmehr die Bewegung des „Geistes" ist. Dadurch entsteht eine Art „symbolischer Prägnanz", was schon Cassirer bemerkt hat, der die grundlegend symbolische Natur von Wahrnehmungen annahm (vgl. zum Begriff der Prägnanz und zur Prägnanztheorie der Bedeutung bei René Thom Wildgen, erscheint 2008b).

8.4 Schlussbemerkung

Wie dieses Kapitel gezeigt hat, gibt es eine ganze Reihe aktueller „Baustellen" der Kognitiven Grammatik. Eine parallele Tradition, die nur ungenügend vom amerikanischen „mainstream" zur Kenntnis genommen wurde, betrifft die von René Thom schon ab 1972 initiierte topologische Semantik, die auf sehr hohem mathematischen Niveau Themen der Ikonizität in der Syntax aufgenommen hat. In den neunziger Jahren hat Jean Petitot einige Ansätze Langackers im Rahmen einer Neurodynamik aufgegriffen (vgl. Petitot 1995). Er versuchte damit, die umfangreichen Arbeiten zur Simulation und mathematischen Beschreibung perzeptueller Prozesse für die Kognitive Grammatik zu erschließen. Langacker hat seit dem Jahre 2000 vorsichtig einige Grundbegriffe der dynamischen Semantik aufgegriffen (so etwa den Begriff des Attraktors oder der Segmentation eines Kontinuums; vgl. Langacker, 2006).

Die Koordination der beiden Forschungsrichtungen ist aber am Anspruch der Kognitiven Grammatik, exklusiv für kognitionswissenschaftliche Bedeutungsanalysen zu stehen und dabei auf die Hilfe mathematischer Modelle und computationeller Simulationen zu verzichten, gescheitert.

Ein weiterer Integrationsversuch mit den synergetischen Modellen und kognitionswissenschaftlichen Ansätzen zur Neuromotorik (vgl. als Zusammenfassung Kelso, 1995) wurde in verschiedenen Kongressbeiträgen vom Autor (so in Wildgen, 1990b, 1995, 1998b) unternommen. Insgesamt erscheint es aber schwierig, wenn nicht unmöglich, die intuitiven Analysen von Langacker, Talmy und Lakoff in eine exakte Form der Modellbildung zu überführen.

Die Hereinnahme der anthropologischen und evolutionären Perspektive wurde zumindest in der Konstruktionsgrammatik durch das Engagement von Tomasello ermöglicht. Dieses Teilgebiet der Kognitiven Grammatik scheint derzeit die stärkste Tendenz zur Öffnung aufzuweisen. Es ist einerseits über die HPSG mit der Computerlinguistik und damit indirekt mit der generativen Tradition verbunden, andererseits erlaubt das Konzept der „usage-based grammar" einen Zugang zur quantitativen und statistischen Linguistik. Diese sehr viel versprechende Entwicklung setzt die innovative Ernsthaftigkeit der jahrzehntelangen Arbeit von Fillmore und seinen Institutskollegen fort und kann als der intellektuelle Kernbereich der Kognitiven Grammatik angesehen werden. Wie die Konstruktionsgrammatik allerdings die variantenreichen Fortsetzungen (siehe dazu Kap. 6) zusammenhalten kann und dem Drift zur Divergenz begegnet, bleibt abzuwarten.

Die jüngere Geschichte dieser Forschungsrichtung zeigt jedenfalls, dass Vielfalt und Veränderung, Öffnungen zu anderen Disziplinen und immer wieder Synthesebemühungen notwendig sind, damit sich die Disziplin Linguistik im Konzert der Nachbarwissenschaften weiterentwickeln kann und damit ihren Rang als moderne Wissenschaft behauptet.

9. Anhang: Einige Grundinformationen zu Kognition und Gehirn

9.1 Die Großhirnrinde

Die Rinde (Kortex) des Großhirns ist zwischen 5 mm (an der Zentralfurche) und 1,5 mm (Schläfen und Stirn) dick. Sie enthält ca. 14 · Milliarden Zellen (die aber nur 12,5 g wiegen; vgl. Fischel, 1976: 20). Es lassen sich zwei Zonen unterscheiden:

- die äußere Zone enthält drei Schichten (Molekularschicht, Körnerschicht, Pyramidenschicht),
- die innere Zone ist ebenfalls geschichtet (Körnerschicht, Pyramidenschicht, Spindelzellschicht).

Durch besondere Methoden des Färbens sind die einzelnen Schichten optisch erkennbar; man unterscheidet z. B. das Golgi-Bild, das Nissl-Bild und das Faserbild (vgl. Fischel, 1976: 21 oder Thompson, 1990: 29). Nach dem zellulären Aufbau der Schichten kann man bis zu 200 Felder (Feld = Area) unterscheiden. Die klassische Kartierung von Brodmann benennt 52 Felder; die Felder 12–16 und 48–51 werden aber heute nicht mehr unterschieden (vgl. Gazzaniga u. a., 1998: 74).

Die einzelnen Nervenzellen haben Leitungswege, die *Dendriten*, die zu *Kollateralen* verästeln. Viele Nervenzellen besitzen einen Fortsatz, das Axon (manchmal auch *Neurit* genannt; d. h. die Nervenfaser), das von einer Markscheibe umgeben ist. Das ganze Gebilde heißt *Neuron* (siehe dazu die Abbildungen in Thompson, 1990: 48). Die meisten Nervenzellen der Rinde sind Pyramidenzellen. Außerdem gibt es dem Stoffwechsel dienende Zellen, die *Neuroglia*. Die Erregungsvariablen, welche die Informationsübertragung in den Nervenzellen beeinflussen, sind:

- die schnellen oder langsamen Leitungen (je nach Dicke der isolierenden Wand),
- die niedrige oder die hohe Frequenz der Erregung,
- die Phasenverschiebung der Erregung im Vergleich zu den benachbarten Neuronen: diese zeitliche Kodierung ist für viele Informationsprozesse von großer Wichtigkeit,
- das Entweder-Oder-Prinzip: Der ankommende Impuls wird entweder übertragen oder nicht.

Die *Synapse* gibt Impulse dadurch weiter, dass Neurotransmittersubstanzen ausgeschüttet werden, die den synaptischen Spalt leitend machen und somit die Erregung übertragen. Die wichtigsten Transmitter sind: Adrenalin (Noradrenalin), Acetylcholin (ACh; darauf beruht die Wirkung mancher Drogen).[106] Obwohl der chemische Prozess an der synaptischen Spalte ziemlich komplex ist (vgl. die ausführliche Darstellung in Kapitel 4 von Thompson, 1990), liegt die Übertragungsgeschwindigkeit am synaptischen Spalt bei 0,2 Millisekunden. Kompliziertere synaptische Prozesse, die etwa bei der Sprachverarbeitung auftreten, liegen deshalb im Millisekundenbereich.

Es gibt 10^{14}–10^{15} Synapsen. Gruppen funktional zusammengehöriger Zellen bilden ein Ganglion. Ein großes Neuron kann bis zu 10 000 Synapsen beeinflussen. Folgende Typen der Erregung bzw. Hemmung sind zu unterscheiden:

- Erregungsvorgänge: postsynaptisch.
- Inhibition (Hemmung): sie erhöht das Potential der Folgezelle.
- Die Hemmung und Erregung kann zyklisch verschaltet sein, wie Fischel (1976: 29) zeigt.

Die sensorischen Bahnen enden in den subkortikalen Zentren (z. B. im Thalamus). Daneben gibt es kortikal-kortikale Bahnen (Kortex → Kortex), ipsilaterale Bahnen (Schicht IV als Haupteinfallstor) und senkrecht verlaufende Bahnen (z. B. bei Pyramidenzellen). Die Ausbreitung der Bahnen kann in verschiedener Weise erfolgen:

---

106 ACh wurde 1924 von Otto Loewi entdeckt. Er konnte den chemischen Charakter der Aktivierung des Herzmuskels experimentell nachweisen. ACh wird im Glucose-Stoffwechsel gebildet und in den Mitochondrien gespeichert. Die Glucose wird dem Gehirn über den Blutkreislauf zugeführt.

waagerecht (bei den Sternzellen), Sammlung in den Pyramidenzellen oder Ausgang aus der Rinde mit Rückkehrschleifen.

9.2   Die Struktur des Gehirns und mögliche Lokalisationen der Sprache

Ich will in diesem Kapitel die Struktur des Gehirns beim erwachsenen Menschen und im Zusammenhang mit der menschlichen Sprache kurz darstellen. Abbildung 36 zeigt eine Außenansicht von der Seite auf das Gehirn mit den durch Furchen gegliederten Hauptbereichen des Neokortex:

* dem Stirnlappen (Lobus frontalis),
* dem Scheitellappen (Lobus parietalis),
* dem Schläfenlappen (Lobus temporalis),
* dem Hinterhauptlappen (Lobus capitalis).

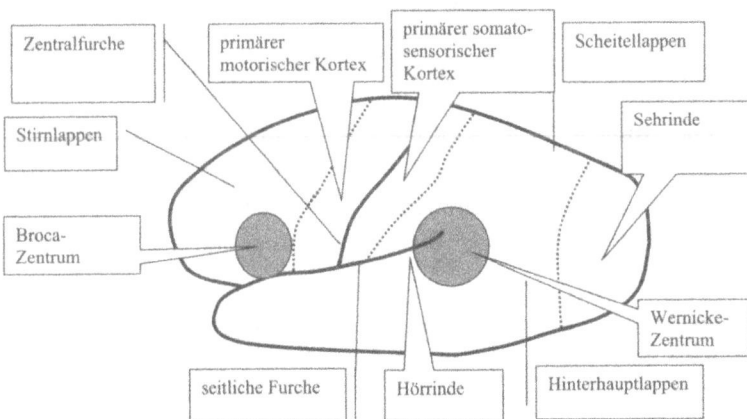

Abbildung 36: Die hauptsächlichen Unterteilungen der Großhirnrinde (siehe auch Thompson, 1990: 30)

Die beiden großen Furchen heißen:

* Zentralfurche (Sulcus centralis),
* seitliche Furche (Sylvius-Furche).

Funktional lassen sich außerdem deutlich unterscheiden:

* der primäre motorische Kortex,
* der primäre somatosensorische Kortex und
* der primäre visuelle Kortex (Sehrinde).

Das Großhirn besitzt außer dem Neokortex noch die Stammganglien (Basalganglien), d. h. große Ansammlungen von Nervenzellen, die sich durch Einstülpung an der Basis des Vorderhirns bilden. Zusammen mit dem Pallidum, das aus dem Zwischenhirn gebildet wird, ergeben sie einen wichtigen Teil des Stammhirns.

Das Gehirn besteht aus Nervenmassen in zwei verschiedenen Farbtönen: grau und weiß (gelblich). Man unterscheidet deshalb die *graue* und die *weiße* Substanz. *Grau* sind im Wesentlichen die *Großhirnrinde* und die *Kerne* (nuclei). Weiß sind Bereiche, in denen sich viele Nervenbahnen befinden. Zusätzlich gibt es Nervenbahnen, welche die verschiedenen Lappen verbinden. Die Assoziationsbahnen sind meist sehr kompliziert und verwoben.

In der Übergangszone zwischen Basalganglien und Neokortex gibt es eine auch für die Sprache wichtige Region: das *limbische System*. Es regelt u. a. Funktionen der Selbsterhaltung (Ernährung, Verteidigung, Angriff) und der Arterhaltung (Sexualität). Außerdem gehen Gemütsbewegungen und Motivationen von ihm aus und es wirkt bei der Gedächtnisspeicherung mit (vgl. auch Gazzaniga u. a., 1998: 55 f.).

Das limbische System ist ein Übergangsgehirn zwischen dem Vorder- und dem Mittelhirn. Im Mittelhirn ist besonders der Thalamus (dorsal) und der Hypothalamus wichtig. Der Thalamus hat unterschiedliche Regionen und diesen zugeordnete Funktionen (vgl. Fischel, 1976: 38 f.):

* Relativ klar ist die „Punkt-für-Punkt-Projektion" der hinteren Kerngruppe des Thalamus auf die Retina und die Mittlerposition des Thalamus bei der Verbindung von Auge und Sehzentrum.
* Die inneren Gruppen des Thalamus haben eine diffuse Abbildung in den frontalen Kortex, von dort gibt es Querverbindungen zum Occipital-Lappen und zum Temporal-Lappen. Es ist plausibel, eine rückgekoppelte Dynamik anzunehmen, wobei der Thalamus wichtige Regelungsfunktionen übernimmt.

Insgesamt ist das Zwischenhirn ein organisatorisches Zentrum von motorischen, sensorischen und affektiven (motivationalen) Prozessen. Im Mittelhirn ist besonders die Formatio reticularis als Schaltstelle zum Kleinhirn und als Zentrum der Vigilanz, der generellen Aufmerksamkeit, zu beachten. Das Kleinhirn koordiniert größere Bewegungskomplexe untereinander und mit dem Gleichgewichtssinn. Im Prinzip sind all diese Teile des Gehirns für die Sprachfunktionen relevant. Ich will im Folgenden nur die heute schon klar erkennbaren Sprachfunktionen des Gehirns hervorheben. Sie hängen in gewisser Weise mit den sensorischen Feldern (beim Sprachverstehen) und den motorischen Feldern (in der Sprachproduktion) zusammen. Dabei muss noch zwischen der Lautsprache (Hörwahrnehmung und Artikulation mit dem Mund) und der Schriftsprache (visuelle Wahrnehmung und Realisierung im Schreiben, d. h. manuell) unterschieden werden.

Die Lokalisation der sensorischen und motorischen Felder bei verschiedenen Säugetieren zeigt, dass in der Evolution zum Menschen die Areale, welche nicht primär sensorische oder motorische Aufgaben erfüllen, zugenommen haben. Der Affe und in weit größerem Umfang der Mensch verfügen über große, durch die Sensorik und Motorik nicht (primär) belegte Felder des Großhirns.

Die spezielle Verarbeitung von Wörtern im Gehirn kann durch Messungen des Blutflusses bei der Versorgung der hauptsächlich arbeitenden Felder des Großhirns dargestellt werden (vgl.: Calvin und Ojemann, 1995: 66). Die klassische Aphasieforschung hatte bereits Ende des 19. Jh. zwei so genannte Sprachzentren ausgemacht: das Wernicke-Zentrum, das in der Nachbarschaft der Hörrinde im Schläfenbereich liegt, und das Broca-Zentrum, das mit der Sprachproduktion zusammenhängt und frontal vor dem primären motorischen Kortex anzusiedeln ist; siehe Abbildung 36. Die neuen Methoden der Visualisierung von Gehirnaktivitäten am lebenden Subjekt haben die klassischen Lokalisationsmodelle jedoch relativiert und legen eine stärkere Distribution der mit Sprache zusammenhängenden Aktivitäten über das Gehirn nahe.

9.3   Die Asymmetrie der Hemisphären der Großhirnrinde und deren möglichen Ursachen und Folgen

Die Asymmetrie der beiden Hemisphären des Neokortex ist seit langem bekannt. Obwohl es Zusammenhänge mit der Händigkeit gibt, sind diese doch eher indirekt, wie die folgenden Ergebnisse (vgl. Changeux, 1984: 295 f.) zeigen: 95 % der Rechtshänder sprechen mit (dominanter) Hilfe der *linken* Hemisphäre; 70 % der Linkshänder sprechen ebenfalls unter Aktivierung der *linken* Hemisphäre.

Die Dominanz der linken Hemisphäre bei den Sprachfunktionen ist ein in ihren Ursachen noch nicht vollständig geklärtes Phänomen. Changeux verweist auf anatomische Untersuchungen, nach denen das Planum temporale *links* bei 65 % der untersuchten Gehirne höher lag (gegenüber 11 % *rechts*; bei den übrigen war die Asymmetrie nicht ausgeprägt) und auf die unterschiedliche Neigung des Sulcus sylvii, der rechts stärker ausgeprägt ist. Das Planum temporale ist bereits bei Föten (10–48 Wochen nach der Empfängnis) und bei Neugeborenen in 54–77 % links größer.

Diese Asymmetrie ist also beim Menschen genetisch kanalisiert. Die Frage, die sich stellt, ist, zu welchem Zeitpunkt in der Evolution des Menschen diese Asymmetrie zum Tragen gekommen ist. Bei der Rechtshändigkeit, einem anderen Asymmetriephänomen, kann man aufgrund der Handabdrücke am Rande der Höhlenzeichnungen, die zu 80 % von linken Händen stammen, darauf schließen, dass bereits der Cro-Magnon-Mensch überwiegend mit der rechten Hand zeichnete (mit der linken stützte er sich ab). Auf den relativ jungen Charakter der Dominanz der linken Hemisphäre deuten viele Ergebnisse hin, so etwa die unterschiedliche Dominanz bei der Laut- bzw. Gebärdensprache, die unterschiedliche Dominanz bei ideographischen Schriftanteilen bzw. bei Silbenschriftanteilen, etwa im Japanischen, Unterschiede zwischen Analphabeten und Schreibkundigen und schließlich Unterschiede zwischen der Sprachproduktion (sie ist stark von der dominanten Hemisphäre geprägt) und der Sprachrezeption sowie die Plastizität der funktionalen Trennung bis zur Pubertät.

Wie Untersuchungen zeigen (vgl. Changeux, 1984: 322), ist auch an fossilen Schädeln eine zunehmende Entwicklung der Arteriennetze im temporalen Bereich zu beobachten (an den Rillen, die diese als Abdruck an der Schädeldecke hinterließen). Diese Entwicklung erreicht erst in der Jungsteinzeit ihren Höhepunkt. Changeux verweist auf Beobachtungen am lebenden Gehirn, welche zeigen, dass beim Sprechen eine erhöhte Durchblutung in der Region der zentralen Furche (Sulcus centralis) und beim Zuhören im Bereich der lateralen Furche (Fissura sylvii) zu beobachten ist. Die festgestellten Vertiefungen und die stärkere Vernetzung der abgedruckten Blutbahnen könnten mit einer verstärkten Belastung temporaler Regionen im Zusammenhang mit dem Sprachgebrauch und der komplexer werdenden sozialen Kommunikation stehen (vgl. zur Evolution der Sprache, Wildgen, 2004a).

9.4 Höhere Wahrnehmungsfunktionen

Bei der Wahrnehmung komplexer Objekte (z. B. eines Tisches, eines menschlichen Körpers) und Vorgänge (z. B. Laufen, Werfen), stellt sich die Frage, wie die partikulären Aspekte, etwa Kontrast, Farbe, Bewegung zusammengefügt werden. Es konkurrieren zwei Ansichten dazu (vgl. auch Kapitel 8.3):

(a) Man nimmt *Erkennungs-Zellen* an (gnostische Zellen auch spaßhaft „Großmutter-Zellen" genannt). Einzelne Zellen registrieren Komponenten, etwa Kanten, Ecken, Flächen oder Beine eines Tisches. Die gnostische Zelle dagegen nimmt die Zuordnung zum individualisierten Typ (Tisch) oder Individuum (meine Großmutter Emma) vor.

(b) Ein *Ensemble* von Zellen, die simultan auf gewisse Merkmale reagieren (Gesichtskontur, rosige Wangen, Brille, Haare, Stirnrunzeln, Kleid) führt zum Erkennen des Typus oder Individuums (in diesem Fall z. B. der Großmutter; vgl. die Abbildung 5.7 in Gazzaniga u. a., 1998: 169).

Die aktuelle Forschung favorisiert eher die Option (b), insbesondere die „Neuronalen-Netz-Computer" arbeiten mit einer solchen Ensemble-Konzeption (mit dem so genannten Hebb-Synapsen-Modell). Anhand von Experimenten mit Tieren und Menschen kann man außerdem zwei Richtungen bei der Objekterkennung trennen. Man spricht von einer Was–Wo–Dichotomie. Gewisse

Funktionen des Gehirns sind eher mit dem Wo–Problem, d. h. in welcher Region befindet sich etwas, das von Interesse ist, beschäftigt. Andere lösen eher das Was-Problem: Um welches Objekt/Individuum/Ereignis handelt es sich? Die Antwort auf die Wo-Frage ergibt einen Ort, die Antwort auf die Was-Frage einen fokussierten Inhalt. Die Beziehung dieser neurolinguistischen Ergebnisse zur Theorie von Langacker wäre aber noch zu prüfen (vgl. Kapitel 5). Gazzaniga u. a. (1998: 165) fassen die These von zwei unterschiedlichen Verarbeitungsrouten visueller Information wie folgt zusammen:

> "The ventral and occipito-temporal pathway is specialized for object perception and recognition, for determining what it is we are looking at. The dorsal or occipito-parietal pathway is specialized for spatial perception, for determining where an object is, and for analyzing the spatial configuration between different objects in a scene. 'What' and 'Where' are the basic questions to be answered in visual perception. Not only must we recognize what we are looking at, but also we need to know where it is in order to respond appropriately."

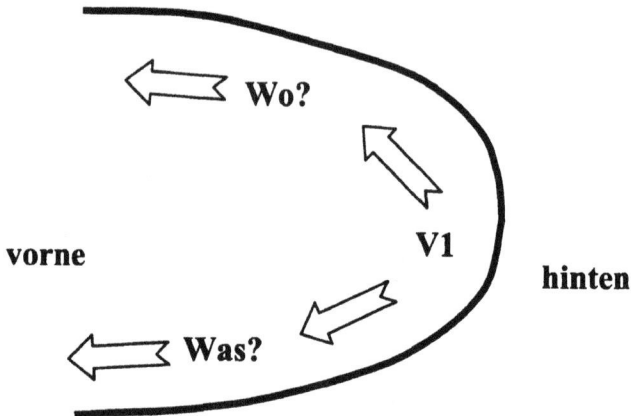

Abbildung 37: Die beiden Verarbeitungswege ausgehend von V_1 (visueller Kortex, erste Schicht)

Die Spezifizität der Objekterkennung durch Zellen des unteren Verarbeitungsweges (im unteren Schläfenlappen) kann sehr verschieden sein. Werden z. B. bestimmte Hände oder Handformen präsentiert, so reagieren gewisse Zellen optimal auf die konkreten Handflächen, weniger auf den Handrücken, noch weniger auf die Konturen der Hand oder eines Handschuhs. Auf kammartige, ähnliche Bilder reagieren sie nur minimal (vgl. Abbildung 5.5 in Gazzaniga u. a., 1998: 167).

Neurophysiologische Befunde und Beobachtungen an Patienten mit Problemen bei der Objekterkennung legen es nahe, zwei Grundsysteme der Objekterkennung anzusetzen: Eine holistische Erkennung, diese ist besonders gefragt bei der Erkennung von Gesichtern, und eine Erkennung isolierter Teile. Letztere ist bei der Schrifterkennung zentral. Das Erkennen einfacher Gebrauchsgegenstände liegt dazwischen. Beim Benennen sind auch Unterscheidungen im semantischen Gedächtnis, z.B. zwischen belebten und unbelebten Entitäten, neurologisch nachweisbar. Es ist also plausibel, dass bereits auf der Ebene der höheren kognitiven Funktionen Grundunterscheidungen vorgenommen werden, auf die dann die sprachliche Kategorisierung aufbaut, die sie elaboriert, in manchen Fällen auch verwischt (vgl. dazu Kapitel 2.3).

9.5   Bildgebende Verfahren

Die klassische Neurophysiologie, z.B. zur Zeit von Broca und Wernicke, untersuchte Gehirne entweder nach dem Tod des Patienten (wenn dazu eine Erlaubnis vorlag) oder war auf Beobachtungen bei chirurgischen Eingriffen, z.B. nach Schussverletzungen, angewiesen. Neurochirurgische Eingriffe und das Testen der Patienten nach dem Eingriff (meist zur Behebung von Epilepsie) führten auch zu Einsichten über die Asymmetrie der Hemisphären, da bei diesen Eingriffen die Kommissurenbahnen, welche die beiden Gehirnhälften verbinden, durchtrennt wurden. In den letzten Jahrzehnten sind nicht-invasive, d. h. den Patienten nicht gefährdende Beobachtungstechniken entwickelt worden, die eine neue Dimension des empirischen Zugangs zum menschlichen Gehirn eröffnet haben (vergleichbar der Erfindung des Fernrohrs und des Mikroskops). Es handelt sich um folgende Techniken:

(a)   Computer-Tomographie (CT), auch CAT (Computerized Axial Tomography) genannt
(b)   Positronen-Emissions-Tomographie (PET)
(c)   Elektro-Enzephalogramm (EEG)

(d) Magnetische Resonanz Messung (MRI = Magnetic Resonance Image)

ad a: Die Computertomographie ist eine Form der Röntgendiagnostik, bei der über eine Vielzahl von Schichtaufnahmen, die im Computer kodiert werden, besonders die Schwächungsdifferenzen der Strahlung (bis 0,5 %) gemessen werden. Davon ausgehend kann die Struktur des Gewebes in Grauwerten oder farbkodiert dreidimensional dargestellt werden.

ad b: Die Positronen-Emisssions-Tomographie (PET) nützt dem raschen Zerfall von Substanzen, denen in einem Teilchenbeschleuniger energiereiche Protonen angelagert wurden. Der Zerfallsprozess wird anhand der Gammaquanten, die frei werden, gemessen. Wird diese Substanz in die zum Gehirn führenden Blutbahnen gebracht (sie wird an die Glucose gebunden), so kann, während die Versuchsperson eine Aufgabe löst, die Wanderung des Bluts zu Gehirnteilen, welche bei der Lösung dieser Aufgabe Energie benötigen, verfolgt werden und es entstehen Bilder der bei der Lösung der Aufgabe besonders aktiven Gehirnareale.

ad c: Das Elektro-Enzephalogramm registriert rhythmische Potentialsschwankungen im Gehirn. Die Messung kann bipolar in Bezug zu einem konstanten Pol (z. B. am Ohr) oder zwischen zwei Punkten erfolgen. Die Anzahl und Position der Messpunkte (8 oder 16) ist standardisiert. Sie kann an der Kopfhaut, an der Gehirnhaut (Dura) nach operativer Freilegung, an der Hirnrinde (bei Öffnung der Dura) oder bei chirurgischen Eingriffen mit Nadelelektroden in der Tiefe des Gehirns erfolgen. Es gibt verschiedene Frequenzbereiche (Alpha-, Beta-, Delta-, Theta-Wellen), die mit bestimmten Gehirnaktivitäten verbunden werden können. Ganz bestimmte mit neuronalen Ereignissen korrelierte Werte nennt man *Event Related Potentials* = ERP. Systematische Experimente (zuerst hauptsächlich Hörexperimente) wurden seit 1973 durchgeführt. Heute kann man durch eine Computeranalyse der Daten Ort und Funktion der zugrunde liegenden Aktivitäten näher bestimmen. Ein für die Sprachverarbeitung wichtige ERP ist das so genannte N400, das typischerweise erscheint, wenn am Ende des Satzes ein nicht passendes Wort steht, wie im folgenden Beispiel:

He spread the warm bread with socks.

Steht dagegen ein hervorgehobenes passendes Wort wie in:

She put on her high-heeled SHOES.

ist ein entgegengesetztes Potential (P560) zu beobachten (vgl. Gazzaniga u.a., 1998: 315). Die Verteilung bestimmter ERPs über die Kopfhaut kann in farbkodierten Bildern des Kopfes dargestellt werden.

ad d: Das Verfahren der Magnet-Resonanz-Messung nützt ein grundlegendes Prinzip. Im Umfeld eines elektrischen Feldes im Gehirn reagieren manche organische Substanzen magnetisch. Ein überall im Gehirn vorkommendes magnetisches Element ist Wasserstoff. Um nun die magnetische Ausrichtung der Wasserstoffatome in einer bestimmten Region während einer Gehirntätigkeit zu messen, wird dieser Teil kurz mit einer Radiowelle bestrahlt. Diese orientiert die Atome (ihren Spin) einheitlich. Setzt die Radiowelle aus, springen die Atome in ihre magnetische Stellung zurück und erzeugen dabei ein Feld, das gemessen werden kann. Dieses Verfahren beeinträchtigt den Patienten nicht (da die Radiowellen nicht schädlich sind) und die Messungen erlauben eine kontrastreichere und genauere Abbildung (CT-Auflösung bei 0,5–1,0 cm, MRI-Auflösung bis 1 mm) als die anderen Verfahren. Die funktionale Magnet-Resonanz-Messung (fMRI) nützt die Tatsache, dass das Hämoglobin im Blut bei verringertem Sauerstoffgehalt paramagnetisch wird. Die erhöhte Blutzufuhr in aktiven Gehirnregionen verändert das Verhältnis zwischen sauerstoffarmem und sauerstoffreichem Hämoglobin, so dass der Blutfluss indirekt an den veränderten magnetischen Eigenschaften gemessen werden kann (vgl. ibidem: 116 f.).

Bibliographie zum Anhang

Calvin, William H. und George A. Ojemann, 1995. Einsicht ins Gehirn. Wie Denken und Sprache entstehen, Hanser, München.

Changeux, Jean-Pierre, 1984. Der neuronale Mensch. Wie die Seele funktioniert – die Entdeckungen der modernen Hirnforschung, Rowohlt, Reinbeck.

Fischel, Werner, 1976. Grundzüge des Zentralnervensystems des Menschen, Fischer, Jena.

Gazzaniga, Michael S., Richard B. Ivry und George R. Mangun, 1998. Cognitive Neuroscience. The Biology of the Mind, Norton, New York.

Thompson, Richard F., 1990. Das Gehirn. Von der Nervenzelle zur Verhaltenssteuerung, Spektrum der Wissenschaft Verlagsgesellschaft, Heidelberg.

Wildgen, Wolfgang, 2004. The Evolution of Human Languages. Scenarios, Principles, and Cultural Dynamics, Benjamins, Amsterdam.
Zenker, Wolfgang (Hg.), 1985. Nervensystem, Haut, Sinnesorgane, Bd. 3 von Benninghoff. Makroskopische und mikroskopische Anatomie des Menschen, Urban & Schwarzenberg, München.

10. Bibliographie

Andersen, Elaine, 1958. Lexical Universals of Body-Part Terminology, in: Joseph H. Greenberg (Hg.) Universals of Human Language, Bd. 3: Word Structure, Stanford U.P., Stanford, 334–368.

Aristoteles, 1958. Kategorien, Lehre vom Satz (Peri hermeneias). Meiner, Hamburg.

Austin, J. L., 1962. How to Do Things with Words, Cambridge/Mass.

Ballmer, Thomas T. and Waltraud Brennenstuhl, 1986. Deutsche Verben. Eine sprachanalytische Untersuchung des Deutschen Wortschatzes, Narr, Tübingen.

Ballmer, Thomas T., 1982. Biological Foundations of Linguistic Communication, Benjamins, Amsterdam.

Ballmer, Thomas T., 1978. Logical Grammar, North-Holland, Amsterdam.

Bancel, Pierre J. und Alain Matthey de l'Etang, 2002. Tracing the Ancestral Kinship System. The Global Etymon kaka, Part I: A Linguistic Study, in: Mother Tongue 7: 209–243.

Barnard, Alan, 2006. The Social Origins of Language: Sharing, Exchange, Kinship, Vortrag beim Kongress: Cradle of Language, 6–10 November 2006, Stellenbosch. South Africa.

Bartels, Hauke, 2004. Dativ oder Präposition: zur Markierungsvariation im Kontext adjektivischer Prädikate im Deutschen, Russischen und Polnischen, Reihe: Studia Slavica Oldenburgensia 12, Oldenburg.

Bartsch, Renate und Theo Vennemann, 1972. Semantic Structures. A Study in the Relation between Semantics and Syntax, Athenäum, Frankfurt/Main.

Barwise, J. et J. Perry, 1983. Situations and Attitudes, MIT Press, Cambridge (Mass).

Bauer, Ernst W., 1979. Humanbiologie, Cornelsen-Velhagen & Klasing, Berlin (2. Auflage).

Bax, Marcel, Barend van Heusden und Wolfgang Wildgen (Hg.), 2004. Semiotic Evolution and the Dynamics of Culture, Reihe: European Semiotics / Sémiotique Européenne, Bd. 5. Lang, Bern.

Bechert, Johannes und Wolfgang Wildgen (unter Mitarbeit von Christoph Schroeder), 1991. Einführung in die Sprachkontaktforschung, Wissenschaftliche Buchgesellschaft, Darmstadt.

Bellavia, Elena, 1996. „The German über", in: Pütz und Dirven, 1996: 73–107

Berlin, Brent und Paul Kay, 1969. Basic Color Terms, University of California Press, Berkeley.

Berlin, Brent, 1978. Ethnobiological Classification, in: Rosch, Eleanor und Barbara B. Lloyd (Hg.), Cognition and Categorization, Wiley, New York.

Bernstein, Basil, 1962. Social Class, Linguistic Codes and Grammatical Elements, in: Language and Speech 5: 221–240.

Bertalanffy, Ludwig von, 1932. Theoretische Biologie I, II, Borntraeger, Berlin.

Bertalanffy, Ludwig von, 1968. General System Theory. Foundations, Development, Applications, Braziller, New York (9. Auflage 1984).

Bickerton, Derek, 1990. Language & Species, Chicago U.P., Chicago.

Bierwisch, Manfred und Ewald Lang (Hg.), 1989. Dimensional Adjectives: Grammatical Structure and Conceptual Interpretation, Springer, Berlin.

Black, Max, 1993. More about Metaphors, in Orthony (1993: 19–41).

Bloomfield, Leonard, 1926. A Set of Postulates for the Science of Language, in: Language 2: 153–164. Wieder abgedruckt in: Hockett, Charles F. (Hg.), 1970. A Leonard Bloomfield Anthology, Indiana University Press, Chicago, Ill.: 70–80.

Bloomfield, Leonard, 1931. Review of Ries, in: Language 7: 204–209. Wieder abgedruckt in: Hockett, Charles F. (Hg.), 1970. A Leonard Bloomfield Anthology, Indiana University Press, Chicago, Ill.: 153–158.

Bordron, Jean François, 1987. Descartes. Recherches sur les contraintes sémiotiques de la pensée discursive, PUF, Paris.

Botne, Robert, 2005. Cognitive Schemas and Motion Verbs: COMING and GOING in Chindali (Eastern Bantu), in: Cognitive Linguistics 16 (1): 43–80.

Boysson-Bardies, Bénédicte de, 2004. How Language Comes to Children. From Birth to Two Years, MIT-Press, Cambridge (Mass.).

Braine, M. D. S., 1963. The Ontogeny of English Phrase Structure: The First Phase, in: Language 39: 1–13.

Brandt, Per Aage, 1990. Dynamique du Sens. Étude de sémiotique modale, Aarhus U.P., Aarhus.

Brandt, Per Aage, 1991. Pour une sémiotique de la promesse. Quelques réflexions théoriques, in : Per Aage Brandt und Annie Prassoloff (Hg.) Qu'est-ce qu'une promesse ? Aarhus, Aarhus U.P.

Brandt, Per Aage, 1992. La charpente modale du sens. Pour une sémio-linguistique morphogénétique et dynamique, Aarhus U.P./ Benjamins, Aarhus.

Brandt, Per Aage, 2004. Spaces, Domains, and Meaning. Essays in Cognitive Semiotics, Lang, Bern.

Brennenstuhl, Waltraud, 1975. Handlungstheorie und Handlungslogik, Skriptor, Kronberg.

Brennenstuhl, Waltraud, 1982. Control and Ability. Towards a Biocybernetics of Language, Benjamins, Amsterdam.

Brown, Colin und Peter Hagoort (Hg.), 1999. The Neurocognition of Language, Oxford U.P., Oxford.

Brown, Roger, 1976. Reference: In Memorial Tribute to Eric Lenneberg, in: Cognition 4: 125–153.

Butler, Christopher S., 2007. Criteria for Adequacy for Functionalist Theories of Language, Plenarvortrag, 40th Annual Meeting of the SLE, Joensuu, 29.8. – 1.9. 2007 (Handout).

Calvin, William H. und George A. Ojemann, 1995. Einsicht ins Gehirn. Wie Denken und Sprache entstehen, Hanser, München.

Cambell, A. und Tomasello, M., 2001. The Acquisition of English Dative Constructions, in: Applied Psycholinguistics 22: 253–267.

Carnap, Rudolf, 1934. Logische Syntax der Sprache, Springer, Wien.

Changeux, Jean-Pierre, 1984. Der neuronale Mensch. Wie die Seele funktioniert – die Entdeckungen der modernen Hirnforschung, Rowohlt, Reinbeck.

Chomsky, Noam, 1957. Syntactic Structures, Den Haag, Mouton.

Chomsky, Noam, 1959. Rezension zu Skinner B.F. „Verbal Behavior", in: Language 35: 26–58.

Chomsky, Noam, 1966. Cartesian Linguistics, Harper & Row, New York.

Chomsky, Noam, 1981. Lectures on Government and Binding, Foris, Dordrecht.

Chomsky, Noam, 1995. Bare Phrase Structure, in: Webelknuth, Gert (Hrsg.) (1995): Government and Binding Theory and the Minimalist Program, Blackwell: Cambridge (Mass.): 383–439.

Cifuentes-Férez, Paula und Dedre Gentner, 2006. Naming Motion Events in Spanish and English, in: Cognitive Linguistics 17 (4): 443–462.

Cohnitz, Daniel, 2005. Is Compositionality an A Priori Principle?, in: Werning, Machery, Schurz (2005: 23–58).

Condillac, Etienne Bonnot de, 1746, 1973. Essai sur l'origine des connaissances humaines, Galilée, Paris.

Condillac, Etienne Bonnot de, 1959. Die Logik oder die Anfänge der Kunst des Denkens, Die Sprache des Rechnens (hg. von Georg Klaus, übersetzt von Erich Salweski), Akademie Verlag, Berlin.

Cooper, Lynn A. und Roger N. Shepard, 1986. Rotationen in der räumlichen Vorstellung, in: Manfred Ritter (Hg.) Wahrnehmung und visuelles System, Spektrum der Wissenschaft Verlag, Heidelberg: 122–139.

Coulson, Seana und Todd Oakley, 2000. Blending Basics, in: Cognitive Linguistics 11, 3(4): 175–196

Croft, William and D. Alan Cruse, 2004. Cognitive Linguistics, Cambridge U.P., Cambridge.

Croft, William, 2001. Radical Construction Grammar: Syntactic Theory in Typological Perspective, Oxford U.P, Oxford.

Croft, William, 2006. On Explaining Metonymy. Comment on Peirsman and Geraerts: Metonymy as a Prototypical Category, in: Cognitive Linguistics 17 (3): 317–326.

Croft, William, 2007. The Origins of Grammar in the Verbalization of Experience, in: Cognitive Linguistics 18, 3: 339–382.

Deutsches Wörterbuch von Jacob und Wilhelm Grimm, Bd. 10: Dt. Taschenbuch-Verl., 1999 = 1877; Internet: http://germazope.uni-trier.de/Projects/DWB (letzte Nützung 4.9.2007)

De Valois, Russel L. und Gerald H. Jacobs, 1968. Primate Color Vision, in: Science, 102, Nov. 1968: 533–540.

Dewell. Robert B., 1996. The Separability of über-: A Cognitive Approach, in: Pütz (1996: 109–133).

Dixon, R. M., 1982. Where Have all the Adjectives Gone?, de Gruyter, Berlin.

Dodge, Ellen und George Lakoff, 2005. Image Schemas: From Linguistic Analysis to Neural Grounding, in: Hampe (2005: 57–91).

Dressler, Wolfgang U., 1985. On the Predictiveness of Natural Morphology, in: Journal of Linguistics 21: 321–337.

Dunbar, Robin, 2002. Human Evolutionary Psychology, Palgrave-Mac Millan, Princeton.

Engel AK, Fries P, Singer W., 2001. Dynamic Predictions: Oscillations and Synchrony in Top-down Processing, in: Nature Reviews Neuroscience 2: 704–716.

Evans, Vyvyan und Green, Melanie, 2005. Cognitive Linguistics: A Introduction, University of Edinburgh Press, Edinburgh.

Evans, Vyvyan, 2006. Lexical Concepts, Cognitive Models, and Meaning Construction, in: Cognitive Linguistics 17 (4): 491–534.

Fahle, Manfred, 2007. How Can Language Cope with Color? In: Martina Plümacher and Peter Holz (eds.) Speaking of Colors and Odors, Benjamins, Amsterdam: 35–60.

Fauconnier, Gilles, 1985. Mental Spaces: Aspects of Meaning Construction in Natural Language (Französisch 1984: Espaces mentaux. Aspects de la construction du sens dans les langues naturelles, Minuit, Paris), MIT Press, Cambridge (Mass.).

Fauconnier, Gilles, 1999. Mappings in Thought and Language, Cambridge U.P., Cambridge (Mass.).

Fauconnier, Gilles, 2001. Conceptual Blending and Analogy, in: Gentner, Dedre (Hg.) The Analogical Mind: Perspectives from Cognitive Science, MIT Press, Cambridge (Mass.).

Fauconnier, Gilles und Mark Turner, 1996. Blending as a Central Process of Grammar, in: Adele E. Goldberg (Hg.), Conceptual Structure, Discourse and Language, Stanford U.P., Stanford: 113–130.

Fauconnier, Gilles and Mark Turner, 1999. Analysis versus Global Insight: How and Why We Blend Cause and Effect?, Handout UC Berkeley, Cognitive Science Student Ass. (homepage: Mark Turner).

Fauconnier, Gilles and Mark Turner, 2002. The Way we Think. Conceptual Blending and the Mind's Hidden Complexities, Basic Books, New York.

Fillmore, Charles J., 1986. Pragmatically Controlled Zero Anaphora, in: Berkeley Linguistic Society 2: 95–107

Fillmore, Charles J., 1987. On Grammatical Constructions. Lectures, Fall 1987, Vorlesungsskript, University of Berkeley

Fillmore, Charles J., 1988. The Mechanisms of "Construction Grammar", in: Berkeley Linguistic Society 14 : 35–55.

Fillmore, Charles J., 1995. Constituency and Dependency, in: Madray-Lesigne, Françoise und Jeannine Richard-Zapella (Hg.) Lucien Tesnière aujourd'hui, Peeters, Louvain: 93–104.

Fillmore, Charles J. und Paul Kay, 1987. Construction Grammar Lecture, LSA Summer Institute, Stanford.

Fillmore, Charles J., Paul Kay, Catherine O'Connor, 1988. Regularity and Idiomaticity in Grammatical Constructions. The Case of Let Alone, in: Language 64: 501–538.

Finke, Ronald A., 1986. Bildhaftes Vorstellen und visuelle Wahrnehmung, in: Manfred Ritter (Hg.) Wahrnehmung und visuelles System, Spektrum der Wissenschaft Verlag, Heidelberg: 178–199.

Fitch, W. T., M. D. Hauser, N. Chomsky (2005). The Evolution of the Language Faculty: Clarifications and Implications, in: Cognition 97: 179–210.

Frege, G., 1879. Begriffsschrift. Eine der arithmetischen nachgebildete Formelsprache des reinen Denkens, Halle.

Gazzaniga, Michael S., Richard B. Ivry und George R. Mangun, 1998. Cognitive Neuroscience. The Biology of the Mind, Norton, New York.

Gibbs, Raymond W., 2005. The Psychological Status of Image Schemas, in: Hampe (2005: 113–135).

Gibson, J. J., 1973. Die Wahrnehmung der visuellen Umwelt, Beltz, Weinheim.

Godelier, Maurice, Thomas R. Trautmann und Franklin E. Tjon Sie Fat, 1998. Transformations of Kinship, Smithsonian Institution Press, Washington.

Goldberg, Adele E. und Ray Jackendoff, 2004. The English Resultative as a Family of Constructions, in: Language 80(3): 538–568.

Goldberg, Adele E., 1995. Constructions: A Construction Grammar Approach to Argument Structure, Chicago U.P., Chicago.

Goldberg, Adele E., 2002. Surface Generalizations: An Alternative to Alternations, in: Cognitive Linguistics 13(4): 327–356.

Goldberg, Adele E., 2006. Constructions at Work. The Nature of Generalization in Language, Oxford U.P., Oxford.

Graumann, Andrea, 2007. Die sprachliche Repräsentation von Kräften und deren Wirkungen: Darstellung der semantischen Kategorie der Kausalität, Dissertation, Bremen.

Gregory, Richard L. (Hg.), 1987. The Oxford Companion to the Mind, Oxford University Press, Oxford.

Hampe, Beate (Hg.), 2005. From Perception to Meaning. Image Schemas in Cognitive Lingustics, Mouton de Gruyter, Berlin.

Harder, Peter 2003. Mental Spaces: Exactly When Do we Need Them?, in: Cognitive Linguistics 14 (1): 91–96.

Hebb, David, 1949. Organisation of Behavior, London.

Heidegger, Martin, 1971. Was heißt Denken?, Niemeyer, Tübingen.

Heider, Eleanor Rosch 1972. Universals in Color Naming and Memory, in: Journal of Experimental Psychology 93: 10–20.

Heider, Eleanor Rosch und Donald C. Olivier, 1972. The Structure of the Color Space in Naming and Memory for Two Languages, in: Cognitive Psychology 3: 337–354.

Hjelmslev, Louis, 1972 /1935–37. La catégorie des cas. Étude de grammaire générale. T. 1.2 [in 1 Bd.] , 2. Aufl. der Ausg. Kopenhagen 1935–1937, Fink, München, 1972.

Holenstein, Elmar, 1985. Sprachliche Universalien. Eine Untersuchung zur Natur des menschlichen Geistes, Brockmeyer, Bochum.

Holenstein, Elmar, 1975. Roman Jakobsons phänomenologischer Strukturalismus, Suhrkamp, Frankfurt am Main.

Holz, Peter, 2005. Die Sprache des Parfüms. Eine empirische Untersuchung zur Grammatik, Metaphorik und Poetizität des Parfümwerbetextes, Verlag Kovač, Hamburg.

Humboldt, Wilhelm von, 1973. Schriften zur Sprache (hrsg. von Michael Böhler), Reclam, Stuttgart.

Hurvich, Leo M. und Dorothea Jameson, 1957. An Opponent-Process Theory of Color Vision, in: Psychological Review 64 (6): 384–404.

Husserl, Edmund, 1901. Logische Untersuchungen, Niemeyer, Tübingen.

Husserl, Edmund, 1952. Ideen zu einer reinen Phänomenologie und phänomenologischen Philosophie, Nijhoff, Den Haag.

Jackendoff, Ray, 2002. Foundations of Language. Brain, Meaning, Grammar, Evolution, Oxford U.P., Oxford.

Johansson, G., C. van Hofsten und G. Janson, 1980. Event Perception, in: Annual Review of Psychology 31: 27–63.

Johnson, Mark, 1987. The Body in the Mind. The Bodily Basis of Meaning, Imagination, and Reason, The University of Chicago Press, Chicago.

Kamashiro, Toshiyuki und Langacker, Ronald, 2003. Double-Subject and Complex-Predicate Constructions, in: Cognitive Linguistics 14(1): 1–45.

Kay, Paul und McDaniel, C.K., 1978. The Linguistic Significance of the Meanings of Basic Color Terms, in: Language 54: 610–646.

Kay, Paul und Willett Kempton, 1983. What is the Sapir-Whorf Hypothesis? (Berkeley Cognitive Science Report No 8). Institute of Cognitive Studies, Berkeley.

Kay, Paul, 2005. Argument Structure Constructions and the Argument-Adjunction Distinction, in: Mirjam Fried und Hans C. Boas (Hg.), Grammatical Constructions: Back to the Roots, Benjamins, Amsterdam: 71–98.

Kelso, Scott, 1995. Dynamic Patterns. The Self-Organization of Brain and Behavior, MIT-Press, Cambridge (Mass.).

Kertész, András, 2004. Cognitive Semantics and Scientific Knowledge. Case Studies in the Cognitive Science of Science, Benjamins, Amsterdam.

Kita, Sotaro, 1993. Language and Thought Interface: A Study in Spontaneous Gestures and Japanese Mimetics, Dissertation, Chicago.

Köhler, Wolfgang, 1920. Die physischen Gestalten in Ruhe und im stationären Zustand. Eine naturphilosophische Untersuchung, Vieweg, Braunschweig.

Kroeber, Alfred L., 1952. The Nature of Culture, The University of Chicago Press, Chicago.

Kühl, Ole, 2007. Musical Semantics, Lang, Bern.

Kutschera, Franz von, 1971. Sprachphilosophie, Fink, München.

Lakoff, George, 1972. Linguistics and Natural Logic, in: Donald Davidson und Gilbert Hermann (Hg.), Semantics of Natural Language, Reidel, Dordrecht: 545–665 (ursprünglich 1970 publiziert).

Lakoff, George, 1977. Linguistic Gestalts, in: Papers of the Eighth Regional Meeting, Chicago Linguistic Society: 183–228.

Lakoff, George, 1987. Women, Fire, and Dangerous Things. What Categories Reveal about the Mind, The Chicago University Press, Chicago.

Lakoff, George, 1991. Metaphor in Politics. An Open Letter to the Internet from George Lakoff, http://philosophy.uoregon.edu/metaphor/lakoff-l.htm (1.12.2007).

Lakoff, George, 1993. The Contemporary Theory of Metaphor, in: Orthony (1993: 202–221).

Lakoff, George, 1995. Metaphor, Morality, and Politics, or, Why Conservatives Have Left Liberals in the Dust, http://www.wwcd.org/issues/Lakoff.html (7.9.2007)

Lakoff, George, 1996/ 2002. Moral Politics : How Liberals and Conservatives Think (2. Auflage 2002), Univ. of Chicago Press, Chicago.

Lakoff, George 2003. Metaphor and War, in: AlterNet. Posted March 18, 2003; http://www.alternet.org/story/15414/ (7.9.2007)

Lakoff, George and Mark Johnson, 1980. Metaphors We Live By, The University of Chicago Press, Chicago.

Lakoff, George and Mark Turner, 1989. More than Cool Reason. A Field Guide to Poetic Metaphor, University of Chicago Press, Chicago.

Lakoff, George und Mark Johnson, 1999. Philosophy in the Flesh : the Embodied Mind and its Challenge to Western Thought, Basic Books, New York.

Lakoff, George und Rafael E. Núñez, 2000. Where Mathematics Comes From: How the Embodied Mind Brings Mathematics into Being, Basic Books, New York.

Lang, Ewald, 1990. Primary Perceptual Space and Inherent Proportion Schema: Two Interacting Categorization Grids Underlying the Conceptualization of Spatial Objects, in: Journal of Semantics 7: 121–141.

Langacker, Ronald, 1979. Grammar as Image, in: Linguistic Notes from La Jolla 6: 88–126.

Langacker, Ronald, 1984. The Nature of Grammatical Valence, Paper Nr. 131, Linguistic Agency Trier, Trier.

Langacker, Ronald, 1987. Foundations of Cognitive Grammar, Bd. 1, Theoretical Prerequisites, Stanford U.P., Stanford.

Langacker, Ronald, 1988. A View of Linguistic Semantics, in: Rudzka-Ostyn, Brygida (Hg.), Topics in Cognitive Linguistics, Benjamins, Amsterdam: 49–90.

Langacker, Ronald, 1990. Concept, Image and Symbol. The Cognitive Basis of Grammar, de Gruyter, Berlin.

Langacker, Ronald, 1991. Foundations of Cognitive Grammar, Bd. 2, Descriptive Application, Stanford U.P., Stanford:

Langacker, Ronald, 1999. Assessing the Cognitive Linguistic Enterprise, in: Janssen, Theo und Gisela Redeker (Hg.) Cognitive Linguistics: Foundations, Scope, and Methodology, Mouton de Gruyter, Berlin: 13–59.

Langacker, Ronald, 2006. On the Continuous Debate about Discreteness, in: Cognitive Linguistics 17 (1): 107–151.

Leibniz, Gottfried Wilhelm, 1966. Nouveaux Essais sur l'Entendement Humain, Flammarion, Paris.

Lee, David, 2001. Cognitive Linguistics. An Introduction, Oxford U.P., Oxford.

Levelt, W. J. M., Roelofs, A., and Meyer, A. S., 1999. A Theory of Lexical Access in Speech Production, in: Behavioral and Brain Science 22: 1–38.

Levelt, Willem, J.M., 1999. Language Production: A Blueprint of the Speaker, in: Brown and Hagoort (1999: 83–122).

Levinas, Emmanuel, 1984. Die Zeit und der Andere, Meiner, Hamburg.

Lévi-Strauss, Claude, 1974. Anthropologie Structurale, Plon, Paris.

Leyton, Michael, 1986. Principles of Information Structure Common to Six Levels of the Human Cognitive System, in: Information Sciences 38: 1–120.

Leyton, Michael, 1992. Symmetry, Causality, Mind, MIT-Press, Cambridge (Mass.).

Locke, John, 1690/1913. Versuch über den menschlichen Verstand, Meiner, Leipzig.

Lounsbury, Floyd G., 1956. A Semantic Analysis of Pawn Kinship Usage, in: Language 2: 158–194.

Lucy, John A., 1992. Grammatical Categories and Cognition. A Case Study of the Linguistic Relativity Hypothesis, Cambridge U.P., Cambridge.

Luhmann, Niklas, 1983. Liebe als Passion. Zur Codierung von Intimität, Suhrkamp, Frankfurt/Main (3. Auflage).

Machery, Edouard, Markus Werning, Gerhard Schurz (Hg.), 2005. The Compositionality of Meaning, Bd. II: Applications to Linguistics, Psychology and Neuroscience, Ontos, Frankfurt/Main.

MacNeillage, Peter F., 1998. The Frame/Content Theory of Evolution of Speech Production, in: Behavioral and Brain Sciences 21: 499–546.

Malotki, Ekkehart, 1979. Hopi-Raum. Eine sprachwissenschaftliche Analyse der Raumvorstellungen in der Hopi-Sprache, Narr, Tübingen.

Malsburg, Christoph von der, 1999. The What and Why of Binding. The Modeler's Perspective, in: Neuron 24: 95–104.

Marr, David und H. L. Nishihaba, 1978. Representation and Recognition of the Spatial Organization of Three-Dimensional Shapes, in: Proceedings of the Royal Society of London, B 200: 269–294.

Matisoff, James A., 1985. Out of a Limb: Arm, Hand and Wing, in: Graham Thurgood, James A. Matisoff and David Bradley (Hg.) Linguistics and the Sino-Tibetan Area: The State of the Art, Special Number of: Pacific Linguistics, Series C – No. 87: 421–450.

McCulloch, W.S. und W. Pitts, 1943. A Logical Calculus of the Ideas Immanent in Neural Nets, in: Bulletin of Mathematical Biophysics 5: 105–137.

Minsky, Marvin L. und Seymour A. Papert, 1988. Perceptrons. An Introduction to Computational Geometry (Expanded Edition), M.I.T. Press, Cambridge (Mass.).

Mompeán-González, José A., 2004. Category Overlap and Neutralization. The Importance of Speakers' Classification in Phonology, in: Cognitive Linguistics 15 (4): 429–469.

Müller, Stefan, 2002. Complex Predicates : Verbal Complexes, Resultative Constructions, and Particle Verbs in German, CSLI Publ., Stanford.

Müller, Stefan, 2006. Phrasal or Lexical Constructions, in: Language 82(4): 850–883.

Nerlove, Sara B. und Romley, Kimball, 1967. Sibling Terminology and Cross-sex Behavior, in: American Anthropologist 69: 179–187.

Neumann, John von und Oskar Morgenstern, 1947/1967. Spieltheorie und wirtschaftliches Verhalten, 2. Auflage der deutschen Übersetzung, Physica-Verlag, Würzburg.

Nuyts, Jan, 2005. „Brothers in Arms". On the Relations between Cognitive and Functional Linguistics, in: F. Ruiz de Mendoza und S. Peña (Hg.), Cognitive Linguistics. Internal Dynamics and Interdisciplinary Interaction, de Gruyter, Berlin: 69–100.

Oakley, Todd und Per Aage Brandt, 2008. Hypothosis: Metarepresentation, Mind-Reading, and Fictive Interaction, in: Wildgen, Wolfgang und Barend van Heusden (Hg.), Metarepresentation. Self-organization in Nature and Culture, Lang, Bern.

Orthony, Andrew (ed.), 1993. Metaphor and Thought (zweite Auflage), Cambridge U.P., Cambridge.

Osgood, Charles, 1976. Focus on Meaning, Mouton, Den Haag.

Paivio, Allan, 1977. Images, Propositions and Knowledge, in: John M. Nicholas (Hg.), 1977. Images, Perception and Knowledge, Reidel, Dordrecht: 47–71.

Pascal, Blaise, 1962. Pensées, Livre de Poche, Paris.

Pascal, Blaise, 1972. Über die Religion und einige andere Gegenstände (deutsche Übersetzung der „Pensées"), Lambert Schneider, Heidelberg (7. Auflage).

Peirsman, Yves und Dirk Geraerts, 2006. Metonymy as a Prototypical Category, in: Cognitive Linguistics 17 (3): 269–316.

Petitot, Jean, 1985. Morphogenèse du sens. Pour un schématisme de la structure, Presses universitaires de France, Paris.

Petitot , Jean, 1992. Physique du Sens. De la théorie des singularités aux structures sémio-narratives, Editions du CNRS, Paris.

Petitot, Jean, 1995. Morphodynamics and Attractor Syntax. Dynamical and Morphological Models for Constituency in Visual Perception and Cognitive Grammar, in: T. van Gelder, R. Port (Hg.) Mind as Motion, MIT Press, Cambridge: 227–281.

Piaget, Jean, 1924. Le jugement et le raisonnement chez l'enfant, Delachaux et Niestlé, Neuchâtel.

Plath, Peter Jörg, 1988. Diskrete Physik molekularer Überlagerungen, Teubner Verlagsgesellschaft, Leipzig.

Plümacher, Martina, 2004. Wahrnehmung, Repräsentation und Wissen: Edmund Husserls und Ernst Cassirers Analysen zur Struktur des Bewusstseins, Panerga, Berlin.

Plümacher, Martina und Peter Holz (Hg.), 2007. Speaking of Colors and Odors, Benjamins, Amsterdam.

Pollard, Carl und Ivan A. Sag, 1987. Information-Based Syntax and Semantics. Vol. 1: Fundamentals, Center for the Study of Language and Information, Stanford.

Pulvermüller, F., Birbaumer, N., Lutzenberger, W. and Mohr, B., 1997. High Frequency Brain Activity: Its Possible Role in Attention, Perception and Language Processing, in: Prog. Neurobiol. 52: 427–445.

Putnam, Hilary, 1981. Reason, Truth, and History, Cambridge U.P., Cambridge.

Pütz, Martin (Hg.) 1996. The Construal of Space in Language and Thought, Mouton de Gruyter, Berlin.

Radden, Günther und René Dirven, 2007. Cognitive English Grammar, Benjamins, Amsterdam.

Reddy, Michael J., 1979/1993. The Conduit Metaphor: A Case of Frame Conflict in our Language about Language, in Orthony (1993: 164–201).

Regier, Terry, Paul Kay and Naveen Khetarpal, 2007. Color Naming Reflects Optimal Partitions of Color Space, in: PNAS 104 (4): 1436–1441.

Riesenhuber, Maximilian und Tomaso Poggio, 1999. Are Cortical Models Really Bound by the "Binding Problem"?, in: Neuron 24: 87–93.

Rizzolatti, Giacomo und Michael A. Arbib (1998). Language Within Our Grasp, in: Trends in Neuroscience 21(5): 188–194.

Roberson, Debi, Jules Davidoff, Ian R.L. Davies and Laura R.Shapiro, 2003. Colour Categories and Category Acquisition in Himba and English. http://www.essex.ac.uk/psychology/psy/PEOPLE/roberson/ProgressInColour.pdf (7.9.2007)

Rohrer, Tim, 2005. Image Schemata in the Brain, in: Hampe (2005: 165–196).

Rosch, Eleanor, 1977. Human Categorization, in: Warren, Neil (Hg.), Studies in Cross-cultural Psychology 1, Academic Press, New York: 3–50.

Rouiller, Eric M., 1996. Multiple Hand Representations in the Motor Cortical Areas, in: Wing, Alan M., Patrick Haggard und J. Randall Flanagan (Hg.) 1996. Hand and Brain. The Neurophysiology and Psychology of Hand Movements, Academic Press, San Diego: 99–124.

Ruiz de Mendoza Ibanez, Francisco José und Ricardo Mairal Usón, 2006. High Level Metaphor and Metonymy in Meaning Construction, in : Radden, G. u.a. (Hg.), Aspects of Meaning Construction in Lexicon and Grammar, Benjamins, Amsterdam: 33–49.

Rumelhart, David E. und James L. McClelland u. a. (Hrsg.), 1986. Parallel Distributed Processing. Explorations in the Microstructure of Cognition, Bd. 1, 2, Bradford (M.I.T.-Press), Cambridge (Mass.)

Saffran, Eleanor M. und Alexander Sholl, 1999. Clues to the Functional and Neural Architecture of Word Meaning, in: Brown and Hagoort (1999: 273–316)

Sandkühler, H.J. und D. Pätzold (in Zusammenarbeit mit S. Freudenberger, B. van Heusden, A.K. Jaagesma, M. Plümacher und W. Wildgen) (Hg.), 2003. Kultur und Symbol. Die Philosophie Ernst Cassirers, Metzler, Stuttgart.

Sapir, E., 1916/1985. Time Perspective in Aboriginal American Culture: A Study of Method, in: Selected Writing of Edward Sapir in

Language, Culture and Personality (hg. von D.G. Mandelbaum), University of California Press, Berkeley: 389–487.

Schank, R., 1969. A Conceptual Dependency Representation for a Computeroriented Semantics, AI Memo – 83, Computer Science Department, Stanford University, Stanford (California).

Shannon, Claude und Warren Weaver, 1949. The Mathematical Theory of Communication, University of Illinois Press, Urbana.

Shepard, Roger, N. and Lynn A. Cooper, 1982. Mental Images and their Transformations,. M.I.T Press, Cambridge (Mass.).

Siahaan, Poppy S. A., 2008. Metaphorische Konzepte im Deutschen und im Indonesischen. Herz, Leber, Kopf, Auge und Hand, Lang, Frankfurt/Main.

Singer, Wolf, 1999. Neuronal Synchrony: A Versatile Code for the Definition of Relations?, in: Neuron 24: 49–65.

Smith, Barry (Hg.), 1982. Parts and Moments: Studies in Logic and Ontology, Philosophia Verl., München.

Soares da Silva, Augusto, 2000. Image Schemas and Coherence of the Verb Category: The Case of the Portuguese Verb *Deixar*, in: Cuyckens, H. und B. Zawada (Hg.), Polysemy in Cognitive Linguistics, Benjamins, Amsterdam.

Soares da Silva, Augusto, 2006. O mundo dos sentidos em portugués. Polisemia e Cognição, Almedina, Coimbra.

Stadler, Michael und Wolfgang Wildgen, 2003. Semiotik und Gestalttheorie, in: Roland Posner, Klaus Robering und Thomas Sebeok (Hg.). Semiotik/Semiotics. Ein Handbuch zu den zeichentheoretischen Grundlagen von Natur und Kultur, 3. Teilband, de Gruyter, Berlin, 2473–2483.

Stefanowitsch, Anatol, 2006. Words and their Metaphors: A Corpusbased Approach, in: Anatol Stefanowitsch und Stefan Th. Gries (Hg.) Corpus-based Approaches to Metaphor and Metonymy, Mouton de Gruyter, Berlin: 63–105.

Stolz, Thomas, 1992. Von der Grammatikalisierbarkeit des Körpers, II, 1: Kritik der Grammatik mit Augen und Ohren, Händen und Füßen, Arbeitspapiere des Projektes „Prinzipien des Sprachwandels", Universität Essen, Nr. 7.

Talmy, Leonard, 1975. Semantics and Syntax of Motion, in: John Kimball (Hg.) Syntax and Semantics, Bd. 4, Academic Press, New York: 181–238.

Talmy, Leonard, 1976. Semantic Causative Types, in: M. Slubatani (Hg.), Syntax and Semantics, Bd. 6 (The Grammar of Causative Constructions), Academic Press, New York: 43–116.

Talmy, Leonard, 1983. How Language Structures Space, in: Herbert Pick and Linda Acredolo (Hg.). Spatial Orientation: Theory,

Research, and Application, Plenum Press. Nachdruck in: Talmy (2000a: 177–254)

Talmy, Leonard, 1987. The Relation of Grammar to Cognition, in: Rudzka-Ostyn, Brygida (Hg.) Topics in Cognitive Linguistics, Benjamins, Amsterdam: 1–36. Nachdruck in: Talmy (2000a: 21–96).

Talmy, Leonard, 1988. Force Dynamics in Language and Cognition, in: Cognitive Science 12 (1). Nachdruck in: Talmy (2000a: 409–470).

Talmy, Leonard, 1991. Path to Realization: a Typology of Event Conflation, Center for Cognitive Science(Arbeitspapiere), Buffalo; erweiterte Fassung in Talmy (2000b: 213–287).

Talmy, Leonard, 2000a. Toward a Cognitive Semantics. Bd. I: Concept Structuring Systems, Bradford MIT Press, Cambridge (Mass.).

Talmy, Leonard, 2000b. Toward a Cognitive Semantics. Bd. II: Typology and Process in Concept Structuring, Bradford MIT Press, Cambridge (Mass.).

Talmy, Leonard, 2007. Cognitive Semantics: an Overview, erscheint in: Maienborn, Claudia, Klaus von Heusinger und Paul Portner (Hg.), Handbook of Semantics, de Gruyter, Berlin (vorläufige Fassung, zuletzt besucht am 1.12.2007: http://linguistics.buffalo.edu/people/faculty/talmy/talmyweb/Recent/overview.html).

Taylor, John R., 2002. Cognitive Grammar, Oxford U.P., Oxford.

Teisman, Anne, 1999. Solutions to the Binding Problem. Progress Through Controversy and Convergence, in: Neuron 24: 105–110.

Tesnière, Lucien, 1959. Éléments de syntaxe structurale, Klincksieck, Paris.

Thom, René, 1968. Topologie et signification, in: Age de la Science 4 (Englisch in: Thom, 1983: 166–191).

Thom, René, 1970. Topologie et linguistique, in: Haefliger A. und R. Narasinkan (Hg.), Essays in Topology and Related Topics. Springer, Berlin: 226–248 (Englisch in Thom, 1983: 192–213).

Thom, René, 1983. Mathematical Models of Morphogenesis. Horwood (Wiley), New York.

Tomasello, Michael, 2003. Constructing a Language. A Usage-Based Theory of Language Acquisition, Harvard U.P., Cambridge (Mass.).

Tominaga, Michio, 1981. La main dans la langue et la gestuelle japonaises, in : Sievers, Fanny de (Hg.), La main et les doigts dans l'expression linguistique, Selaf, Paris, Bd. II : 353–360.

Trier, Jost, 1931. Der deutsche Wortschatz im Sinnbezirk des Verstandes, Winter, Heidelberg.

Turner, Mark (mit Gilles Fauconnier), 1996. Blending as a Central Process of Grammar, in Goldberg, Adele (Hg.) Conceptual Structure, Discourse, and Language, Center for the Study of Language
and Information (CSLI), Stanford: 113–129; erweiterte Fassung,
1998: markturner.org/centralprocess. www.centralprocess.html
(1.11.07).

Turner, Mark, 1987. Death is the Mother of Beauty: Mind, Metaphor,
Criticism. University of Chicago Press, Chicago.

Ungerer, Friedrich und Hans-Jörg Schmid, 1996. An Introduction to
Cognitive Linguistics, Pearson Education, Essex.

Välimaa-Blum, Riita, 2005. Cognitive Phonology in Construction
Grammar. Analytic Tools for Students of English, Mouton de
Gruyter, Berlin.

Vandeloise, Claude, 1999. Touching: A Minimal Transmission of
Energy, in: Eugene H. Casad (Hg.) Cognitive Linguistics in the
Redwoods. The Expansion of a New Paradigm in Linguistics,
Mouton de Gruyter, Berlin: 541–566.

Werning, Markus, 2004. Compositionality, Context, Categories and
the Indeterminacy of Translation, in: Erkenntnis 60: 145–178.

Werning, Markus, Eduard Machery, Gerhard Schurz (Hg.), 2005. The
Compositionality of Meaning and Content, Bd. I: Foundational
Issues, Ontos, Frankfurt/Main.

Wesel, Uwe, 1980. Der Mythos vom Matriarchat. Über Backofens Mut-
terrecht und die Stellung von Frauen in frühen Gesellschaften vor
der Entstehung staatlicher Herrschaft, Suhrkamp, Frankfurt.

Whorf, Benjamin Lee, 1963. Sprache, Denken, Wirklichkeit. Beiträge
zur Metalinguistik und Sprachphilosophie, Rowohlt, Reinbeck
(rororo 724).

Weinrich, Harald, 1976. Für eine Grammatik mit Augen und Ohren,
Händen und Füßen – am Beispiel der Präpositionen, Westdeutscher
Verlag, Opladen.

Wiener, Norbert, 1948/1968. Kybernetik. Regelung und Nachrich-
tenübertragung in Lebewesen und Maschine, Rowohlt, Reinbeck (Übersetzung der Ausgabe von 1948 und der Ergänzung
von 1961).

Wilcox, Sherman, 2004. Cognitive Iconicity: Conceptual Spaces,
Meaning, and Gesture in Signed Languages, in: Cognitive Linguistics, 15 (2): 119–147.

Wildgen, Wolfgang, 1977a. Differentielle Linguistik. Entwurf eines
Modells zur Messung semantischer und pragmatischer Variation,
Niemeyer, Tübingen.

Wildgen, Wolfgang, 1977b. Kommunikativer Stil und Sozialisation.
Eine empirische Untersuchung, Niemeyer, Tübingen.

Wildgen, Wolfgang, 1982a. Catastrophe Theoretic Semantics. An Elaboration and Application of René Thom's Theory, Benjamins, Amsterdam.

Wildgen, Wolfgang, 1982b. Makroprozesse bei der Verwendung nominaler ad hoc-Komposita im Deutschen, in: Deutsche Sprache, 3: 237–257.

Wildgen, Wolfgang, 1982c. Zur Dynamik lokaler Kompositionsprozesse. Am Beispiel nominaler ad hoc-Komposita im Deutschen, in: Folia Linguistica 16: 297–344.

Wildgen, Wolfgang, 1983a. Goethe als Wegbereiter einer universalen Morphologie (unter besonderer Berücksichtigung der Sprachform), Vortrag gehalten bei der Tagung: Goethes Beitrag zur Naturwissenschaft heute, Bayreuth, in: Jahresbericht des Präsidenten 1982, Universität Bayreuth, 235–277; wieder abgedruckt in: L.A.U.T. Preprint, Series A, Paper Nr. 125, Trier, 1984.

Wildgen, Wolfgang, 1983b. Modelling Vagueness in Catastrophe Theoretic Semantics, in: Thomas Ballmer und Manfred Pinkal (Hg.). Approaching Vagueness, North-Holland, Amsterdam, 317–360.

Wildgen, Wolfgang, 1985a. Archetypensemantik. Grundlagen einer dynamischen Semantik auf der Basis der Katastrophentheorie, Narr, Tübingen.

Wildgen, Wolfgang, 1985b. Dynamische Sprach- und Weltauffassungen (in ihrer Entwicklung vor der Antike bis zur Gegenwart), Schriftenreihe des Zentrums Philosophische Grundlagen der Wissenschaften, Bd. 3, Bremen.(Elektronische Fassung mit Ergänzungen 2005: nbn–resolving.de/urn:nbn:de:gvb:46–ep00100294 (1.11.07))

Wildgen, Wolfgang, 1986a. Bemerkungen zum Zusammenhang von Naturphilosophie und Sprachphilosophie in der Aufklärung, in: Brigitte Asbach-Schnitker und Johannes Roggenhofer (Hg), Neuere Forschungen zur Wortbildung und Historiographie der Linguistik, Narr, Tübingen: 319–338.

Wildgen, Wolfgang, 1986b. Universale Kategorien in Sprache und Wahrnehmung und das Problem einer Metasprache für die Sprachwissenschaft, in: Gerhard Pasternack (Hg.). Apriorismus in den Wissenschaften, Schriftenreihe des Zentrums Philosophische Grundlagen der Wissenschaften, Bd. 2, Bremen.

Wildgen, Wolfgang, 1987. Einige sprachtheoretische Überlegungen zum Apriori des Raumes, in: Gerhard Pasternack (Hg.). Philosophie und Wissenschaft: Das Problem des Apriorismus, Lang, Frankfurt: 175–193.

Wildgen, Wolfgang,, 1990a. Konstruktionsgrammatik, in: Wagner, Karl Heinz und Wolfgang Wildgen (Hg.), 1990. Studien zur Grammatik

und Sprachtheorie, Reihe: BLIcK, Nr. 2, Universitätsbuchhandlung, Bremen: 65–84. Elektronische Fassung: http://www.cms.
fb10.uni-bremen.de/iaas/blick/blick2/wildgen.pdf (7.9.2007)

Wildgen, Wolfgang, 1990b. Basic principles of self-organization in
language. Vortrag beim Symposium: Synergetics of Cognition in
Elmau (Bayern), in: Herman Haken und Michael Stadler (Hg.).
Synergetics of Cognition, Springer, Berlin: 415–426.

Wildgen, Wolfgang, 1994a. Process, Image, and Meaning. A Real-
istic Model of the Meanings of Sentences and Narrative Texts,
Reihe: Pragmatics and Beyond, New Series, No. 31, Benjamins,
Amsterdam.

Wildgen, Wolfgang, 1994b. Was ist kognitive Linguistik?, in: Wagner,
Karl Heinz und Wolfgang Wildgen (Hg.), 1994. Kognitive Linguistik und Interpretation, Reihe: BLIcK, Nr. 5, Universitätsbuchhandlung, Bremen: 1–12.

Wildgen, Wolfgang, 1995. Semantic Ambiguity in Relation to Perceptual Multistability, in: Michael Stadler und Peter Kruse (Hg.), 1995.
Ambiguity in Mind and Nature, Springer, Berlin: 221–240.

Wildgen, Wolfgang, 1996. How to Naturalize Semantics (in the Spirit of
Konrad Lorenz)?, in: Evolution and Cognition 151 (2): 151–164.

Wildgen, Wolfgang, 1998a. Selbstorganisationsprozesse in der Phonologie, in: Wagner, Karl Heinz und Wolfgang Wildgen (Hg.), Studien zur Phonologie, Grammatik, Sprachphilosophie und Semiotik, Reihe: BLIcK, Nr. 6, Universitätsbuchhandlung, Bremen:
123- 137.

Wildgen, Wolfgang, 1998b. Chaos, Fractals and Dissipative Structures
in Language or the End of Linguistic Structuralism; in: W. Koch
and G. Altmann (Hg.) Systems: New Paradigms for the Human
Sciences, de Gruyter, Berlin: 596–620.

Wildgen, Wolfgang, 1998c. Kosmologische Metaphern vor und nach
Giordano Bruno: Ein Essay zur semantischen Konstitution von
Erkenntnis, in: Bruniana & Campanelliana. Richerche filosofiche
e materiali storico-testuali 4(2): 401–419.

Wildgen, Wolfgang, 1998d. Das kosmische Gedächtnis. Kosmologie,
Semiotik und Gedächtnistheorie im Werke von Giordano Bruno
(1548–1600), Lang, Frankfurt.

Wildgen, Wolfgang, 1999a. De la grammaire au discours. Une approche
morphodynamique, Reihe: Sémiotique européenne, Lang, Bern.

Wildgen, Wolfgang, 1999b. Hand und Auge. Eine Studie zur Repräsentation und Selbstrepräsentation (kognitive und semantische
Aspekte), Schriftenreihe des Zentrums Philosophische Grundlagen der Wissenschaften, Bd. 21, Universitätsverlag, Bremen. http://

www.fb10.uni-bremen.de/homepages/wildgen/pdf/handundauge.
pdf (7.9.2007)

Wildgen, Wolfgang, 2000. The History and Future of Field Seman-
tics. From Giordano Bruno to Dynamic Semantics, in: Liliana
Albertazzi (Hg.). Meaning and Cognition. A Multidisciplinary
Approach, Benjamins, Amsterdam: 203–226.

Wildgen, Wolfgang, 2001a. Kurt Lewin and the Rise of „Cognitive
Sciences" in Germany: Cassirer, Bühler, Reichenbach, in: Liliana
Albertazzi (Hg.). The Dawn of Cognitive Science. Early European
Contributors, Reihe: Synthese, Kluwer, Dordrecht: 299–332.

Wildgen, Wolfgang, 2001b. Iconicité et représentation topologique
pour les verbes du mouvement et de l'action, in: Augusto Soares
da Silva (Hg.), Linguagem e Cognição: A perspectiva da Linguís-
tica Cognitiva, Braga: 215–237.

Wolfgang Wildgen, 2002. Dynamical Models of Predication, in: Sprach-
typologie und Universalienforschung (STUF) 55 (4): 403–420.

Wildgen, Wolfgang, 2003. Die Sprache – Cassirers Auseinandersetzung mit der zeitgenössischen Sprachwissenschaft und Sprachtheorie, in: Sandkühler und Pätzold (2003: 148–174).

Wildgen, Wolfgang, 2004a. The Evolution of Human Languages. Scenarios, Principles, and Cultural Dynamics, Benjamins, Amsterdam

Wildgen, Wolfgang, 2004b. Die Darstellung von Hand (Gestik) und
Auge (Blick) in einigen Werken von Leonardo da Vinci, in: Winfried Nöth, Guido Ipsen (Hg.) Bodies-Embodiment-Disembodi-
ment, CD-Rom. Kassel U.P., Kassel.

Wildgen, Wolfgang, 2005a. Das dynamische Paradigma in der Linguistik, korrigierte, elektronische Fassung von Teil I aus: Wildgen und Mottron (1987); mit Kommentaren und bibliographischen
Ergänzungen seit 2005 als pdf-Datei verfügbar: http://www.fb10.
uni-bremen.de/homepages/wildgen/pdf/das_dynamische_para-
digma.pdf (7.9.2007).

Wildgen, Wolfgang, 2005b. Catastrophe Theoretical Models in Semantics, in: Reinhard Köhler, Gabriel Altmann und G. Pietrowski
(Hg.) Quantitative Linguistics/Quantitative Linguistik. Ein Internationales Handbuch, de Gruyter, Berlin: 410–423.

Wildgen, Wolfgang, 2005c. Das semiotische Konstruktionsprinzip
der Groteske und dessen Weiterentwicklung seit der Renaissance,
in: Stil als Zeichen. Beiträge des 11. Int. Kongresses der DGS.
Schriftenreihe der Europa-Universität Viadrina, Bd. 24. CD-Rom.
Präsentation im Internet (6.9.2007): http://www.fb10.uni-bremen.
de/homepages/wildgen/pdf/BildsemiotikdesGrotesken.pdf.

Wildgen, Wolfgang, 2005d. Visuelle Semiotik der elementaren Kräftefelder der Hände (Gestik) und der Augen (Blicke) in einigen Werken von da Vinci und Barocci, in: Winfried Nöth und Anke Hertling (Hg.) Körper – Verkörperung – Entkörperung (Reihe: Intervalle 9), Kassel U.P., Kassel: 149–179.

Wildgen, Wolfgang, 2006. Kognitive Grammatik und neurokognitive Forschung, in: Sandkühler, Hans Jörg (Hg.) Theorien und Begriffe der Repräsentation. Beiträge zu einem Worshop, Schriftenreihe der von der Volkswagenstiftung geförderten Forschergruppe Repräsentation, Bd.1, Universität Bremen: 115–134.

Wildgen, Wolfgang, 2007a. Color, Smell, and Language. The Semiotic Nature of Perception and Language, in: Plümacher, Martina und Peter Holz (Hg.) Speaking of Colors and Odors, Benjamins, Amsterdam: 19–34.

Wildgen, Wolfgang, 2007b. Linguistic Functionalism in an Evolutionary Context, Vortrag anlässlich des: 40th Annual Meeting of the SLE, Joensuu, 29.8.–1.9. 2007. Präsentation: http://www.cms.fb10. uni-bremen.de/homepages/wildgen/ppt/Linguistic functionalism in an evolutionary context.ppt (7.9.2007)

Wildgen, Wolfgang, erscheint 2008a. Is Metarepresentation an Effect of Self-organization?, in: Wildgen, Wolfgang und Barend van Heusden (Hg.), Meta-representation. Selforganization in Nature and Culture, Lang, Bern.

Wildgen, Wolfgang, erscheint 2008b. Die Prägnanztheorie René Thoms als Basis einer Allgemeinen Semiotik, erscheint in: Zeitschrift für Semiotik 2008 (Prägnanter Inhalt – Prägnante Form; hrsg. von Martina Plümacher und Wolfgang Wildgen).

Wildgen, Wolfgang und Laurent Mottron, 1987. Dynamische Sprachtheorie. Sprachbeschreibung und Spracherklärung nach den Prinzipien der Selbstorganisation und der Morphogenese, Studienverlag Brockmeyer, Bochum.

Wildgen, Wolfgang und Peter Plath, 2005. Katastrophen- und Chaostheorie in der linguistischen Modellbildung, in: Reinhard Köhler, Gabriel Altmann und G. Pietrowski (Hg.) Quantitative Linguistics/Quantitative Linguistik. Ein Internationales Handbuch, de Gruyter, Berlin: 688–705.

Wilkins, David P., 1981. Towards a Theory of Semantic Change, Doctoral Dissertation, Australian National University, Canberra.

Wilkins, David P., 1996. Natural Tendencies of Semantic Change and the Search for Cognates, in: Mark Durie und Malcolm Ross (Hg.). The Comparative Method Reviewed, Oxford University Press: 264–304.

Zadeh, L.A., 1971. Quantitative Fuzzy Semantics, in: Information Sciences 3: 159–176.

Sachregister

Namenregister

www.ingramcontent.com/pod-product-compliance
Lightning Source LLC
Chambersburg PA
CBHW070411100426
42812CB00005B/1702